ORO, PETRÓLEO Y
AGUACATES

黄金、石油和牛油果

16件商品中的拉丁美洲发展历程

Las nuevas venas
abiertas de América Latina

［西］安迪·罗宾逊
（Andy Robinson）
— 著 —

刘楚宁
— 译 —

中国科学技术出版社
·北 京·

Oro, petróleo y aguacates: Las nuevas venas abiertas de América Latina by Andy Robinson, ISBN: 9788417623371
Copyright © Andy Robinson, 2020.
The simplified Chinese translation rights arranged through Rightol Media.
本书中文简体版权经由锐拓传媒取得，Email：copyright@rightol.com。
Simplified Chinese translation copyright © 2024 by China Science and Technology Press Co., Ltd.
All rights reserved.

北京市版权局著作权合同登记 图字：01-2023-4393

图书在版编目（CIP）数据

黄金、石油和牛油果：16 件商品中的拉丁美洲发展历程 /（西）安迪·罗宾逊 (Andy Robinson) 著；刘楚宁译 . -- 北京：中国科学技术出版社，2024. 8.
ISBN 978-7-5236-0829-6

Ⅰ . F173.09

中国国家版本馆 CIP 数据核字第 2024A3W071 号

策划编辑	高雪静　陆存月　宋竹青
责任编辑	高雪静
版式设计	蚂蚁设计
封面设计	今亮新声
责任校对	吕传新
责任印制	李晓霖

出　　版	中国科学技术出版社
发　　行	中国科学技术出版社有限公司
地　　址	北京市海淀区中关村南大街 16 号
邮　　编	100081
发行电话	010-62173865
传　　真	010-62173081
网　　址	http://www.cspbooks.com.cn

开　　本	710mm×1000mm　1/16
字　　数	253 千字
印　　张	19.5
版　　次	2024 年 8 月第 1 版
印　　次	2024 年 8 月第 1 次印刷
印　　刷	北京盛通印刷股份有限公司
书　　号	ISBN 978-7-5236-0829-6/F·1277
定　　价	79.00 元

（凡购买本社图书，如有缺页、倒页、脱页者，本社销售中心负责调换）

在殖民主义和新殖民主义的炼金术中，
黄金沦为了破铜烂铁，食物变成了毒药。

——爱德华多·加莱亚诺，《拉丁美洲被切开的血管》

目　录

引　言　伊泰图巴　　　　　　　　　　　　　　　　　001
　　　　未来之战

第 一 部　开 采

第一章　铁（巴西，米纳斯吉拉斯州）　　　　　　　017
　　　　残酷的力量

第二章　铌（巴西）　　　　　　　　　　　　　　　039
　　　　雅伊尔·博索纳罗的恋物癖

第三章　钶钽铁矿（委内瑞拉，大萨瓦纳地区）　　　056
　　　　尼古拉斯·马杜罗之矿

第四章　黄金（哥伦比亚；中美洲；犹他州；内华达州）　068
　　　　盐湖城中的"黄金国"

第五章　钻石和祖母绿（巴西，迪亚曼蒂纳）　　　　098
　　　　天堂的另一端

第 二 部　征 服

第六章　香蕉（洪都拉斯）　　　　　　　　　　　　111
　　　　21世纪的"香蕉共和国"

第七章　马铃薯（秘鲁，普诺）　　　　　　　　　　125
　　　　从"丘纽"到薯片

第八章　铜（秘鲁，阿普里马克；智利，阿塔卡马沙漠）　146
　　　　两场新闻发布会与一场革命

第九章　锂（玻利维亚，波托西）　　　　　　　　　170
　　　　盐滩上的政变

第十章　藜麦（玻利维亚，乌尤尼）　　　　　　　　189
　　　　神奇谷物的兴衰

第十一章　银（墨西哥，圣路易斯波托西）　　　　　200
　　　　"赛车手"与第四次转型

第三部　消耗

第十二章　牛油果（墨西哥，米却肯州）　　　　　　213
　　　　热狗配牛油果酱

第十三章　大豆（巴西，帕拉；巴西，巴伊亚）　　　227
　　　　嘉吉与地球末日之战

第十四章　牛肉（巴西，帕拉）　　　　　　　　　　244
　　　　公牛之都

第十五章　石油（委内瑞拉；巴西；墨西哥）　　　　256
　　　　石油社会主义与反击

第十六章　水电（巴西，帕拉）　　　　　　　　　　290
　　　　穆杜鲁库的地图

引言　伊泰图巴
未来之战

若是在今天，爱德华多·加莱亚诺（Eduardo Galeano）又将如何书写他的经典佳作——《拉丁美洲被切开的血管》（Open Veins of Latin America）呢？这似乎是一个很适合在探访坐落于巴西亚马孙河流域塔帕霍斯河（Tapajos River）岸上的新兴城镇伊泰图巴（Itaituba）时思考的问题。大权依然掌握在劳工党的手中，我从里约热内卢赶来评估由迪尔玛·罗塞夫（Dilma Rousseff）总统所倡导的富有争议的加速增长计划是否能与"地球之肺"共存，更直接地说，是该计划是否能与居住在塔帕霍斯河沿岸的13 000名穆杜鲁库（Munduruku）土著居民的生活共存。这项计划的目的是为亚马孙河流域的新兴大都市、巨型矿山以及大豆种植园提供电力，而计划一旦实施，穆杜鲁库有着上千年历史的土地将被圣路易斯·多塔帕霍斯（São Luiz do Tapajos）的大型水电工程所淹没。

当我乘坐菲茨卡勒迪亚渡轮自丛林之都圣塔伦（Santarém）出发，经过了13个小时的逆流航行后，我真的再也不想看到那5辆配备2 600cc引擎的摩托艇了。然而此刻它们就在我眼前拐来拐去地前行着，将身后的水面划出一道白色的泡沫轨迹。数千年来，一直生活在沉寂之中，耳畔只有来自丛林深处动物的尖锐鸣叫、长嚎与嗡鸣声的伊泰图巴人，似乎十分渴望震耳欲聋的噪声和惊人的速度。"摩托艇在这里特别流行，一个周末下来就能看见15~20辆。我的这艘时速能达到105英里①。" 18岁的布鲁诺（Bruno）一边给他的雅马哈加装四轮驱动设备，一边说道。在我们交谈之际，一艘从下游200英里外的圣塔伦出发，定期在塔帕霍斯河上来往的内河船进港了，船上卸下来了5辆"全方位驱动"的机动拖拉机。要想沿着新开辟的丛林小径高速行驶，这车可以说是再合适不过了。

布鲁诺解释说，他的摩托艇是花20 000雷亚尔②（约合7 000多美元）买的，钱是他当"亚马孙横贯公路"的建筑工赚来的，而这条公路将带来的是新一阶段的失控的森林滥伐。但在伊泰图巴还有其他赚快钱的方式。这里的人可以淘洗贵金属和珍贵石料，也可以为获取珍贵木材而扫荡雨林。这座拥有众多银行、黄金商人以及爆炸式增长人口的边境城市，可以说是西亚马孙帕拉州所有采掘活动的中心（尽管其中大部分是非法的）。在跨国农业综合企业邦吉（Bunge）公司建造的码头中，装载的大豆就更不用说了。而人们正翘首期待的是，在穆杜鲁库地区上游30英里处修建的巨坝，以及运输大豆、矿物和木材的新水道，能够又一次提振经济。

"伊泰图巴近些年来变化大吗？"我问布鲁诺道。他是来自巴西利亚郊区的贫困移民的儿子，他的父亲在30年前出于偶然的机会搬到了亚马孙。他想来寻找生财之道，或至少每天能找到两盘豆子和木薯来填饱肚子。他向一旁看去，7只落在垃圾堆上的黑秃鹫的翅膀正像葬礼上的帘子一样展开着，这些鸟在葡萄牙语中被称为"乌鲁布"（urubú）。他指着它们说道："你觉得那边的乌鲁布特别多，对吧？其实过去要比这看到的多得多。"

---

① 1英里=1 609.344米。——编者注
② 雷亚尔（Real）为巴西货币单位。——译者注

引言　伊泰图巴

伊泰图巴的情形似乎说明了拉丁美洲左翼经济发展项目的矛盾之处。在21世纪掌权之初，所谓的"粉红浪潮"进步政府（pink-tide progressive governments）[①]正确地认识到，为了消除贫困和极端不平等，加速增长是至关重要的，而这些重担从两轮大规模的奴役时代开始就压在了该地区的肩上。第一轮是由16世纪的金银矿开采所引发的；第二轮则始于非洲，形式是以服务新的全球市场为目的，在种植园中艰苦地种植商品作物——糖、香蕉和咖啡。被大家亲切地称为"卢拉"的巴西前总统路易斯·伊纳西奥·卢拉·达席尔瓦（Luiz Inácio Lula da Silva），应当为将4 200万名从前被排斥在外的巴西人提升为新中产阶级这件事而感到自豪，这无可厚非。

想要获得并维持像布鲁诺这样的拉美工人的支持，就需要不断地改善民众的物质福利。而在不引发外债危机的情况下，出口矿物、大豆等单一经济作物以及肉类这样的原材料，并获取由此产生的外汇是实现这一目标的最快途径。在这个资源日益减少的时代，原材料的价值空前高涨，人们很难抵挡住诱惑不去加速开采。在中美之间那犹如"冷战"般的关系的影响下，针对越来越稀缺的资源展开的角逐使这种开采模式显得愈加诱人了。

加莱亚诺曾在他的巨著中生动地记述了拉丁美洲在古典时代所遭受的掠夺，但若不犯下与那时相同的暴行，这一战略又怎能成功呢？毕竟，亚马孙地区的环境破坏和加速的森林砍伐不仅成为全球气候变化的催化剂，还给安第斯山脉和中美洲带来了灾难性的干旱。随着屠宰场和饲养场的大量涌现，新拉丁美洲的肉类包装行业成为全球业界的领头羊。此外，野生环境中的病原体也被带到了丛林大都市的贫民窟中，而这些变化都提升了致命流行病发生的风险。像

---

① 随着"第三波民主化浪潮"的发展，对拉美传统的"保守主义浪潮"的反抗力量开始涌现，这导致了许多拉美国家的左翼政党掌握了政权，这些政府被称为"粉红浪潮"进步政府。——译者注

伊泰图巴这样在恶劣的卫生条件下蓬勃发展的亚马孙城镇已然成为寨卡病毒（Zika）的滋生地。这是一种有可能蔓延至整个巴西，并令原定参加2016年里约奥运会的运动员们谈之色变的蚊媒病毒。

其次是该模式产生的政治问题。如果布鲁诺是这个"有抱负的"新中产阶级的典型代表（他渴望更多的消费，或许想买更多的摩托艇），那么这个阶级又怎能坚守巴西与厄瓜多尔进步政府所倡导的平等和环境保护原则呢？这个问题将很快得到证实，巴西劳工党被击败了，取而代之的是一个由雅伊尔·博索纳罗（Jair Bolsonaro）领导的无情的极右翼政府，该政府与采矿业和农业综合企业关系密切。新中产阶级摧毁了它的缔造者，一年后，玻利维亚的埃沃·莫拉莱斯（Evo Morales）也经历了同样的命运，尽管后来莫拉莱斯的"争取社会主义运动"（Movement Towards Socialism）又令人印象深刻地东山再起了。随着大国之间争夺自然资源的竞争愈演愈烈，拉丁美洲的进步政府也越来越难以抵御以华盛顿为主导的政权更迭政策。在加莱亚诺写下巨著的年代，这片大陆的大部分地区都由残暴的亲美军事政权所掌控，而如今，历史面临着重演的危险。

本书是以从大豆到铌（niobium）、牛肉到黄金、石油到牛油果等一系列采集于拉丁美洲的原材料为基础书写而成的编年史集。在此书中，我试图反思这一困境，并对其中的戏剧性事件进行分析——洪都拉斯、玻利维亚和巴西的软性或硬性政变；智利圣地亚哥、基多和波哥大的非同寻常的民众起义；以及在近年肆虐的新冠病毒疫情[①]使该地区产生动摇后，此地发生更多社会动荡的可能性。我对波托西（Potosí）、米纳斯吉拉斯州（Minas Gerais）和扎卡特卡斯（Zacatecas）等一部分加莱亚诺的所到之处进行了重新探访。这

[①] 2022年12月26日，中国的国家卫生健康委发布公告，将新冠肺炎更名为新冠感染。——编者注

些地方是殖民抢掠和洗劫的象征,我试图根据伊曼纽尔·沃勒斯坦(Immanuel Wallerstein)、塞尔索·弗塔多(Celso Furtado)和安德烈·冈德·弗兰克(Andre Gunder Frank)的依赖理论(dependency theory)来对加莱亚诺的大胆论点进行更新,即在"一个由强大的中心和屈服的前哨所组成的世界"中,"我们拉丁美洲人之所以贫穷,是因为我们所踏足的土地是丰富的"。

从卢拉到埃沃·莫拉莱斯,再从拉斐尔·科雷亚(Rafael Correa)到乌戈·查韦斯(Hugo Chávez),加莱亚诺年仅28岁时写成的这本《拉丁美洲被切开的血管》成为21世纪初在拉丁美洲掌权的左翼一代人的《圣经》(查韦斯甚至将此书的副本送给了持怀疑态度的奥巴马)。但纵观加莱亚诺的论点中的两个主要信息——打破与前殖民列强及其跨国公司间的依赖关系的必要性,同时引导经济摆脱对原材料出口的依赖——只有前者受到了关注。

许多国家仍然留有对大宗商品出口的依赖,当矿物、石油和基本食品的国际高价超级周期,在第二波经济大危机中不可避免地走向尾声时,一个看似找到了收入再分配的神奇公式,并恰好执政的左翼计划要付出的代价,将会是十分高昂的。"粉红浪潮"消退,左翼势力在厄瓜多尔、巴西、智利、阿根廷以及暂时地在玻利维亚下台。而在委内瑞拉,一场灾难性的社会经济危机将查韦斯主义削弱到了十年前无法想象的程度。此外,悬而未决的石油出口依赖问题也增加了委内瑞拉在应对美国支持的政变时的脆弱性。当我们重新审视时就会发现,左翼掌权十年间的壮观社会征服似乎是一场虚妄的幻想,是由大宗商品市场泡沫所带来的无法持久的意外之财。

具有讽刺意味的是,加莱亚诺在2014年的巴西利亚文学双年展上宣布放弃自己作品的这一举动加剧了左翼思想的危机。他称此书过于简单化,是一个不懂经济学的年轻人在老左派的教条主义感染下写出的作品。"我永远也不会再读这本书了,我会昏过去的。"他在去世前一年曾这样开玩笑说。加莱亚诺的悔过给了拉丁美洲右翼的惯常犯罪嫌疑人们一次反击的机会。阿尔瓦罗·巴尔加斯·略萨（lvaro Vargas Llosa）的作品《完美的拉丁美洲白痴指南》（the Perfect Latin American Idot）是一本针对《拉丁美洲被切开的血管》而编成的粗俗的讽刺漫画，意在庆祝左翼知识分子的失败。《经济学人》（The Economist）的美洲编辑迈克尔·里德（Michael Reid）宣布了"粉红浪潮"的最终消退，并称加莱亚诺的书为"鼓吹者的作品，是选择性真理裹挟着夸大其词与谎言，再缀以夸张的漫画笔法和阴谋论混合而成的强大产物"。在我看来，这样的描述与其用在加莱亚诺的杰作上，不如送给里德的杂志更合适。

在我作为总部位于巴塞罗那的《先锋报》（La Vanguardia）的巡回记者在拉丁美洲旅行期间，我得出了与里德不同的结论。年轻的爱德华多·加莱亚诺非但没有夸大与当地精英结盟的全球资本主义力量在拉丁美洲造成的破坏，反而低估了其所带来的损失。掠夺不仅发生在原材料开采的经济领域中，还发生在对人类灵魂的践踏上。在无情的商品化过程中，当地人民的文化——克丘亚哲学（Quechua philosophy）中的"sumak kawsay"（克丘亚语，直译为"要以正确的方式生活"），即"和谐生存"理念——正在被消灭殆尽。近些年来的"被切开的血管"或许更加微妙，当然也更加环保。在太平洋的洋面上漂浮了一座塑料岛的同时，国际货币基金组织（IMF）的总裁克里斯蒂娜·拉加德（Christine Lagarde）受到他们的拉美项目的启发，使秘鲁"酸橘汁腌鱼"成为国际美食的代表。乘坐火车在安第斯山脉穿梭，体验异国情调的新旅游业被秘鲁政府私有化，并出售给了贝尔蒙德（Belmond）——全球奢侈品牌公司路易·威登集团（LVMH）的子公司。贝尔蒙德的透明车厢使前往马丘比丘（Machu Picchu）的游客们拥有了一个在已经失去了冰川的干燥高原上，从安全的距离仔细地端详所谓的"贫困"的机会。

现在的不同之处在于,许多的左翼政府虽然取得了巨大的社会成就,但是他们不仅重演着和前辈一样的物质和精神掠夺,而且和跨国资本沆瀣一气。"他们对这里发生的事简直是一窍不通,现在我们有的除了大豆就是大豆,还有更多的大豆。"当我们在圣塔伦(Santarém)见面时,埃迪尔贝托·塞纳(Edilberto Sena)这样说道。这位充满魅力、满嘴脏话的方济各会修道士是解放神学的追随者之一,他曾在三十年前帮助建立了亚马孙的工人党。这不仅是为数千名因最新种植的经济作物而被迫迁往城市的农民们而发出的哀叹,也是对建立在亚马孙惊人的生物多样性之上丰富而复杂的文化的消逝而发出的悼念。

在从巴西到厄瓜多尔、委内瑞拉、智利的众多国家中,我目睹了对"粉红浪潮"政府拥抱"新采掘主义"(neoextractivism)这一行为感到震惊的人与斥责反采掘主义者为浪漫梦想家的人之间的激烈争辩,后者认为前者没有意识到作为消除贫困和促进发展的手段,提高增长率是迫在眉睫的事情。

"石油和采矿业帮助我们避免了走上同其他国家那样有着不人道的工资和不稳定的劳动条件的老路。"福斯托·埃雷拉(Fausto Herrera)这样说道。他是拉斐尔·科雷亚(Rafael Correa)政府中的厄瓜多尔财政部部长,而说起这位总统,他妄图将数百万吨石油留在亚马孙河底土中的做法,曾被认为是环保运动的典范……直到科雷亚出尔反尔。由另一位前部长阿尔贝托·阿科斯塔(Alberto Acosta)所领导的科雷亚的批评家们,则对采掘主义持反对态度。他们辩护说,人们应该用新的方式去衡量由"和谐生存"理念所带来的福利。玻利维亚也发生了同样的分裂,埃沃·莫拉莱斯将目光投向了采矿业和农业综合企业,这导致了一些环保运动成员甚至开始支持反埃沃·莫拉莱斯的政变。这些编年史所支持的是一个让任何人都不会满意的观点:必须为两种思想流派找到一个共同的基础。

这些问题是普遍存在的，但情况在拉丁美洲尤为突出。引用美国哲学家弗雷德里克·詹姆逊（Fredric Jameson）在《伦敦书评》（London Review of Books）中发表的《百年孤独》（One Hundred Years of Solitude）书评中的一句话——这里是一个"计算机与最古老的农民文化形式……以及历史上所有的生产方式共存"的地区。这些土地从昔日的世界中残存至今，它的居民们仍然在身心上受到保护并免于被那些摧毁了我们其余人的力量所摧残，这些人让这片区域成为保卫地球斗争中的关键所在。哥伦比亚很快就吸取了这一教训，前游击队员古斯塔沃·彼得罗（Gustavo Petro）的创新人文主义项目就拒绝了所有激进的采掘主义，并在2018年那场他几近获胜的总统选举中，将气候变化问题置于竞选的核心。在同样想法的驱使下，2019年秋天的波哥大、麦德林和巴兰基拉的街道，被反对伊万·杜克（Iván Duque）保守党政府的大规模动员活动所占据。智利和厄瓜多尔也发生了抗议行动，这标志着一场致力于以不同方式前进的新运动出现了。

从里德到阿尔玛·吉列尔莫普里托（Alma Guillermoprieto），再到驻华盛顿的巴西经济学家莫妮卡·德博勒（Monica de Bolle），国际智库（international think tanks）和全球媒体的拉丁美洲的专家们对2019年的抗议活动深感悲观。德博勒在彼得森研究所（Peterson Institute）的一篇文章中写道："我们最不希望的事情发生了，过去几周拉丁美洲的不满情绪是由我们所谓的后商品泡沫综合征（post-commodity bubble syndrome）所驱动的。"但华盛顿从来都不是一个对拉丁美洲持乐观态度的地方。安第斯高原则叙述了一个截然不同的故事。2019年10月，当我漫步在厄瓜多尔首都基多的巴洛克中心时，周围的克丘亚街头摊贩们都精神百倍，他们因成功反抗了莱宁·莫雷诺政府而备受鼓舞，这是对事件的另一种更积极的解读。这一次，社会转型的议程在大规模群众动员中形成了，并将拥有比芝加哥商品市场上的原油、铜或大豆的价格更坚实的基础。

尽管导致厄瓜多尔抗议活动发生的直接原因是国际货币基金组织计划取消能源补贴后引发的汽油价格上涨，但众多勇敢反抗防暴警察橡皮子弹的波莱拉土著妇女的出现，表明了保卫"地球母亲"将是下一阶段斗争的核心内容。预测的依据是"和谐生存"理念的原则被纳入了国际货币基金组织休克疗法的替代计划中，该计划由厄瓜多尔土著民族联合会（CONAIE）起草，并通过基多天主教的仪式提交给了政府，那次仪式我也参加了。在2021年的选举中，左翼势力的年轻候选人安德鲁·阿劳斯（Andrés Arauz）似乎比他的导师科雷亚更愿意与土著方和解，尽管分歧依然存在，而且阿劳斯也最终败给了百万富翁银行家吉列尔莫·拉索（Guillermo Lasso）。

在智利，五颜六色的马普切旗帜也成为群众抗议拉丁美洲最成功的新自由主义模式（most successful model of neoliberalism）的普遍象征。此举受到了智库、市场分析师和寡头政治家们的赞扬，但遭到了其余所有人的鄙视。这些反抗或将成为拉丁美洲左翼势力与新兴的全球气候变化运动联盟的新纽带。尽管新冠病毒疫情暴露了拉丁美洲持续存在的社会不平等和卫生系统失败问题，但它也再次证明了棚户区、巴西特大城市的贫民窟或委内瑞拉的大农场在筹备集体自我保护方面的能力。

在乘飞机、公共汽车，间或乘坐内河航船进行长途旅行期间，我重读了《拉丁美洲被切开的血管》，我对这本充满学究气质的左翼沉闷散文一点也不感到厌倦。和青年时期一样，我再次受到了年轻的加莱亚诺想要"以爱情或海盗小说的形式讲述政治经济"的启发。在这些短文中，我试图将《拉丁美洲被切开的血管》作为效仿的范例。

每一章节都反映了这些原材料在一个招摇炫耀消费、社会极度不平等且自然资源日益减少的世界中的最终归宿。钻石在泥泞与暴力的地狱中被巴西的"加林皮罗"（garimpeiros）[①]们开采出来，而后在印度的苏拉特（Surat）进行加工，并在迪拜的施华洛世奇商店中贩卖。组装于加利福尼亚州或深圳的高超音速导弹的雏形是铌（niobium），其开采地位于亚马孙流域土著领土的附近。现在此地是与博索纳罗（Bolsonaro）领导的巴西新极右势力结盟的矿业公司眼中的目标。亚马孙地区毁掉森林后耕种出的大豆成为欧洲工业养鸡场中的饲料，这些鸡又转而化身为了10亿个麦乐鸡块。又或是亚马孙流域大庄园中大批忧郁的瘤牛，它们在啃食了遭电锯与森林大火洗劫的草场之后，也被送上了汉堡王的餐桌。安第斯高地伟大的前哥伦布文明的粮食——马铃薯，摇身一变，成了令人上瘾的菲多利薯片（百事公司旗下的品牌"Frito-Lay"），并加剧了肥胖症在拉丁美洲的流行。一种全球流行的牛油果酱使墨西哥的米却肯州，变成了由有组织犯罪团伙经营的单一牛油果种植区，而米却肯州作为普雷佩查帝国的摇篮，拥有着比阿兹特克更为复杂的社会。访问墨西哥的圣路易斯波托西可以发现，当地的回乔尔人（Huichol）成功地避免了19世纪银矿的重新开放，却因游客的入侵而蒙上阴影，因为许多游客热衷对佩奥特仙人掌的致幻性一探究竟。

与石油和铁矿石相关的章节就"对原材料的过度依赖如何引发了一场经济危机，进而使广大社会开始支持由美国所驱动的政变，以及该事件如何为委内瑞拉和巴西的政府埋下祸根"这一话题进行了讨论。此外，本书探讨的还有墨西哥总统安德烈斯·曼努埃尔·洛佩斯·奥夫拉多尔（Andrés Manuel López Obrador）试图重推拉萨罗·卡德纳斯（Lázaro Cárdenas）的石油民族主义（petronationalism）一事。在玻利维亚，一次对世界上最大的锂矿床——乌尤尼盐沼（Salar de Uyuni）的探访，揭示了埃沃·莫拉莱斯的本土社会主义政府，试图

[①] "加林皮罗"（garimpeiros）是对巴西的独立矿产探矿者的称呼。——译者注

利用新的电池厂实现工业化开采的尝试，是如何在中产阶级的叛乱和2019年11月的政变中宣布告终的。在玻利维亚高原稀薄的大气中，另一个生存性问题被抛出——一座锂矿和1万名在夕阳下自拍的游客，哪个更糟？

在关于黄金的章节中，我的一场始于哥伦比亚和中美洲而终结于犹他州的旅途，将创纪录的黄金价格和2008年全球金融危机后开矿的急流与美国的保守思想联系起来，而后又重新聚焦到哥伦比亚贫穷的淘金者身上。这个21世纪的"黄金国"（El Dorado）①因其自身的倒行逆施成为新时代中"被切开的血管"的另一个例证。在这座大都会中针对"黄金避风港"展开的探寻引发了成千上万名"加林皮罗"和"巴雷科罗"（手工采矿者）对亚马孙和安第斯山脉的又一次破坏性入侵。

一件极其讽刺的事情也从全球向零排放经济过渡，以避免灾难性的气候变化的计划中浮现了出来。正如杰森·希克尔（Jason Hickel）在他的新书《少即是多》（Less Is More）中所指出的那样，要想在不质疑资本主义增长必要性的前提下试图应对这一挑战，势必需要大幅度增加铜、钴（cobalt）、银、锂和稀土等材料的开采。"采矿业已经成为全球范围内森林砍伐、生态系统崩溃和生物多样性减少的一大推动力。如果我们掉以轻心，对不可再生能源不断增长的需求将使这场危机严重加剧，"他写道，"拉丁美洲、非洲和亚洲的部分地区很可能成为新一轮资源争夺……以及新型殖民的目标。"荒谬至极的是，为市场驱动的绿色经济打造的企业友好计划，可能会导致拉丁美洲的"血管再一次被切割开来"。

拉丁美洲的新发展模式需要理念上的根本性转变，既要超

---

① 黄金国（El Dorado）又名"埃尔多拉多"，是一座神话中的城市，据说位于南美洲未开发的内陆地区，因盛产黄金而得名。——译者注

越对原材料的简单开采模式，又要超越在失落的"福特之城"（Fordlandia）里锈迹斑驳的旧工业化模式。福特之城是一座由亨利·福特（Henry Ford）从伊泰图巴出发，乘船三个小时才能寻觅到的橡胶工业城市。如今，城中藤蔓和风铃木属植物①遍地丛生，猴子在生锈的加工机器间穿梭奔走。在不放弃南美左翼势力十年的进步和社会目标的情况下，现在是时候应该设计更小规模的新生产体系，并将其与生态经济、收入的彻底再分配和破坏性较小的消费进行挂钩了。与其将权力集中在一个人身上并促进那些为权力扫清障碍的社会运动，不如把重心放在扩大和深化民主上面。一颗种子或许已经在圣地亚哥、波哥大、基多甚至利马的那些壮观的公民运动中被播种下。如果这颗种子能够发芽并赋予拉丁美洲的左翼势力以新的机会，那么考虑替代方案就会变得至关重要。

本书的创作灵感部分源自土著哲学"和谐生存"中社会模式应与对环境和文化的保护和谐共存的理念。在一个由狩猎者与采集者组成的、卢梭所谓的"高贵的野蛮人"之邦（a Rousseauean state of bon sauvage）②中，这不会是一个浪漫的渴望。最后的一个章节描述了穆杜鲁库人与圣路易斯·德·塔帕霍斯水坝之间如史诗般的斗争。正如此章所阐释的那样，在发展的过程中，亚马孙的过去是一个极有意义的教训。在 2 000 年前，远在欧洲人踏足此地之前，亚马孙河流域曾是 800 万居民的安身之所。他们在此组建社会，并以复杂和可持续的方式修建道路和管理森林。为了确保粮食安全，他们甚至会对木薯等作物实行基因改造。鱼类被养殖起来，辽阔的亚马

---

① 此处的风铃木属植物指的是风铃木属的七种不同树种，每种都存在于中美洲和南美洲的热带森林中，花朵艳丽，在拉丁美洲有大量分布。——译者注
② "高贵的野蛮人"为法语"bon sauvage"的翻译。启蒙运动中，倡导"天赋人权"理论的卢梭将最美好的道德寄托于原始部落，"高贵的野蛮人"指虽然物质贫乏，但是精神高贵且理想化的土著居民。——译者注

孙河两岸也坐落有多个城市公园。"我们是丛林的守护者。"在我访问塔帕霍斯期间,伊泰图巴的穆杜鲁库领导人之一杰罗·苏(Jairo Saw),以陈述事实且没有半点自夸的口吻这样对我说道。穆杜鲁库人通晓科技,他们利用全球定位系统(GPS)划定了自己的土地范围,用科学的准确性证明了他们的领土权,并以此保卫丛林。我和杰罗·苏的下一次碰面是在里约热内卢,当时他正在赶往洛杉矶的路上,他要去会见一群通用电气公司(General Electric)的工程师并试图说服他们放弃水坝项目。"如果他们不听,那么无论是他们自己还是其他任何人都将没有未来。"他在乘坐黄色的里约出租车前往加莱昂国际机场时说道。

第一部 开采

PART I

第一章　铁（巴西，米纳斯吉拉斯州）
残酷的力量

本托罗德里格斯（Bento Rodrigues，简称"本托"）是一个不复存在的小镇。在萨马尔科的铁矿主围堵坝坍塌和有"甜水河"之称的多西河（River Doce）①骤然消逝的六个月后，也许甚至有人不知道这个小镇曾存在过。

"沿着那条煤渣道往右走。"在马里亚纳的最后一个加油站，一群年轻的"矿区女孩"对我们说道。或许是因为深深地感知到了命运那骇人的力量，这些女孩们正排着队请当地的算命师给自己看手相。"但你们得当心，那里可是禁地！"

道路是红色的，像生了锈的铁。几只黑美洲鹫的身影从大西洋沿岸茂密的丛林上方划过，仿佛是天使在指引着我们通往地狱之路。小镇已经近在咫尺。唯一的遗留物是国家旅游局设立的木制路牌，不知为何没有受到那场致命波涛的波及。路牌上标志着葡萄牙人从矿区向外运送黄金和钻石的古道，这些矿区被葡萄牙人命名为巴西米纳斯吉拉斯州（Brazilian state of Minas Gerais，意为"通用

---

① 巴西东部河流。由卡尔穆（Carmo）河与皮兰加（Piranga）河汇合而成。葡萄牙语为 Rio Doce。——译者注

矿区")①。

一个牌子上写着"**在本托罗德里格斯，尝地道的矿区美食**"。对于那些来自富裕的首府——贝洛奥里藏特的游客们来说，牌子上所描述的美味猪肉、木薯菜豆饭（巴西葡萄牙语为"feijão tropeiro"）②以及鸡肉秋葵（巴西葡萄牙语为"quiabo"）无疑充满了吸引力，一众历史悠久的帕劳佩巴（Paraopeba）③矿业城镇，曾争相试图以此为契机摆脱其对铁矿石的依赖。如今，这个梦再也无法实现了。在对岸，在矿业公司的聚光灯的映照下，仅有的三四座房屋从泥山的顶部探出头来，那场景让人不由得联想起黄昏时分的耶稣降临。

本托是一个约有600名居民的小镇，尽管鲜为人知，但这里曾是巴西史上最大规模地震的震中，然而国际媒体人对这种事并不感兴趣。比起这个，他们更关注寨卡病毒大流行、奥运会前期的里约热内卢贫民窟的帮派冲突，以及内马尔④的新发型。当本托被从地图上抹去之后，一场由5 000万吨、相当于24 000个奥林匹克泳池容量的矿业废料混合着有毒泥浆而形成的海啸倾泻而下，向着500英里外位于多西河与大西洋交汇处的港口城市埃斯皮里图桑托（Espiritu Santo）呼啸而去，沿途的一切都被摧毁殆尽。令人难以置信的是，整场事故的遇难者只有19人，其中2人位于本托。但是这条仅次于亚马孙河的巴西第二大河流所带来的破坏是灾难性的。巴西联邦警察的初步调查结果显示，此次坍塌是由大坝周围堆积的废料污泥中的含水量增加导致的。警方的报告称，萨马尔科（Samarco）矿场的技术人员的失职加剧了悲剧的发生。萨马尔科矿场为全球两大矿业

---

① 该州是巴西人口数量位居全国第二的州，位于巴西东南部。——译者注
② 菜豆饭（feijão tropeiro）是一种传统巴西菜肴，由豆类、培根、香肠、羽衣甘蓝、鸡蛋和木薯粉制成，一般与白米和烤猪肉一起食用。——译者注
③ 帕劳佩巴（Paraopeba），巴西帕拉州城市名，位于巴西北部，资源丰富，以观光闻名。——译者注
④ 巴西足球明星。——编者注

第一章　铁（巴西，米纳斯吉拉斯州）

巨头——巴西淡水河谷公司（Vale do Rio Doce）与英澳必和必拓公司（Anglo-Australian BHP Billiton）共同所有。而此次灾难的导火索是一场小型地震。

当我在 2016 年的复活节期间，也就是灾难发生的五个月后访问该地区时，仍有超过 100 万的人缺乏饮用水。此外，河流全线禁止捕鱼造成了 140 万人失去了主要生计来源。其中，受影响最严重的是克雷纳克（Krenak）[①]，这是一个沿河绵延数百英里的土著社区。灾难发生前，在河中栖息的 80 多种鱼类是其族人的主要营养来源，其中有 11 种鱼类为多西河生态系统所独有。现如今，这 11 种鱼类都面临着灭绝的危险。

位于贝洛奥里藏特的巴西环境与可再生自然资源研究所（IBAMA）所长马塞洛·坎波斯（Marcelo Campos）说："这条河发生了不可逆转的改变。沉积物已经发生了位移。现在这是另一条形态完全不同的河流。"面对自己得出的灾难诊断结果，连他本人都感到惊愕。巴西淡水河谷公司与英澳必和必拓公司坚称被冲到下游河道的废料中不含有毒元素。但众所周知，化学试剂乙醚氨基会在分离过程中被用于提取萨马尔科和其他马里亚纳的矿中的铁矿石。

瑞士科莱恩公司（Clariant）在一份关于乙醚氨基蒙太尔 800 毒性的技术报告中对一种"非生物降解"的毒素发出了"威胁水生生物"的警告。在巴西采矿业的繁盛时期，科莱恩公司将乙醚氨基试剂的产量增加了一倍。多西河实际上已经死去，而在米纳斯吉拉斯州的复活节周，没有人敢说复活将在何时才会降临。

"一代人将在一条禁河的岸边出生和长大，"克雷纳克哲学家、《推迟世界末日的思想》（*Ideas to Postpone the End of the World*）一书

[①] 克雷纳克（Krenak）又名 Borun，巴西土著民族，由葡萄牙人在 18 世纪末命名。——译者注

的作者艾尔顿·克雷纳克（Ailton Krenak）说，"这个关于地球未来的想象令人不寒而栗。"

***

巴西巨大的铁矿石储量是理解"冷战"最初十年美国对外干预行为的关键，干预行为在1964年以美国钢铁公司（US Steel）和汉纳矿业公司（Hanna Mining Corporation）为攫取利益而设计的政变中达到顶峰。事实上，正如加莱亚诺在《拉丁美洲被切开的血管》中毫不留情地指出的那样，米纳斯吉拉斯州矿场对华盛顿在该地区的战略至关重要，以至于当时在巴西首都里约热内卢①的美国大使馆设立了一个新的外交职位——矿产专员。"他们有着至少等同于军事或文化专员的工作量——真的特别多，以至于很快就任命了两名矿产专员，而不是一名。"

为了取得位于帕劳佩巴（Paraopeba valley）的目前已知的世界上最大铁矿的特许权，由时任美国财政部部长乔治·汉弗莱（George Humphrey）担任主席、总部位于克利夫兰的汉纳矿业公司在政变前几年曾为不少于5名巴西部长提供过该公司的董事会席位。这是一个慷慨的提议，但席卷拉丁美洲的发展民族主义浪潮已经波及巴西，摊牌在所难免。

1954年，巴西标志性的发展主义总统热图利奥·瓦加斯（Getúlio Vargas）在经历了近二十年的权力交替后，最终选择了自杀。彼时，巴西与超级大国之间的关系已经破裂。瓦加斯敏锐地意识到，正如加莱亚诺所指出的那样，"钢生产于世界富裕的中心地带，而铁则产于贫穷的郊区"。他创建了一家国有钢铁公司，以缓解对粗矿石出口的依赖。他甚至以允许"二战"期间在巴西东北海岸建立美国军事基地为交换条件，说服罗斯福建造了巴西的第一座钢铁厂。正如我们将在第十五章中看到的那样，瓦加斯的悲惨死亡与他将石油行业国有化的决定有着更为密切的关联。他的继任者儒塞利诺·库比契

---

① 里约热内卢曾于1763—1960年作为巴西的首都。——编者注

第一章　铁（巴西，米纳斯吉拉斯州）

克（Juscelino Kubitschek）试图使汉纳和其他跨国公司让步于他的国家驱动工业化计划，他希望通过此方式与美国矿业巨头达成所罗门式的协议。但是，愈加活跃的工人运动所带来的压力与日俱增，他们要求采取更加激进的措施。1961年，社会保守经济民族主义者贾尼奥·夸德罗斯（Jánio Quadros）接任。为了给巴西的工业开路，他更进一步，吊销了汉纳公司在米纳斯吉拉斯州的采矿许可证。

此举立竿见影。"可怕的势力联合起来反抗我。"于4天后辞职的夸德罗斯如此哀叹道。左翼副总统若昂·"詹戈"·古拉特（João "Jango" Goulart）是瓦加斯的国家主导民族主义的忠实追随者，他执掌大权后，支持吊销汉纳公司的许可证。巴西最高法院支持总统的决定，并驳回了这家美国公司的律师要求恢复特许经营权的上诉。

1964年3月，50万名大多为妇女的敬畏上帝的反共分子，走上了圣保罗的保利斯塔大道和里约的科帕卡巴纳大街，参加所谓的"家庭上帝为自由进军"（March of the Family with God for Freedom）游行，他们呼吁通过武装干预手段来推翻叛乱政府。几天后，该国的将军们迫于局势，在米纳斯吉拉斯州发动了一场全面的军事政变，而这一切并非巧合。

卡斯特罗·布兰科将军（General Castelo Branco）在一个俯首帖耳的国会的支持下宣誓就任总统，该国会位于闪亮的现代主义新首都——巴西利亚，由建筑师奥斯卡·尼迈耶（Oscar Niemeyer）精心设计而成。但可悲的是，这里与政变可能会受阻的人口中心相距甚远。卡斯特罗·布兰科逮捕了5 000至20 000名异见人士，随即满足了觊觎铁矿的美国人的需求。《财富》杂志评论道："去年春天那场推翻古拉特的叛乱就像第一骑兵师（First Cavalry）①在最后关头展开的营救。"

---

① 第一骑兵师（First Cavalry），简称陆军美骑一师，在第一次世界大战后的1921年成立，组建后参加过太平洋战争和朝鲜战争，战后集体转入预备役。该师自成军以来，东征西讨，战绩辉煌，但在朝鲜战争中被中国人民志愿军重创。——译者注

加莱亚诺描述了接下来发生的事情："在把厌倦了陀思妥耶夫斯基、托尔斯泰、高尔基和其他俄罗斯人的书扔进火堆或瓜纳巴拉湾，并判处无数巴西人流亡、入狱或死亡后，布兰科堡独裁政府终于开始静下心来做生意了——它把铁和其他一切都拱手让人了。"

汉纳公司于1964年12月24日获得许可证，这份"圣诞礼物"使它们获得了帕劳佩巴矿床的独家开采权，并获准在里约建造一个新的出口码头。直到1984年，大权都将继续被掌握在将军们的手中。

我在2016年复活节访问米纳斯吉拉斯州期间，对加莱亚诺关于巴西铁矿地缘政治的描述进行了必要的重读，因为历史修正主义已经像瘟疫一样在巴西高度活跃的极右翼社交网络中蔓延开来。带头的是巴西新保守派的神秘大师奥拉沃·德·卡瓦略（Olavo de Carvalho），以及他最忠实的弟子、前陆军上校、鲜为人知的巴西国会议员雅伊尔·博索纳罗。作为一名昔日的马克思主义者和巴西最具影响力的报纸《圣保罗报》（Folha de São Paulo）的记者，德·卡瓦略开始研究起了占星术和朴素哲学，写了几本充满煽动性公理的畅销书，并从巴西搬到了美国的弗吉尼亚州。在那里，他穿着伐木工人的衬衫、戴着牛仔帽招摇过市。他在篡改巴西历史的同时，还在视频中源源不断地传播极其疯狂的阴谋论。

在德·卡瓦略看来，发动1964年政变的将军们并不是一群卑躬屈膝的、代表美国对巴西自然资源展开设计的残忍谋杀犯。相反，他们是巴西"祖国母亲"的救世主。那时候的巴西和现在一样，有了共产主义和德·卡瓦略所谓的"文化马克思主义"（cultural Marxism）[①]的倾向。而事实证明，卡斯特罗·布兰科（Castelo

---

[①] 文化马克思主义（cultural Marxism）是弗洛伊德心理学理论与马克思思想的融合。它利用大众心理学的媒介来控制人类思想，将抵抗置于心理上的"铁笼"中。完全否定对"文化马克思主义"的抵抗，可以使人们"热爱奴役"，通常被称为"政治正确"。——译者注

第一章　铁（巴西，米纳斯吉拉斯州）

Branco）真是太过软弱了。卡洛斯·阿尔贝托·布里汉特·乌斯特拉（Carlos Alberto Brilhante Ustra）将军才是货真价实的"民族英雄"，他是独裁政权中镇压部队的指挥官。该部队对数千名异见人士实施了严酷的拷打折磨，其中就包括22岁就加入了武装斗争、对这群将军展开反抗的未来总统迪尔玛·罗塞夫（Dilma Rousseff）。

随着保守的基督教福音派人士日益增多，保守派对工党（PT）的愤怒浪潮铺天盖地而来，为了能够乘上这波可以送他登上总统宝座的巨浪，博索纳罗经常在他的政治集会结束时和大家集体高呼"Ustra vive！"（乌斯特拉万岁！）。仿佛将一个大规模施虐者重塑为"民族英雄"还不足以激起博索纳罗主义者们（Bolsonaristas）的兴致一般，德·卡瓦略呼吁巴西新兴的新法西斯主义运动走上街头发起一场新的政变，从而推翻伪装成罗塞夫和卢拉·达席尔瓦政府的共产主义政权，而实际上，后者在选举中的胜利可以说是巴西在短暂的民主史上最引人注目的成就。

自此之后，在圣保罗，每周都有约一千名愤怒的反迪尔玛抗议者从街头艺术家和福音派传教士的身边穿过，在熙熙攘攘的保利斯塔大道上游行。他们高喊着**"立即进行军事干预"**的口号，身边带着一个13英尺①高、身穿战斗服装、手持机枪的士兵充气娃娃。有些抗议者认为这个娃娃象征着布里汉特·乌斯特拉本人。当我询问一名博索纳罗主义者他为何爬到凳子上挥舞一面用英语写成的"武装部队拯救巴西"的旗帜时，他怒喊道："如果军方不采取行动，巴西很快就会灭亡！"德·卡瓦略，这位特朗普曾经的马基雅维利主义②顾问史蒂夫·班农（Steve Bannon）的座上稀客，在这场混乱的

---

① 1英尺＝30.48厘米。——编者注
② 马基雅维利（Machiavelli，1469—1527）是意大利政治家和历史学家，以主张为达目的可以不择手段而著称于世，马基雅维利主义（machiavellianism）也因之成为权术和谋略的代名词。——译者注

运动中表现得昏庸腐败。需要特别说明的是，他也是最发自内心痛恨《拉丁美洲被切开的血管》一书的人之一，他曾称此书为"一本名副其实的像狗屎一样的作品"。

加莱亚诺或许夸大了美国在1964年政变中所起到的作用。毕竟，正如来自巴西国家开发银行的经济学家马塞洛·米特霍夫（Marcelo Miterhof）在历史有可能于巴西利亚重演之际向我指出的那样，"巴西的精英完全有能力组织自己的政变"。那些迫使救世主贾尼奥·夸德罗斯辞职的"可怕的势力"可能不仅仅是美国中央情报局（CIA）或美国国务院。由于颁布了"禁止在科帕卡巴纳海滩穿比基尼"，以及"禁止在已蔓延至里约热内卢后山上的棚户区中斗鸡"等奇怪的政策，这位短命的总统在巴西各地树敌无数。除此之外，控制铁矿只是这场针对他的继任者——"詹戈（Jango）"——发起政变的目标之一。詹戈的政府承诺进行土地改革，并开展了大规模的扫盲运动。这些行动在1964年影响了巴西一半以上的人口，这可吓坏了巴西的精英和中产阶级。

话虽如此，来自华盛顿的支持对政变的成功也是至关重要的。人们对"冷战"的疑虑已经盖过了罗斯福的"不干涉睦邻友好政策"。夸德罗斯承认了菲德尔·卡斯特罗（Fidel Castro）[①]在古巴的革命政府，他甚至邀请了切·格瓦拉（Che Guevara）前往巴西利亚。针对古拉特采取的军事行动获得了肯尼迪和约翰逊的公开支持。因此，在巴西的将军们于1964年春天把坦克开到大都市的街道上的同一时间，美国海军发起了"山姆兄弟行动"（Operation Brother Sam），他们将福莱斯特级航空母舰和其余的加勒比海舰队置于戒备状态，以备巴西将军们的不时之需。正如像智利的铜或危地马拉的

---

① 菲德尔·卡斯特罗（Fidel Castro，1926—2016），古巴共和国、古巴共产党和古巴革命武装力量的主要缔造者，被誉为"古巴国父"，是古巴共和国第一任最高领导人。——译者注

第一章 铁（巴西，米纳斯吉拉斯州）

香蕉，抑或几十年后委内瑞拉的石油这样的原材料引发了拉丁美洲其他成功或未遂的政变一般，铁，无疑是美国关注的焦点。在那个"利于通用汽车即利于美国"的时代，巴西的铁矿石成为一种战略资源。

曾帮助总部位于宾夕法尼亚州的伯利恒钢铁公司（Bethlehm Steel）在亚马孙买下一座锰矿的圣保罗强大的商业领袖奥古斯托·阿泽维多·安图内斯（Augusto Azevedo Antunes），成为1964年政变中的重要人物。此举帮助伯利恒公司与汉纳公司并肩在帕劳佩巴创立了自己的铁矿石开采业务。与此同时，美国钢铁公司在将军们的支持下，与瓦加斯于1942年创立的巴西国有矿业公司（Brazilian state mining）建立了企业合营关系，在直接为政府创造出口收入的同时，他们还为新的巴西钢铁工业——巴西淡水河谷公司——供应生产。

巴西的民主制度中断二十年，至少在一定程度上是为了保证美国能够进入米纳斯吉拉斯州铁矿，这给巴西的民族自尊心留下了一道深深的创伤。在加莱亚诺本人和如经济学家塞尔索·富塔多（Celso Furtado）和年少有为的社会学家费尔南多·恩里克·卡多佐（Fernando Henrique Cardoso）等巴西的依赖理论先驱的作品的帮助下，反对华盛顿的意见有所增加。上述这几位都曾在前殖民中心（欧洲、美国）和被征服的外围国家（拉丁美洲）之间关系不平等的背景下，对欠发达问题展开了分析。对拉丁美洲的资源掠夺是南北之间长达数世纪的不对称所带来的最显而易见的后果。

讽刺的是，于1995年当选巴西总统的卡多佐在年龄、权力和美国为解决拉丁美洲债务危机而施加的苛刻条件的影响下，将淡水河谷公司进行了私有化。为了避免华尔街的经纪商们读起来过于拗口，他将该公司更名为"淡水河谷"（Vale），与"valley"（山谷）一词同音。该公司于1997年上市，并以低廉的价格被抛售。随着大宗商品的繁荣发展，淡水河谷公司的利润在八年间增加了13倍，成为巴西最大的出口商。当路易斯·伊纳西奥·卢拉·达席尔瓦在2002年取得历史性的胜利,左翼势力最终上台掌权时,他们采取了一些手段以避免第二次蒙受山姆大叔(或兄弟)的羞辱。

虽然卢拉不敢将淡水河谷公司重新国有化,但他通过增加巴西国家开发银行所持有的股份,使淡水河谷公司的国家信誉得到了加强,而随着巴西国家开发银行成为巴西产业政策的关键工具,目前其所拥有的贷款组合比世界银行的更为强大。卢拉的经济顾问纳尔逊·巴博萨(Nelson Barbosa)被任命为董事会成员,不过他后来告诉我:"与其说是方向,这更像是一种代表。"从那时起,在米纳斯吉拉斯州和其他地方开采的铁矿石,将为卢拉政府下的民主消费和再分配新模式的奠基添砖加瓦,至少在劳工党的选举宣言和淡水河谷公司的年度报告中是这样说的。国际环境状况良好,中国对这种最有用的金属的需求是无穷无尽的。更重要的是,与北京之间的贸易和投资关系与加莱亚诺所谴责的那种吸血鬼式的新殖民主义不同,它们将会是建立在南南轴心(south-south axis)上的更加平等的贸易和商业关系。在中国对制造业和建筑业投资的推动之下,国际铁矿石的需求增长,价格飙升,并成为巴西的主要出口商品。

把未来押在铁矿石和其他大宗商品上,这种做法并不被拉丁美洲左翼势力中最有头脑的人们所推崇。20世纪40年代末,联合国拉丁美洲和加勒比经济委员会(西班牙语首字母缩写为CEPAL)的经济学家曾对所谓的"自然资源诅咒"发出过警告。他们认为减少对原材料出口的依赖至关重要,因为与制成品相比,原材料的价格必然会更低,这将导致与北方工业区有关的拉丁美洲贸易条件恶化,并引发国际收支危机。此外,诸如石油、铁矿石或大豆这样的大宗商品,其价格的特点是具有极端的波动性和繁荣与萧条周期。以上这些想法推进了20世纪50年代以来拉丁美洲发展主义工业化的议程,直到20世纪70年代的新自由主义席卷而来,并在距离皮诺切

第一章　铁（巴西，米纳斯吉拉斯州）

特领导下的智利圣地亚哥联合国拉丁美洲和加勒比经济委员会总部不远的地方展开了一场巨大而严酷的折磨。

但在这个属于中国的新世纪中，联合国拉丁美洲和加勒比经济委员会旧日的恐惧看起来是言过其实了。这个正在崛起的亚洲制造业超级大国对巴西铁矿石和其他原材料表现出了近乎狂热的渴望。铁矿石满足了从唐山曹妃甸到上海宝山的大型钢铁厂的原料需求，而这些钢铁厂则为势不可当的中国制机车和人类历史上最雄心勃勃的硬件基础设施现代化建设提供了钢材。如今，中国生产出了世界上一半的钢铁，并在世界各地搜寻稳定的铁矿石来源。联合国拉丁美洲和加勒比经济委员会对贸易条件恶化的担忧似乎与价格趋势相矛盾。全球化引发了制成品价格的长期下跌，而原材料价格却在这个资源日益减少的世界中飙升。墨西哥选择了一条与巴西截然相反的发展道路，将重点放在了在美国边境低工资的墨西哥美资工厂中进行组装的制成品的出口上，但并未因此繁荣起来。墨西哥经济的增长速度比巴西更为缓慢，在长达二十年的工资停滞之后，墨西哥仍未能脱贫。

得益于来自中国的需求，巴西因对外依赖而引发的剧烈波动和波折的命运似乎已成为过去。在卢拉于2003年至2010年首次任职总统期间，铁矿石的价格翻至原来的5倍，从每吨30美元涨至150美元，巴西铁矿石出口的美元价值也上涨了500%。大宗商品市场不可避免的繁荣与萧条周期曾多次在拉丁美洲引发灾难，同时也可能会带来短暂的意外之财，然而此次的情况似乎有所不同。这是一个超级周期，推动价格不断上涨，而且没有疲软的迹象。铁矿石似乎为劳工党的执政打下了坚如磐石的基础。淡水河谷公司的巨大出口量随同大豆和牛肉等基本食品的出口一起为巴西创造了数十亿美元的外汇，再加上卢拉的再分配政策，使低收入工人阶级工资的大幅度增长成为可能。"家庭补助金计划"（Bolsa Família Programme，缩写为 BFP）是卢拉实行的一项具有里程碑意义的反贫困补贴计划。此计划通过为穷人提供廉价的消费信贷，以及连续提高最低工资的方式，使 3 600 万巴西人在 21 世纪的第一个十年摆脱了贫困，且有 4 200 万人加入了卢拉所说的"巴西新中产阶级"的行列中来。

一些经济学家，如卢拉政府的前任部长路易斯·卡洛斯·布雷瑟－佩雷拉（Luiz Carlos Bresser-Pereira）对此持怀疑态度。根据他的说法，巴西货币已经升值至每美元 1.65 雷亚尔的历史高点，比其长期价值高出 30%。他认为这是"荷兰病"（Dutch disease）的典型症状，并将产生可怕的后果。20 世纪 50 年代，在荷兰发现的天然气极具讽刺意味地引发了制造业的萧条与衰退，"荷兰病"一词由此得名。该术语由《经济学人》杂志首次创造，用于描述由意外的资源繁荣所带来的不良影响。

"汇率被高估了，因为当一种货币坚挺时，石油、大豆或铁矿石等原材料可以在不影响出口商利润的情况下被出口到国外，但这种升值导致了制造业的竞争力受损，这是一种扭曲的现象。"布雷瑟·佩雷拉在他位于圣保罗的豪华现代主义别墅中接受采访时说道。其引发的结果是形成了一个过早的去工业化过程，这个过程始于卡多佐的领导，并在卢拉政府和他的继任者迪尔玛·罗塞夫的政府下加速进行。

但没有任何人注意到这一点。在左翼势力的捍卫下，巴西货币雷亚尔保持着坚挺，他们认为这是遏制通货膨胀、提高最贫困人口工资，以及在不提高物价的情况下促进消费的一种手段。在布雷瑟·佩雷拉的再工业化替代方案中，工资必须像在墨西哥一样被保持在更低的水平才行。与此同时，市场对卢拉模式的青睐使淡水河谷、巴西国有石油（Petrobras）等公司的股票价格迅速飙升。"超级雷亚尔"（super real）还吸引了数十亿美元的外部资本流动，同时也催生了巴西的高利率。巴西是"金砖国家"（BRICS，得名于最大

第一章　铁（巴西，米纳斯吉拉斯州）

的新兴经济体：巴西、俄罗斯、印度、中国和南非的英文名首字母缩写，由美国高盛公司热心命名）中最性感并富有活力的一个。在《经济学人》杂志2009年的封面上，科尔科瓦多山顶的"救世基督像"（Christ the Redeemer）如火箭般发射升空，图片上方搭配的是大字标题：《巴西起飞》（*Brazil Takes Off*）。他们已然将当初对"荷兰病"的开创性分析抛诸脑后，并加入了这场集体狂欢之中。

***

这一幕让人回想起了大宗商品繁荣时期的欢乐岁月。一条传送带装载着数千吨铁矿石穿过一座摇摇欲坠的金属桥，桥的下方是充满锈色废水的污水池。铁矿石被运往马德里亚角（Ponta da Madeira），这是淡水河谷公司位于大西洋沿岸、巴西历史上欠发达的东北部地区的圣路易斯港（São Luís）的航运码头。富含铁的黑色矿石被装在货运列车中运送出来，这些矿石开采自位于亚马孙丛林中已遭砍伐的帕拉州东部地区以西约400英里处的世界上最大的露天铁矿。

卡拉加斯矿（Carajás mine）是热带雨林中的一处巨大创伤，该矿是在1967年美国钢铁公司发现地球上最广泛的铁矿石矿床后，由军政府设计的。该铁矿床的面积是位于米纳斯吉拉斯州的帕劳佩巴保留地的两倍。当时仍为国有的巴西淡水河谷公司决意与这家美国跨国公司合作，对铁、铝土矿（生产铝所需的一种矿物）、金、铜、镁和锡石矿床进行开采。军政府还引进了十几家生铁生产商，它们在卡拉加斯到圣路易斯的铁路沿线建造了熔炉，砍伐了超过80万公顷的数百万棵树作为燃料。在亚马孙森林的砍伐地图上，帕拉州的东部将很快从一片绿色中凸显出来，沦为一大块猩红色。

铁和铝业务中的其他采矿问题也接踵而来。得益于其在亚马孙地区的矿业资产，埃克·巴蒂斯塔（Eike Batista），这位在军事独裁时期出生于米纳斯吉拉斯州的淡水河谷公司董事长之子，在福布斯亿万富豪榜上的排名上升至了第 8 位。而来自美国的巨头——美国铝业公司（Alcoa）成为丛林中的又一位新来者。

由于采矿作业需要电力，于是在淡水河谷公司和美国铝业公司的游说下，图库鲁伊水电站工程（Tucuruí hydroelectric project）[1]在 20 世纪 70 年代末落成。该项目使数千平方英里[2]的原住民保留地被水淹没，并在橙剂公司（Agent Orange）受雇来摧毁当地林区之际，迫使整个地区的居民放弃了他们的家园。几年之后，淡水河谷公司还将参与阿尔塔米拉（Altamira）备受争议的贝罗蒙特水利枢纽工程（Belo Monte hydroproject），以寻找更多的能源来推动其令人眩晕的增长。这座巨型水坝将淹没 1 500 公顷的森林，使一条几个土著社区赖以生存的重要河流枯涸，并导致数以万计的人流离失所。其中一些是卡亚波族人（Kayapo），另一些则是来自东北部的贫困移民。

那是 2016 年夏天，我凝视着"当啷"作响的传送带将矿石运送到马德里亚角港口。卡拉加斯矿正在打破生产纪录，甚至超过了 2011 年的天文数字水平，而那时铁矿石的价格就已经突破了之前的最高水平，每吨接近 190 美元。淡水河谷公司甚至在卡拉加斯的 S11D 综合体（S11D complex）中开了一座新铁矿。过了桥的铁矿石将很快被装载到巨大的 Valemax 型矿砂船上。这些航海史上最大的商船长 328 码[3]，可运输 36 万吨铁——足以建造三座金门大桥。而此时在另一头，这些巨轮仿佛仍身处富矿年代一般，正在中国的港口卸载着货物。

然而，在巴西东北部炎热的烈日下，那天的表象欺骗了众人。圣路易斯所呈现的情景并非成功，而是失败。这场超级周期在一阵

---

[1] 图库鲁伊水电站位于巴西北部的托坎廷斯河上，距贝伦市 320 千米。——译者注

[2] 1 平方英里约等于 2.59 平方千米。——编者注

[3] 1 码 =0.9144 米。——编者注

第一章 铁（巴西，米纳斯吉拉斯州）

壮烈的刹车声中戛然而止，而新的产量纪录实际上是淡水河谷公司对铁矿石价格暴跌所做出的反应。现在铁矿石的价格只有每吨 40 美元——下降了近 80%。中国如今的经济增长仅为 2007 年惊人速度的一半。作为巴西劳工党的采掘发展模式的倡导者，淡水河谷公司现在看起来像是在上演《爱丽丝梦游仙境历险记》（*Alice's Adventures in Wonderland*）中的一幕：红桃皇后（Queen of Hearts）对爱丽丝（Alice）说，在这个国度，你必须尽可能快地奔跑，才能保持在原地。淡水河谷公司只有生产更多的铁矿石，才能维持生计。

全球化资本主义大危机的第三阶段现已波及巴西和拉丁美洲的其他国家。这场危机始于 2007 年至 2008 年的美国金融和抵押贷款行业，并于 2010 年跨越大西洋抵达欧元区。现在，这场地震的第三次震颤来得虽迟，但致命性丝毫不减，它正在撼动着新兴经济体——尤其是那些进行原材料出口的经济体。中国，是读懂这场大危机的关键。

在 2009 年世界贸易崩溃以及美国和欧洲的经济严重衰退之后，北京做出了回应，中国实施了一场大规模复苏计划并向基础设施及房地产两个领域的公共投资注入了 40 000 亿元的资金。其结果是对大宗商品，尤其是对铁和铜等建筑材料的需求比经济危机之前更多了。尽管 2009 年世界经济衰退，但这一举措延长了大宗商品的超级周期。本就因数十亿美元的投机活动而膨胀的大宗商品市场，又因中国的繁荣而产生了更严重的泡沫。市场中的交易员们像买卖金融衍生品或高收益债券般买卖成吨的铁、成蒲式耳①的小麦和成桶②的石油。全世界的投资者都在寻找能够有所回报的资产，以弥补股市崩盘和利率降至零所带来的损失。财富转移是"金砖国家"在崛起

---

① 蒲式耳（bushel）是一个计量单位，1 蒲式耳在英国等于 8 加仑，等于 4 配克，相当于 36.3688 升。在美国，1 蒲式耳相当于 35.238 升。——译者注
② 桶（barrel）为石油的计量单位，1 桶相当于 120~159 升。——译者注

的过程中最喜闻乐见的事情,而金融危机似乎加剧了这一现象。在全球北方半冻结的债务市场回报蒸发、资本被更高的利率吸进之际,巴西等大型大宗商品生产国公布了其惊人的增长率。与此同时,欧洲和美国也在竭尽全力地挣脱衰退。

"切开血管"的力量短暂地挂了一次倒车挡。对富裕经济体的诅咒似乎是对贫穷经济体的祝福。一些人谈到,由于中国经济的韧性和对原材料的需求,南半球国家正在与地处北方的前主人们脱钩。在美国身陷1929年以来最严重的经济衰退之际,巴西却在2010年实现了7.5%的增长,这帮助迪尔玛在同年的总统选举中轻松获胜。尽管发达经济体的同行们进行了去杠杆化与规模缩减,但拉丁美洲和其他发展中地区的大公司(淡水河谷公司只是其中一个例子)还是难以抗拒能够如此容易地进入信贷和资本市场的机会。它们通常以美元计价的负债越积越多。卢拉开玩笑说,2008年的危机是由"白皮肤蓝眼睛的人的非理性行为"所引发的富人问题。这是一个光辉时刻,但全球化资本主义危机的怒火将很快转而烧向黑皮肤棕色眼睛的人。而这一切谁又能预想得到呢?

所谓的"颠倒的世界"只会持续一个夏天。自身背负着失衡问题的中国不可能成为永久的生命线。事实证明,脱钩理论(decoupling thesis)只是一种幻想。当2013年和2014年大宗商品价格暴跌时,巴西的经济一落千丈。身负240亿美元债务的淡水河谷公司陷入了深渊,并遭到金融终审判决法院和穆迪公司(Moody's)、标普全球(S&P)等评级机构的降级。

纵观整个兴衰过程,人们对铁矿石的疯狂开采使卡拉加斯铁矿床以惊人的速度迅速陷入枯竭。此前,美国钢铁公司的地质学家曾认为该铁矿能持续几个世纪之久,而根据最新的估算结果,该矿床将于2035年完全消失。但是,在米纳斯吉拉斯州或亚马孙的矿区,多年的繁荣和其所创下的令人叹为观止的利润,并没有被有效

第一章　铁（巴西，米纳斯吉拉斯州）

地用于工业化或创造更具附加值与可持续性的活动中去。正如加莱亚诺笔下所描述的古典殖民主义掠夺时代一样，将铁矿石从卡拉加斯运输到圣路易斯港的铁路穿过了一些与世隔绝的村庄，将亚马孙的一部分狠狠甩在了身后，而42%生活在那些地方的人们仍饱受贫困之苦。卡拉加斯已经变得富有，但其居民却仍然贫穷。根据辖区地方政府的记录来看，卡拉加斯拥有帕拉州最高的人均国内生产总值，但有着最低的预期寿命，以及最极端的不平等现象。尽管自20世纪70年代以来，亚马孙地区20%的森林遭遇砍伐，生物多样性严重丧失，但亚马孙地区在巴西国内生产总值（GDP）中所占的份额仍仅为8%。吉尔伯托·德·苏扎·马尔克斯（Gilberto de Souza Marques）在其著作《亚马孙》（*Amazônia*）一书中宣称，亚马孙河流域就像是一个半殖民地，"出口得越多，它就越穷"。这是对卢拉和迪尔玛试图改变开采模式的失败尝试的有力批评。

"家庭补助金计划"使亚马孙地区的贫困问题得到了缓解，但是开采活动并没有推动其发展。《魔幻山上的记者》（*Un reportero en la montaña mágica / A Reporter on the Magic Mountain*）是我的一本关于达沃斯全球精英和2008年经济危机的作品。在此书巴西版本的发布会上，联合国拉丁美洲和加勒比经济委员会驻巴西利亚的经济学家罗伯特·弗雷塔斯（Robert Freitas），对其中的具有讽刺意味的内容进行了总结。那是在2014年的春天。我曾表示，新自由主义达沃斯范式（neoliberal Davos paradigm）那显而易见的崩塌，可能会给以拉丁美洲左翼势力为代表的经济替代方案增加更多的可信度。"你还没意识到吗？"他回答道，"我们一直在出口矿石，重复着过去的错误。"

大宗商品超级周期的陡变给巴西带来了深远的政治影响。在经济方面，巴西对大宗商品出口的依赖程度远不及委内瑞拉、智利、玻利维亚和秘鲁。但原材料、矿产和食品的出口，对于企图在不冒通货膨胀和国际收支危机风险的情况下实现消费拉动型增长的左翼政府来说至关重要。

卢拉的前发言人、社会学家安德烈·辛格（André Singer）对劳工党在21世纪初十年取得的经济和政治成功的神奇方式进行了确认。他得出结论说，这一切都是由原材料市场上不可持续的泡沫支撑的。"卢拉主义的奇迹是由一个阶段的世界经济强劲增长和大宗商品价格的暴涨所维持的。这个周期将随着2008年的经济危机而步入尾声，其所产生的影响将于三年后在巴西显现。"他在他的第二本著作《危机下的卢拉主义》（*Lulaism in Crisis*）中如此写道。2015年和2016年巴西经济的崩溃将宣判执政的巴西劳工党的死刑，火上浇油的是巴西国有石油公司的一桩腐败丑闻。被选中调查该案件的检察官们接受过美国的训练，他们英勇无畏，对淡水河谷公司或巴西国有石油公司这样的国家冠军企业毫无怜悯之心，对巴西国家开发银行等公共银行则更甚一步。

在雷亚尔的快速贬值引发了一波通货膨胀的同时，巴西也将很快步入其历史上最严重的经济衰退期。经过十年间生活水平的提升，工人阶级的购买力在此刻急剧下降。在金融市场中，《经济学人》一直是繁荣与萧条所带来的心理影响的迟来的回音，在其发布的新封面中，"救世基督像"在一股黑烟中骤然降临地球。在报纸上"该走了"的头版头条标题之下，另一个将一年前才连任总统的罗塞夫引向辞职之路的问题出现了。愤怒的保守中产阶级附和了这种情绪，并在圣保罗和里约热内卢的街头进行着大规模的游行示威活动，他们要求弹劾罗塞夫并监禁卢拉。除了巴西新一代特权阶层宣泄不满情绪的固有对象——巴西足球队的"小黄衫"①外，这场抗议行动还令人莫名地回想起1964年4月的那场"家庭上帝为自由进军"游行。尽管对数百万的巴西人来说，21世纪的上帝现在已经是福音派了。

---

① 此处"小黄衫"指巴西足球队的黄色队服。——译者注

第一章　铁（巴西，米纳斯吉拉斯州）

***

在危机迫使萨马尔科矿业大幅度削减成本之际，淡水河谷公司依然决定加大出口力度，并增加铁矿石产量。人们就很快就清楚地认识到，正是淡水河谷公司的这一重大决议将多西河推向了死亡的深渊。美洲人权委员会（Inter American Commission on Human Rights）在一份报告中得出结论，削减成本和放松环境管制将会增加米纳斯吉拉斯州的围堵水坝产生破裂的风险。萨马尔科的一名工程师坦言道："我们没有检测仪器。他们不在乎人命，只关心利润。"

"这势必会带来心态上的转变。"当我们正盯着那些如今已毫无用处的、描绘着那条早已面目全非的河流的地图时，巴西再生资源及环保局的马塞洛·坎波斯（Marcelo Campos）如此说道。

然而，巴西非但没有从本托罗德里格斯的灾难和大宗商品超级周期戏剧性的终结中吸取教训，反而似乎重新回到了加莱亚诺笔下"被切开的血管"的古典时代，即跨国公司对拉丁美洲的自然资源"行使它们的权利"的时代。

在严峻的经济危机形势之下，在罗塞夫被弹劾后，上台掌权的中间派前副总统米歇尔·特梅尔（Michel Temer）的新政府承诺将吸引外国资本并取消对矿业投资的限制。就像1964年一样，政变将为过去的掠夺开辟道路。矿产和石油开采方面的投资将不再由卢拉和迪尔玛的国家冠军企业进行，而是由多伦多的跨国矿业公司或休斯敦的石油巨头负责。

卢拉因涉嫌几乎是莫须有的贪污和洗钱罪而被监禁，尽管他是最受欢迎的候选人，但却被禁止参加2018年的选举。他控诉说，那些针对他和他的政党展开的司法和媒体运动都是被精心设计好的，目的就是让美国能够再次压榨巴西的自然资源，尤其是石油资源。这或许是阴谋论，或许不是。但不可否认的一点是，对大宗商品出口的依赖加剧了劳工党在应对动荡的超级周期和华盛顿地缘政治目标时的脆弱性。

随之而来的是旧日的新自由主义华盛顿共识（Washington consensus）将重回亚马孙的大地并使其重新开放营业。美洲人权委员会在同一份报告中对采矿特许权中的利益冲突发出了警告，因为现在掌控国会的各政党已经收到了来自多个矿业公司的慷慨捐赠。新政府无视铁矿石低廉的价格和发生在米纳斯吉拉斯州与亚马孙地区的环境灾难，为矿业公司提供了更多的激励措施。

米纳斯吉拉斯州，这个曾在2015年被有毒泥浆形成的海啸所吞没、被从地图上抹去的地方，甚至也没能从中吸取教训。催促帕劳佩巴的矿场恢复运营的压力与日俱增。"我们要工作！开放萨马尔科矿场！"悬挂在马里亚纳郊区的路边横幅上赫然写着来自麦塔贝斯矿工工会（Metabase）①的强烈诉求。

灾难重新上演的风险显而易见，就如同加夫列尔·加西亚·马尔克斯曾预感到的另一桩死亡纪事一样。那是在2018年，第二道围堵水坝在由淡水河谷公司经营的位于布鲁马迪纽的矿场坍塌了。事发地距离现已荡然无存的本托罗德里格斯地区只有60英里，数千吨采矿废料再次溢出，这一次流入了帕劳佩巴河。事故造成248人死亡，22人失踪，这些人消失得无影无踪，尸体至今也没被找到。淡水河谷公司对米纳斯吉拉斯州的其他水坝发出了坍塌预警，但对亚马孙地区也可能发生同样灾难的说法矢口否认。

***

从本托罗德里格斯的废墟和劳工党雄心勃勃的社会转型项目的残垣断壁中，浮现出的是惩治政治阶层的宏伟愿望。在米纳斯吉拉斯州2016年的复活节庆典中，这一点展露无遗。

---

① 麦塔贝斯矿工工会指巴西钢铁和贱金属行业工人工会（Metabase），全称 Sindicato Metabase Carajás。——译者注

第一章　铁（巴西，米纳斯吉拉斯州）

"黑金城"欧鲁普雷图距离帕劳佩巴的灾区有几小时的车程，这座城市是巴西巴洛克风格的瑰宝，也是18世纪淘金热的中心地带。此时，这座城市正在为一年一度的"处决犹大"活动做准备。一群当地的年轻人把一个真人大小的布娃娃放在了一匹白色的小马上，用来代表这个背信弃义的门徒。像1792年在里约热内卢被绞死的巴西独立英雄蒂拉登特斯（Tiradentes）[①]一样，这个替身像也将于当天的晚些时候被挂上绞刑架。头戴旧夜壶制成的头盔的乐手们组成了一支乐队，奏出了一曲凄婉的哀歌。在突如其来的经济崩溃与多西河的消亡之下，矿工们又一次感受到了来自虚假承诺的背叛，以及由短暂繁荣带来的利润的出卖。但没有人能说得清楚到底是谁背叛和出卖了谁。

那个挂在绞刑架上的假人晃荡着，一位非裔巴西保安正仰着头看。"今年的犹大应该代表谁呢？"我向他问道。

"唔，"他顿了一会，回忆着罗塞夫2014年竞选宣言中那满是背叛的选举承诺，"我觉得是迪尔玛。"一些人认为犹大应该是米歇尔·特梅尔，那位曾短暂担任总统，支持率低于5%的迪尔玛的前副总统。其他人则认为这个留着胡子、有着一双忧郁的大眼睛的布娃娃非卢拉莫属。"给布娃娃穿衣服时，我看到有个人弄弯了娃娃的一根手指，所以你看它少了一根指头，跟卢拉一样。"何塞·爱德华多（José Eduardo）说道。说话间，他从袋子里掏出糖果，向在广场上四处奔跑的孩子们抛去。这个玩笑的典故是卢拉的食指，卢拉在汽车工人工会掌权之前曾在圣伯纳多坎波（São Bernardo do Campo）的一家汽车厂工作，这个玩笑的由来正是他在一次车床事故中被切断的食指。在"黑金城"欧鲁普雷图，唯一一位没有被指责成犹大

[①] 蒂拉登特斯（1746—1792），巴西民族独立运动先驱，反对葡萄牙殖民统治的"米纳斯密谋"领导人。——译者注

的政治家，是那位还在为军事独裁罪行以及 1964 年政变所带来的死亡和酷刑进行辩护的前陆军上尉。这位众议院议员雅伊尔·博索纳罗厌恶女性、仇视同性恋，是一名种族主义者且蔑视环境，他极具煽动性的演讲永远离不开一个内容，那就是激情捍卫米纳斯吉拉斯州枯竭的矿脉和对亚马孙河那未来可期的底土中剩余的一切开采权。

第二章　铌（巴西）
雅伊尔·博索纳罗的恋物癖

"从前有一天，大概是三十年前吧，来了一伙陌生人。他们安营扎寨，在地上挖了一个大坑，取出了几块青石头。他们说，要是这些石头有什么价值的话，他们之后会回来付钱给我们。说完他们就走了。"讲述这个故事的人是 56 岁的马西奥（Marcio），他是一个马库西（Macuxi）家族的祖父。这个家族的成员众多，他们居住在巴西亚马孙河流域的瓜里巴社区的一栋屋顶覆盖着棕榈叶的土坯砖房里，距离委内瑞拉边境约有 40 英里。

来此的矿藏劫掠者络绎不绝，而故事中的经历就是当地人与他们中最新的一支队伍相遇的情景。那时还是在 2005 年对亚马孙北部的马库西人、瓦皮查纳人（Wapichana）、因加里科人（Ingariko）、图阿热邦人（Tuarepang）和帕塔莫纳人（Patamona）的领土予以历史性的认可之前。在那具有里程碑意义的一年中，马西奥和他的族人夺回了 170 多万公顷土地的控制权。此地名为"狐阳丘地"（Raposa Serra do Sol）[①]，是一片以险峻的罗赖马山为主的壮丽的瀑

[①] "狐阳丘地"（Raposa Serra do Sol）是巴西的一块土著领土，位于巴西罗赖马州的北半部，是马库西人的家园。Raposa Serra do Sol 直译为"狐狸和太阳山的土地"。——译者注

布景观区。

阿瑟·柯南·道尔（Arthur Conan Doyle）将他的维多利亚时代旅游奇幻小说《失落的世界》(*The Lost World*)的故事发生地,设定在了这片神秘的热带高原之上。在书中,一位渴望证明自己价值的记者在古怪的动物学家切伦杰博士（Dr. Challenger）的陪同下,开始撰写权威的探险报告。在攀登上那座前面有道裂缝、上面有着"像一座宽阔的红色教堂塔尖"般尖岩的高山后,这两名英国人偶然间发现了一座位于高原上的真正的侏罗纪公园,那里生活着巨大的恐龙。一个世纪之后,对于那些如柯南·道尔一样千方百计地想要探寻所有未知事物的记者和旅行家们来说,罗赖马山2 000英尺高的垂直花岗岩壁仍旧是一个极具诱惑力的挑战。尽管其他山脉的统计数据大多来自马西奥和他的族人,但罗赖马山还是以近9 000英尺的高度成为巴西最高的山峰。在马库西神话中,高原是生命之树被砍掉的枝干,从中流出的是必不可少的灵丹妙药——水。

所谓的"狐阳丘地划界"是巴西土著斗争史上最重要的胜利之一。马库西人和来自他们姊妹民族的人们不得不与水稻种植者们展开激烈的对战,因为这些人利用了同一眼罗赖马山的泉水来种植耗水谷物。其他的斗争则是土著人与数千名黄金和钻石"加林皮罗"矿工展开的,这些人在亚马孙北部的支流中谋求着一笔虚妄的财富。1984年军事独裁政权被迫放弃权力后,巴西进入了一个民主爆发期。在此期间成文的巴西1988年宪法是历史上最先进的宪法之一,这部宪法首次明确支持了土著人对其土地的所有权。卢拉2003年至2010年的政府则是这场斗争的另一位盟友。

自那时起,该地区的23 000名土著人开始受到相当程度的保护,免于受到巴西农业综合企业和矿业活动的影响。马西奥和他的邻居们很穷,但他们已经学会了饲养牲畜和种植木薯、玉米及红薯的新技术。他们还在河里建立了一个养鱼场,里面养满了大盖巨脂鲤和

第二章 铌（巴西）

巨骨舌鱼等巨型本地鱼类。这些鱼的肉质与当地数不胜数、口味繁多的蔬菜完美契合，组成了各种美味佳肴。

他们建了一所小学校，孩子们在那里学习葡萄牙语、西班牙语和马库西语。当然，社区中不可避免地存在酗酒问题，酒精是一种征服美洲原住民的行之有效的手段。我们早上 11 点聊天时，马西奥已经干下好几杯甘蔗酒了。当我问他是否害怕其他劫掠者的到来时，他笑了，好像在说："那么来自远方的朋友，你是怎么看的呢？"然后又给自己倒了一缸子的巴西朗姆酒。

尽管时间还早，我还是接受了他的提议，与他共饮了一杯象征团结的酒，并为了马库西"失落的世界"彻底失落而干杯。因为正如马西奥和爱德华多·加莱亚诺所深知的那样，拉丁美洲的采掘主义游说团体是永远也不会放弃的。毕竟，对于大量的瘤牛群来说，罗赖马州是一片肥沃的牧场。这些白色、驼背、眼神忧郁的家伙最终会被搅碎，夹进汉堡王的汉堡里。但在此之前，它们已经给遭遇滥伐的亚马孙森林留下了灾难性的痕迹。

地底下的宝藏就更加诱人了。在狐阳丘地的花岗岩岩盖之下，蕴藏着大量的黄金、钻石、紫水晶、铝土矿、钛、铀以及最令人垂涎的——铌。正如我设法从美国地质调查局（the United States Geological Survey）2018 年发布的一份报告中收集到的那样，这种与钢铁组成合金后会具有无与伦比的耐用性和超导性的金属，是汽车工业的重要材料，也是能源转换的关键矿物。在电动汽车的氧化还原液流电池以及零排放风力和太阳能发电厂中，它也有广阔的应用前景。同时，它还是电子微电路和航空航天工业的重要组成部分，主要用于火箭、航天器、战斗轰炸机和导弹的制造。例如，美国太空探索技术公司（SpaceX）的火箭中就使用了大量的铌。此外，由于在我访问罗赖马州期间，新一代高超音速导弹成了国际防务杂志的头条新闻，因此我有必要补充一点。那就是，在这些时速大于

3 000英里的可怕武器和火箭的制造过程中，铌是必不可少的。"飞机的制造离不开铝，铝的生产离不开铝土矿，而美国几乎没有铝土矿。"年轻的爱德华多·加莱亚诺在《拉丁美洲被切开的血管》中沉思道。五十年后，许多人认为狐阳丘地的铌也是如此。

在拥有世界98%铌储量的巴西，一些人认为此等国宝竟未被充分开发简直是奇耻大辱。在更有想象力的资源民族主义者的幻想中，其矿床的价值——包括与铌一起被发现的同样重要的钽在内——可能高达22万亿美元，超过整个美国的国内生产总值，是巴西的10倍。根据美国地质调查局的说法，铌这种在原始状态下呈金属灰色、氧化后呈蓝色的物质，是对美国未来发展至关重要的35种元素之一，而该调查局的报告则被加莱亚诺十分正确地认定为"二战"后星球大战计划①中的一项隐含计划。

到目前为止，开采巴西的铌一直是米纳斯吉拉斯州的专利。在这里，强大的伊塔乌银行（Banco Itaú）的所有者塞勒斯家族（Salles family）已经凭借世界上最大的铌矿成了一个坐拥数百万美元资产的王朝。沃尔特·塞勒斯（Walter Salles）是一位广受赞誉的电影制片人，也是《中央车站》（*Central Do Brasil*）和《摩托日记》（*The Motorcycle Diaries*）的导演，而他的财富来自铌。

在几十年的新自由主义共识中，塞勒斯家族和他们公司的矿中似乎拥有着足够多的铌，多到可以轻而易举地满足托马斯·弗里德曼（Thomas Friedman）笔下"平坦的世界"（flat world）②中所有的工业需求。在这个世界中，两个敌对国家会因为麦当劳的存在而确

---

① 星球大战计划是美国20世纪80年代研究的一个反弹道导弹军事战略计划。——编者注
② 此处指《世界是平的》（*The World Is Flat*）一书，这是美国经济学家托马斯·弗里德曼的一部经济学著作，描述了当代世界发生的重大变化，深入浅出地讲述了复杂的外交政策和经济问题。——译者注

第二章 铌（巴西）

保永不开战。然而在十年后，妄想症还是碾压了所有对全球化将永久保持良性的自信预测，在华盛顿和北京蔓延开来。这堪称是对坦利·库布里克（Stanley Kubrick）的《奇爱博士》（*Dr. Strangelove*）[①]进行的一次糟糕的翻拍。这两个大国之间出现了至少在尼克松和基辛格于1972年飞往北京并邀请中国加入"国际大家庭"以来，难以想象的地缘政治紧张局势。

将近五十年后，一场争夺日益减少的资源的竞赛愈演愈烈。如今，埋藏在狐阳丘地之下的铌、钽和铝土矿等矿物，被世界末日论者视为新一轮"冷战"的战略储备。即使处在危急关头，中国的投资也大量涌入巴西和拉丁美洲的其他国家。中国现在是巴西第一大贸易伙伴和35%的出口目的地，贸易内容主要是铁矿石、大豆、石油、牛肉和鸡肉等原材料。来自这个亚洲巨头的矿业公司还收购了巴西30%的铌，并在米纳斯吉拉斯州的矿场投资了数十亿美元，从塞勒斯公司获得了少数股权。此后，在2016年，一家叫作洛阳栾川钼业集团股份有限公司的中国公司在罗赖马州买下了一座矿山。五角大楼中的战略家和新保守主义智囊团紧张地注视着中国前进的脚步。毕竟，正如迈克尔·克莱尔（Michael Klare）在他关于争夺世界上仅存资源的引人入胜的研究《争夺剩余资源》（*The Race for What's Left*）中指出的那样，铌被认为具有极高的"关键性"（criticality，也可以译为"临界性"），因为它"既不可替代又容易受到供应中断的干扰"。

《记录》（*Slate*）杂志[②]在一篇题为《这是属于铌的新时代？》

[①] 《奇爱博士》（*Dr. Strangelove*）是美国导演斯坦利·库布里克根据彼得·乔治的小说《红色警戒》改编的一部黑色幽默喜剧片，于1964年在美国上映。大致讲述了因美国和苏联彼此猜忌而引发了一场有关全人类命运的战争的荒诞故事。——译者注
[②] *Slate* 是美国知名网络杂志，1996年创刊，以其政治评论、离奇新闻和艺术特写等内容而闻名。——译者注

(*This is the Dawning of the age of ... Niobium?*)的文章中写道,美国国防部的国家战略将中国的"长期战略竞争"描述成了比"9·11"后的恐怖主义更加危险的威胁。"欢迎来到关键矿物①时代。"这本网络杂志宣称道。

自迪尔玛·罗塞夫在那场软性议会政变中倒台后,华盛顿外交政策中的鹰派人士便开始着手重新建立反共的华盛顿-巴西利亚轴心,这个曾标志着将军时代的轴心如今将被用来对抗那个新的亚洲超级大国的崛起。

与此同时,巴西矿业和农业综合企业游说团体正在努力恢复对亚马孙河的掌控,并试图逐步消灭因 2005 年狐阳丘地的成功而势头正盛的土著土地划界行动。他们在巴西利亚国会中有着强大的盟友,比如梅罗·茹卡(Romero Jucá),这位罗赖马州参议员兼州长是弹劾罗塞夫的策划者之一。茹卡的女儿是博阿维斯塔矿业公司(Boa Vista mining company)的重要合伙人,茹卡花了数年时间试图通过立法途径使采矿业进军土著领地。作为迪尔玛的继任者米歇尔·特梅尔(Michel Temer)的亲密盟友,茹卡于 1986 年被委任为国家原住民基金会(National Indian Foundation, FUNAI)的主席。这是一个成立于 1967 年、以保护原住民利益为目的联邦机构,而他的上任则是名副其实的"让狐狸守鸡窝"。

茹卡曾利用职位之便,鼓励开采黄金的"加林皮罗"和伐木工人们在罗赖马州西北部茂密的丛林中寻找财富,这片土地是 25 000 名亚诺玛米人(Yanomami)千年以来居住的家园,蕴藏着铌和其他关键矿物。1988 年对 900 万公顷亚诺马米土地的划界,使其成为巴西最大的受保护的土著领土,并帮助其阻挡了入侵。从未服输过的

---

① 此处原文 Critical 是双关语,有"临界"和"关键"两种意思,"临界矿物"是指处于稳定与不稳定的临界点的矿物质。——译者注

第二章 铌（巴西）

茹卡试图将宪法保障割裂开来，他划分出了19个区域，每个区域彼此分离，致使亚诺马米人的家园四分五裂。由于意识到自己在参议院有这样一位盟友，因此巴西和跨国矿业公司们要求这些区域中55%的地区做出让步。这些公司希望茹卡或其他一些与他们利益相仿的政客有朝一日能重新将大门打开。那时的他们根本想象不到，他们的理想人选会是一个坐在冷板凳上抨击民主、鲜有人关注且平庸的前陆军上尉。

宪法规定的土著土地划界权不仅对森林的原住民来说是一项里程碑式的成就，而且对地球的生存也是如此。曾企图帮助申谷人民（Xingu）对抗贝罗蒙特大坝却被批评为一场富人的放纵的《阿凡达》电影导演詹姆斯·卡梅隆（James Cameron），和以"与巴西人的想法相反，亚马孙不是他们的财产，它属于我们所有人"之类的言论而遭当地公众舆论排挤的艾伯特·戈尔（Al Gore）[①]，与他们相比，那些遍布254个民族、绝大多数居住在广阔且拥有全球20%淡水资源的亚马孙雨林中的90万巴西土著居民，才是这个巨大的地球之肺的真正守护者。随着气候变化威胁到所有人的未来，抗议森林滥伐如今已成为全球名流人士、中间派政客和企业首席执行官们的必备公关活动。

在营销顾问的建议下，跨国公司现在辩称它们的全球供应链经过重新设计后排除了原材料矿物；更重要的是，排除了来自亚马孙森林砍伐地区的食品商品。在纽约和伦敦的其他公司总部，拥有工商管理学硕士学位的专家们制定了复杂的系统，公司可以通过这些系统买断丛林中的"处女地"，从而弥补各自的二氧化碳排放。但在巴西，每个人都知道阻止森林砍伐的最有效方法其实要简

[①] 艾伯特·戈尔（Al Gore），1948年3月31日出生于华盛顿，美国政治家，曾于1993—2001年担任美国副总统。——译者注

单得多：划定土著领土。由土著人管理的土地上的森林破坏率是巴西亚马孙流域的其他地区的10%。来自巴西利亚"绿色和平组织"（Greenpeace in Brasília）的丹尼利·德·阿吉亚尔（Danicley de Aguiar）也解释说："被划定的土著地区的森林砍伐率要远远低于亚马孙其他地区。"在卢拉政府的领导下，划界进程加速进行。到21世纪第一个十年结束之际，巴西亚马孙有43%的地区作为土著领土受到了保护。这是政策的一个关键组成部分，并使年均森林砍伐面积从2004年的10 695平方英里大幅减少到2012年的1 698平方英里，降幅达到了80%。

然而，警钟已然敲响。划界率在第二届卢拉政府掌权期间开始放缓，并在迪尔玛在任期间急剧下降。罗塞夫是快速增长发展模式的捍卫者，自1988年巴西宪法正式生效以来，他批准的划界案比任何其他总统都要少。在特梅尔，在这位于庇护主义模式①的巴西民主运动中手腕精明、绰号为"雇佣党"的临时总统的领导之下，情况变得十分危急。已经展开的划界进程有将近1 300个，但其中只有30%在进行，有超过500份申请甚至没有得到官方的回应。不出所料，森林砍伐加剧，卢拉时代所取得的成果开始受到威胁。

在朋友罗梅罗·茹卡参议员的支持下，特梅尔试图强行通过一项总统法令，其内容为允许采矿业进入亚马孙地区一长片极广阔的受保护林区。这片面积为1.8万平方英里的区域中包含6个土著领地。由于环保组织的抗议，临时总统不得不做出了让步，但该计划仍然被暗箱操作。

与此同时，一项意在允许巴西国会而非国家原住民基金会来评

---

① 庇护主义（clientelism）简单地讲，是一种以庇护关系为核心的非正式制度模式。而所谓庇护关系，根据学者的定义，"是一种纵向的二元联盟，即，是地位、权利或资源占有不平等的两个人均出于对自己有利的目的而结成的联盟"。——译者注

第二章 铌（巴西）

定的新划界请求法案被提了出来，而国会是十分容易被来自农业游说团体的压力所摆布的。特梅尔尤其乐于接纳所谓的乡村主义者班卡达（ruralist bancada）——一群通过农业综合企业和矿业游说团体为自己筹集资金的国会议员，因为特梅尔正是依靠了他们的支持才得以避免在席卷巴西劳工党领导层的反腐调查中被起诉的。尽管有录音为证，特梅尔收受了由亚马孙畜牧业驱动下森林砍伐的受益者之一、现任世界最大肉类包装公司 JBS 总裁的贿赂，但在卢拉因为站不住脚的腐败指控而进了监狱的同时，特梅尔却逃脱了起诉。国会保护临时总统免受检察官起诉的决定是食品和矿业游说团体开出的交换条件，这是它们对获权进入亚马孙丛林而做出的回报。有罪不罚现象并没有止于临时总统。在三年的时间里，在划界争端中被杀害的土著人从年均 60 人上升到了年均 100 人，案件主要发生在马托格罗索州、朗多尼亚州、马拉尼昂州和亚马孙州等地。在这些州，农场主和伐木工们似乎受到了政府措施的鼓舞，愈加胆大妄为，而杀人犯们则鲜少受到审判。

但最糟糕的还在后面。雅伊尔·博索纳罗——这个丝毫不为自己的种族主义和厌女情绪感到羞耻，甚至连唐纳德·特朗普在谈到他时也感到有短暂不适的家伙，成为土著土地划界的残酷敌人。他在弹劾迪尔玛的投票中对一名劳工党女国会议员说："你不配被强奸。"这句话或许是对他与土著大地母亲之间的关系最好的概括。但若换作是狐阳丘地这片富含矿物质的土著大地的话，他就肯定不会这么说了。

这位前伞兵得到了来自迈阿密-华盛顿游说团成员，确切地说是来自唐纳德·特朗普的拉美战略实际负责人、新保守派参议员马尔科·卢比奥（Marco Rubio）的建议。中国人在拉丁美洲的存在使卢比奥愈发担忧，他于 2018 年巴西大选期间在迈阿密会见了博索纳罗。同年，这位参议员在利马举行的第八届美洲国家首脑会议（Summit of the Americas）上警告说，如有任何国家在战略领域向中国公司提供便利，美国都将予以关注。卢比奥着重强调了所谓"稀土"储备的重要性，稀土中的矿物质对于新科技来说至关重要，而让这位生于古巴的美国佛罗里达州参议员深感懊恼的是，稀土的最大储备区主要位于中国。

这种担忧随着2020年疫情的暴发而变得更加强烈，因为本想利用新冠病毒疫情大流行危机来削减亚洲和美洲近岸制造业供应链的计划，因美国稀土和关键矿物的短缺而被打乱了。特朗普政府对中国在拉丁美洲的存在甚感忧虑，以至于国家安全顾问、留着海象胡子的战争鹰派人士约翰·博尔顿（John Bolton）向美国有线电视新闻网（CNN）坦言道，"我们不怕用到'门罗主义'（Monroe Doctrine）一词"，这指的是由时任总统詹姆斯·门罗（James Monroe）（1817—1825）制定的19世纪美国新兴力量战略，内容是对其殖民地对手采取军事行动。雷克斯·蒂勒森（Rex Tillerson）在任职埃克森美孚公司（Exxon）主管二十年后，曾短暂地担任过美国国务卿。他将目光投向了巴西位于大西洋的海上油田，这也不禁让人回想起拉丁美洲作为"美国的后院"的那些日子。

即使身处展示巴西足球队服的记者招待会，博索纳罗也时刻准备着让巴西成为美国50亿平方英里的后院。他很快就会在为强大的美洲开发银行（Inter-American Development Bank）提名下一任行长一事上大展拳脚。毛里西奥·克拉弗·卡隆（Mauricio Claver Carone）被派上了用场，这位曾帮助卢比奥设计特朗普在该地区遏制中国战略的人是一位佛罗里达州的反卡斯特罗激进边缘分子。

这段全新的关系很快就结出了硕果。2020年秋天，特朗普签署了一份"全国处于紧急状态"的行政命令警告，理由是国家愈发需要依赖"来自国外竞争对手的关键矿产才能维持我们在21世纪的经济和军事实力"。在接下来不到一周的时间里，特朗普于一年前设立的国际开发金融公司（International Development Finance Corporation）

便入股了 TechMet 公司①名下位于巴西皮奥伊州、地处巴西东北部大草原的一座矿山。该矿山将用于生产在智能手机、太阳能发电设备及电动汽车的制造过程中必不可少的钴和镍。特朗普在行政命令中发布了一份 25 种关键矿物清单，铌现已被列入其中，且经讨论后被定为美国新安全战略的下一个目标。

虽然民主党总统候选人拜登在言辞上有所缓和，但他在中国问题上的立场和特朗普一样强硬。此外，可以肯定的是，选民们对于拯救亚马孙的友好呼吁丝毫没有削弱他对巴西矿产的兴趣。与此同时，在欧洲，欧盟委员会在 2020 年 9 月发布的一项声明使"准备与中国进行资源战"成为官方战略。该声明将"为原材料创造多样化和不受扭曲的全球市场准入机制"，并将其关键矿物清单扩增到了 30 种。声明中补充说道，冠状病毒的大流行已经表明了"全球供应链是有可能遭受速度极快、程度极深的破坏的"。在该报告中的一张地图上，巴西被用绿色着重标记了出来，上面附有一个标签，写着：铌。

博索纳罗患上了极度疯狂的妄想症，由于痴迷于奥拉沃·德·卡瓦略的思想，博索纳罗对恐华理论的沉溺程度已经超过了马尔科·卢比奥和毛里西奥·克拉弗·卡隆，而关于奥拉沃·德·卡瓦略，稍加回忆你便会想起他曾定居在弗吉尼亚州。在那里，他能近距离接触五角大楼和美国另类右翼的啦啦队队长②。

"所有来自中国的东西都被污染了，"他在新冠病毒疫情期间发帖说，"传染病是一项密谋。"德·卡瓦略成了总统身边的"拉斯普京"（Rasputin）③，博索纳罗对他阴谋论中的每一个字都照单全收。

---

① TechMet 公司是一家爱尔兰电池金属矿商。——译者注
② 美国另类右翼选举时曾动用啦啦队来争取投票率。——译者注
③ 格里高利·叶菲莫维奇·拉斯普京（Grigori Efimovich Rasputin；1869—1916），俄罗斯帝国神父，尼古拉二世时期的神秘主义者、沙皇及皇后的宠臣。——译者注

在席卷全国的病毒使巴西成为继美国之后第二个受到严重影响的国家之际，总统对他那惊恐万分的卫生部部长路易斯·亨里克·曼德塔（Luiz Henrique Mandetta）说："中国驻巴西利亚大使杨万明意图推翻他的政府，病毒是计划的一部分。"

在关于铌和其他关键矿物的政策制定上，博索纳罗也受着同一妄想症的驱使。为了避免罗赖马州的地下财富被中国人攫取，特许权有必要被放开，并优先考虑巴西的采矿企业。如若不行，则优先考虑自由世界的采掘主义者们。

"我们不能把铌单独运送给某个国家。它必须是我们的，要提供给巴西的公司。"博索纳罗怀着满腔爱国热情坚持说。几个月后，随着举荐自己的儿子爱德华多（Eduardo）担任驻华盛顿大使一职失败，他的立场改变了。为了开发狐阳丘地和其他富含矿产资源地区的财富，巴西现如今正在"第一世界"中寻求合作伙伴。"这就是我接近美国的原因。"博索纳罗这样解释道。

事实上，这位前陆军上尉在赢得选举的几个月前就已经放弃了他对资源民族主义的信仰。当时，他同意了一项激进的私有化计划，并在亿万富翁、芝加哥学派信徒保罗·格德斯（Paulo Guedes）的指导下，将巴西资产出售给了跨国公司，而格德斯将成为博索纳罗身边拥有无上权力的财政部部长。

德·卡瓦略和博索纳罗对铌的热爱就像马库西人对罗赖马山圣水的崇拜一样炽热。对这两位极端保守分子而言，这是一种准矿物，而在其元素构成中则凝结了巴西新右翼人士所有的懊恼、沮丧和近乎神经质一般的焦虑。一场与环保主义非政府组织结盟的共产主义阴谋，迫使巴西的爱国者们不得不将这些国宝留在地下。而所有的这些换来的却只是一些落后的印第安人的喜悦，或者更糟的是，将其拱手让给中国人。

铌，这个位于元素周期表第41位的元素，化学元素符号写作

第二章 铌（巴西）

Nb。它的神秘力量深深蛊惑了德·卡瓦略最令人难以理解的崇拜者们，从他的妄想实验室得出的研究结果使这些人确信铌"将会赐予巴西人以'grana preta'（黑金块）"（可参考由著名的金矿之都"黑金城"欧鲁普雷图所出产的最上乘的金矿）。博索纳罗在总统竞选之初录制了一段访问阿拉沙（Araxá）的视频，并在其中对大多数巴西矿产的种种优点大加歌颂，然而，文化马克思主义的精英们对此并未理睬。

"铌是一种禁忌……但我并没有什么可隐瞒的。"各色的阴谋论是博索纳罗思想的源泉与根基，而其坚定的发言恰好映射出了其中之一。他宣称："巴西有可能成为世界上最繁荣的国家。你一定听说过'硅谷'，没错，我认为在未来，巴西将会是一个'铌谷'。"而对于台下的听众们来说，谁都知道"硅谷"并不是因为硅多才得名的。

对博索纳罗主义者来说，铌将为英勇的巴西人民提供一个历史性的机会，所需要的只是让巴西人开发这些隐藏的宝藏。在其以抵制反采矿控制和保护亚马孙河为主题的长篇激烈的演讲中，博索纳罗向上百万孤注一掷的"加林皮罗"们发出了呼喊。毕竟在神话中，这些人是探寻巴西财富的英雄。然而事实是，穷得最绝望的人是永远不会把票投给他的。铌成了不少杂志的封面故事的主角，而博索纳罗那充斥着关于其权力的虚假新闻的社交网络平台，则变得跟里约热内卢的开放式下水道一样，被堵得水泄不通。这位前陆军上尉的追随者们对这一切不分青红皂白，全盘接受，他们加入了铌的崇拜者大军中。在博索纳罗煽动性的选举演讲中，这种神奇矿物成了最吃香的宝石。当然，要想使美梦成真，就必须从马库西人和亚诺玛米人手中夺取领土，用于采矿。

"这些土地中蕴藏着大量可能比石油更重要的铌，"在2018年竞选活动结束之际，总统候选人博索纳罗在访问博阿维斯塔（Boa Vista）期间宣布道，"但土著人把这些铌划到了自己的地界里！他们正在扼杀罗赖马州的经济。"他补充道："印第安人讲的语言跟我们的截然不同，他们没有钱，是些穷鬼、无赖。他们必须融入这个社会，而不是从小到大被养在百万富翁的动物园里。"

这次的演讲在 2018 年 10 月的第二轮选举中取得了极佳的成绩。在这场使罗赖马山为之颤抖的政治地震中，博索纳罗像颗人肉炮弹般蹿上了总统宝座。这位前陆军上尉和他的盟友们在狐阳丘地大获全胜，并立即与马库西人为争取铌展开了新一轮的战斗。新上任的矿业部长本托·阿尔布开克上将（Admiral Bento Albuquerque）无视巴西 1988 年宪法的明令禁止，宣布将允许矿业公司进入已划定给狐阳丘地的土著领土中。允许在所有土著土地上进行采矿活动的新立法已经被提交给了国会，不过来自反对派的声音暂时阻止了该法案的颁布。博索纳罗与屈指可数的几个土著领导人一起出现在了电视上，这几个人一同接受了从产自他们自己土地的大豆与矿产中攫取收益的提议。

身为政府中为数不多的几位军人之一的前将军奥古斯托·赫莱诺（Augusto Heleno）说："这些印第安人想变成巴西人。让他们保持现状简直是天方夜谭。"说得就好像身为印第安人就无法当个堂堂正正的巴西人一样。

博索纳罗很快宣布，划界政策的权力将被移交给农业部，而农业综合企业游说团体在农业部拥有第一和最后的发言权。这项提案遭到了国会的阻拦，但博索纳罗主义的议程在其他方面取得了进展。总统指派了一名军事官员来担任保护土著权利的联邦机构——国家原住民基金会的新主席。在指控一位农业部高级官员"对土著人恨得咬牙切齿"后，这位新主席便辞去了职务，取而代之的是一名曾要求对土著人采取"迫害措施"的联邦警察高级官员。

不出所料，亚马孙地区的森林砍伐率开始飙升。在博索纳罗言论的鼓舞下，伐木工人、"加林皮罗"矿工、牧场主和种植单一作物的农民们都冒险深入森林，这导致了如今每天都有 3 000 个足球场大小的地表区域在遭受摧毁，比前几年翻了一倍多。在这位退役军人就职后的半年多里，亚马孙地区检测到了 3 000 多起火灾，数量比往年增加了 60%，裹挟着灰烬的巨大乌云笼罩在圣保罗的上空。火灾的起因显而易见，因为在高湿度的雨林中，自燃是不可能发生的。

博索纳罗甚至暗示说，火是由非政府组织和其传闻中的赞助人莱昂纳多·迪卡普里奥（Leonardo DiCaprio）放的，目的是羞辱他的政府。这位总统抱怨道："他们曾称我为'电锯上尉'。现在他们又说我是纵火的尼禄（Nero）[①]！"

超过 2 000 名寻找黄金和其他矿物的手工采矿者，侵入了亚诺玛米原住民保留地，罗梅罗·茹卡时代的情形重新上演，而如今鼓舞着他们的则是来自博索纳罗的热情怂恿。大型矿业公司准备追随他们的脚步。在罗赖马州以东的阿马帕州的瓦亚皮保留地，50 名"加林皮罗"冲进一个村庄，刺死了社区领袖埃米拉·瓦亚皮（Emyra Waiapi）。《天空的坠落》（A queda do céu）是亚诺玛米裔作家达维·科佩纳瓦（Davi Kopenawa）的一本不同凡响的著作。这本书将亚马孙作为一个受威胁星球的缩影，描绘了世界末日的景象，而事实的确如此。入侵的"加林皮罗"们将新冠病毒疫情带了进来。四十年前，将军们宣布发起细菌战。那时，他们将麻疹、天花和肺结核病毒散播到胆敢阻止"亚马孙横贯公路"建设的手无寸铁的萨伊米里-阿特罗阿里（Saimiri-Atroari）[②]部落中；而 40 年后，新冠病毒疫情成了威胁亚马孙地区印第安人的最新致命病毒。

[①] 尼禄，罗马帝国第五位皇帝。在位时期行事残暴，杀死了自己的母亲及几任妻子，处死了诸多元老院议员。同时，他奢侈荒淫，沉湎于艺术、建筑等事物。——译者注
[②] 萨伊米里-阿特罗阿里（Saimiri-Atroari），此处疑为作者笔误，部落名应为"瓦伊米里-阿特罗阿里（Waimiri-Atroari）"，是亚马孙印第安人保留区。——译者注

截至2020年年底，来自150个不同民族的26 000名土著亚马孙人受到感染，700人死亡。但在某种意义上，或许是报应吧，病毒造成的种族灭绝威胁使情况发生了逆转，亚马孙地区的森林砍伐和城市贫民区的增长现在与潜在的大流行传染病，如登革热、寨卡病毒和基孔肯雅病毒（chikungunya）①的传播关联在了一起。与此同时，在退化的丛林边缘进行加工的工业牛肉和鸡肉，还可能会释放其他有毒病原体。博索纳罗坚持认为，土著亚马孙人非但不是受害者，反而会从他们土地上的采矿、农业综合企业和肉类加工活动中受益。他们甚至可以直接参与铌的开采。"他们不能再继续做史前人类了。"这位前陆军上尉，拉丁美洲最大国家的现任总统归纳总结出了这样的理论。毕业于罗赖马联邦大学，拥有法律学硕士学位的新当选原住民女议员乔伊尼亚·瓦皮查纳（Joenia Wapichana），在一份公开声明中做出了简洁回应。狐阳丘地的土著人不希望从采矿业的繁荣中获利，他们有着其他更重要的事情："享受不受威胁的生活、稳定的气候、划定界限的土地、受保护的文化，以及对我们社区的尊重。"

博索纳罗对铌那近乎恋物癖般迷恋的幻想，以及华盛顿对新一轮"冷战"日益加剧的妄想，很快就会打破神圣的罗赖马山的宁静。

马库西人、瓦皮查纳人、因加里科人、图阿热邦人和帕塔莫纳人，为保卫他们的土地和水源已经准备好了去迎接一场新的战斗。但在有关铌的华丽言辞的背后，隐藏着一个悲喜交加的秘密。在这个"被切开血管"的新时期，我们有很多理由可以相信，即使是对那些担忧稀缺资源和所谓"中国威胁"的人来说，为争夺铌而战也是没有必要的。其他更容易获得的金属——钽、钼、钒和钨——具有许多相同的功能。只要看一眼美国地质调查局的最新报告，疑虑

---

① "基孔肯雅病毒"也译为"奇昆古尼亚病毒"，这一病毒会导致发热和关节痛，但是通常并不致命。——译者注

就会被完全打消。它们在其 2017 年的一份关于铌和钽的报告中表示，根据估算，现有的铌储量"看来足以满足可预见的未来，可能是未来五百年的全球需求"。

只有在一种情况下铌可能会被耗尽。根据匹兹堡阿勒格尼科技公司（Allegheny Technologies Incorporated in Pittsburgh）的铌工程师约翰·赫布达（John Hebda）的介绍："需要一种十分强大的外部驱动力才能让铌的使用量显著增加。例如，对国际和平的威胁会引发相应的新一轮军备过程……或将它应用于高超音速飞行器。"

第三章　钶钽铁矿（委内瑞拉，大萨瓦纳地区）
尼古拉斯·马杜罗之矿

当雅伊尔·博索纳罗在为逆转狐阳丘地土著人权利一事摩拳擦掌的同时，更令人震惊的事件正在罗赖马山脉的另一侧上演。云雾缭绕的高原之上，草木葱茏，清澈凛冽的水流从陡峭的高崖边落下，形成了一帘发出震耳欲聋声响的飞瀑。在这样一个更显奇幻的仙境中，"玻利瓦尔革命运动"①正在委内瑞拉大萨瓦纳地区的地下矿脉中疯狂地寻找着摆脱自身危机的出路。

地面上已经被开凿出了巨大的露天矿坑。成千上万穷困的委内瑞拉年轻人蜂拥而至，他们中的很多人因大城市粮食短缺危机的加深而营养不良，这些年轻人想在这里寻找以黄金或其他矿产来支付工资的工作。因为在这场使委内瑞拉的经济严重受损的通货膨胀风暴中，这些矿物不会在一夜之间价值全无。玻利瓦尔宪兵队和土著佩蒙人（Pemon）（一个包括罗赖马州边境的图阿热邦人在内的种族团体）抗议者之间发生冲突的消息传到了加拉加斯，成了在巴西边境上似乎在所难免的暴力冲突的莫名预兆。查韦斯主义在21世纪最终是如何伴随着博索纳罗和他的"加林皮罗"们入侵到马库西人、

---

① 指1982年在委内瑞拉创办的大型社会运动，主要领导者是乌戈·查韦斯。——编者注

第三章 钶钽铁矿（委内瑞拉，大萨瓦纳地区）

亚诺马米人和佩蒙人的土地上并进行破坏性的采矿的？为了回答这个问题，让我们将目光依次投向委内瑞拉大草原的失落世界，特立尼达和多巴哥共和国，以及2009年春天历史性的第五次美洲国家首脑会议。

＊＊＊

那是在2006年，当时乌戈·查韦斯恰好站在了乔治·沃克·布什（George W. Bush）刚刚在联合国大会上发表讲话的地方。在向聚集的外交官们推荐了诺姆·乔姆斯基（Noam Chomsky）的作品《霸权或生存》（Hegemony or Survival）一书之后，查韦斯露出了一抹调皮的微笑，说道："这里闻起来有一股硫黄味儿！"这是一个令人难忘的时刻。然而比起这个，这位司令官经过精心设计的手势才更加富有戏剧性。

在三年后的特立尼达事件结束时，查韦斯还保持着他的幽默感和仪式感。查韦斯与奥巴马在首脑会议上的首次会面，恰逢委内瑞拉在该会议中的盟友数量首次超过了华盛顿，查韦斯再次将这个帝国嘲弄了一番。这一次用到的舞台道具正是一本爱德华多·加莱亚诺的《拉丁美洲被切开的血管》，他将其递给了这位年轻的民主党总统。刚刚当选的奥巴马显然准备寻求一种与拉丁美洲左翼势力达成妥协的方式，他理解了这个信息：在经历了一个世纪的新殖民主义、不平等交易和血腥干涉主义之后，拉丁美洲正在强烈要求与华盛顿建立一种不同的关系。

相互理解的时光是短暂的。奥巴马于六年后宣布对委内瑞拉实施一系列的小规模制裁，这将是唐纳德·特朗普在2019年对该国实施的石油禁运的前奏，并将委内瑞拉本已极度危急的食品和药品短缺转变为了一场人道主义灾难。在一次超现实主义的权力关系反转中，奥巴马政府宣布委内瑞拉现在对美国的安全构成威胁。这么说或许有些事后诸葛亮，但在特立尼达的那次总统会面上，查韦斯若将加莱亚诺的《一切颠覆：镜像世界入门》(*Upside Down: A Primer for the Looking-Glass World*)作为礼物送出会更加合适。

将《拉丁美洲被切开的血管》作为礼物的大胆冒险为查韦斯带来了极其美妙的一年。跟巴西一样，2008年的全球金融危机摧毁了人们对新自由主义全球化模式的信心，并揭穿了那些四十多年前就被年轻的加莱亚诺巧妙推翻过的关于有效市场、良性跨国公司、互利的国际贸易的花言巧语。由于将高负债经济建立在了投机性金融的流沙之上，所以美国和欧洲已然成为全球经济地震的震中，而包括委内瑞拉在内的大型新兴经济体却似乎安然无恙。2008年，委内瑞拉经济增长了4.8%，虽低于前一年惊人的8.4%，但考虑到发达经济体中开始出现的大冻结，这一增长率仍令人印象颇深。在全球经济遭到冲击后不久，大宗商品价格和委内瑞拉石油收入就都恢复到了常态。查韦斯也认为，多亏了中国这个新兴超级大国及其对原材料的需求，才使委内瑞拉躲过了这场富人的危机。

然而冲击波到达拉丁美洲只是时间问题。当石油价格从2014年的120美元跌至2016年的35美元时，查韦斯已经死于一种突发且致命的癌症，查韦斯主义者（Chavista）的阴谋论立即将此事归咎于美国中央情报局。尼古拉斯·马杜罗（Nicolás Maduro）因他的忠诚而在总统垂死之际临危受命，他将在最危急的关头接管玻利瓦尔石油社会主义（Bolivarian petrosocialism）。随着第二轮经济危机席卷拉丁美洲，进步政府像球馆里的保龄球瓶般纷纷倒下，历史性的社会转型计划也在这场强震中停下了脚步。

尽管马杜罗——这个在特朗普片刻肺腑之言中的"硬汉"——极力坚守，但是基本商品的短缺还是使大多数委内瑞拉人陷入了贫困。自查韦斯第一次赢得选举胜利以来，委内瑞拉社会特权阶层内部的反对抗议活动就一直持续不断。但现在，骚乱有可能会蔓延至

第三章　钶钽铁矿（委内瑞拉，大萨瓦纳地区）

一些牧场，这是一些遍布在加拉加斯周围山间的贫困地区，只有警方残暴的镇压才能阻挠他们的起义。根据犯罪学家凯马尔·维拉（Keymar Ávila）的报道，在委内瑞拉，死在警察手中的人数甚至超过了巴西的类似数据。

在一个依赖进口的经济体中，购买食品和药品所必需的外汇因石油产量的崩溃而严重短缺（委内瑞拉石油的故事在第十五章中会有详细讲述）。一场毁灭性的经济萧条将在五年内摧毁该国40%以上的国内生产总值。

2019年，特朗普实施的石油禁运让糟糕的局面变得更加可怕。在怪诞的政权更迭策略中，华盛顿正式认可了国民议会中的年轻多数派政党领袖、自封为总统的胡安·瓜伊多（Juan Guaidó）为合法的国家元首。建立平行政府的失败尝试只会使混乱加深、短缺情况恶化。在委内瑞拉的3 000万人口中，有400万人逃离了该国。在全世界都预测他即将垮台之际，马杜罗在深藏于奥里诺科河盆地和大萨瓦纳地区的地下岩层中的其他矿产资源里找寻到了一种石油经济的替代品。

"奥里诺科矿业弧"（The Orinoco Mining Arc）创立于2015年，占地约40 000平方英里，横跨从奥里诺科河到巴西边境的具有巨大环境价值的领土范围内有30个土著社区，并拥有丰富的生物多样性。但在这个生存是唯一的要务时刻，对委内瑞拉当局来说，更为重要的是地下蕴藏的东西：世界第二大金矿，此外还有钻石、银、铜，以及一系列其他可能更有价值的金属。黄金现在被认为是弥补原油产量崩溃的主要收入来源，原油产量在三年内暴跌了50%以上，而特朗普的禁运使情况更加恶化。当通货膨胀率达到百分之一百万时，这种闪闪发光的金属身上所具有的传奇般的坚挺特质已成为玻利瓦尔革命运动最后的救命稻草。马杜罗希望到2025年，委内瑞拉的黄金年产量可以达到约 2 600 万金衡盎司（troy ounces）①。

马杜罗的困境的确值得同情。美国的制裁已成为针对委内瑞拉民众的集体惩罚，这明显违反了《日内瓦公约》（Geneva Convention）。瓜伊多和他在华盛顿的盟友们公然谈论一场以罢免委内瑞拉总统为目的的军事入侵。英国政府扣押了委内瑞拉历届政府在英格兰银行（Bank of England）金库中数十年来所持有的价值超过 10 亿美元的 31 吨金条，它们成了这场人道主义犯罪的帮凶。也许除了开采委内瑞拉自己的黄金以创造外汇，帮助该国缓解短缺并避免全面的人道主义灾难之外，别无他法。尽管有美国的制裁，但土耳其还是委内瑞拉的一个可靠的客户。但在一个生物多样性如此惊人的地区开采黄金，以解决委内瑞拉石油经济的结构性危机，似乎是应了那句老话："若你身在坑中，就别再往下挖了。"

为了拯救玻利瓦尔革命运动，马杜罗希望开采的不仅仅是黄金。钍（thorium）是另一种蕴藏在大萨瓦纳平顶山脉中的具有重大战略价值的金属，这是一种可用于核工业和航空建设的放射性元素。这里还有稀土，这些矿物质是制造 5G 智能手机和军用无人机的关键所在。也是马尔科·卢比奥在与中国展开的日益偏执的资源战中无比渴望能在博索纳罗领导下的巴西进行开采的资源。然而，在地缘政治压力下不断上升并导致政变的政治纲领又回到"美国的后院"之际，委内瑞拉大萨瓦纳地区最重要的矿产是钶钽铁矿石（coltan）②。在奥里诺科南部的玻利瓦尔州，地质学家发现了一处价值数百亿美元的巨大"蓝金"矿藏，这种矿物非常珍贵，可用于手机、全球定位系统和卫星的制造。

和铌一样，钶钽铁矿石也是一种优良的导电材料，即使在恶劣

---

① 金衡盎司，是国际黄金市场上比较常用的黄金交易的计量单位。——译者注
② 一种含有铌和钽的金属矿石。——编者注

第三章 钶钽铁矿（委内瑞拉，大萨瓦纳地区）

的天气条件下也是如此，这要归功于它那非凡的电阻率和 3 017 摄氏度的熔点。用它磨成的粉末是电容器的基本组成部分，可用于调节从电池到屏幕的电流。若是没有钶钽铁矿石，智能手机、平板电脑、DVD 播放机、视频游戏平台、笔记本电脑以及其他更多的小电器都将不复存在。由于能够提高太阳能电池板的能源效率，这种金属也是绿色经济的另一个关键要素。但华盛顿对"奥里诺科矿业弧"中的钶钽铁矿石最为担忧的一点是，这种金属在涡轮推进发动机、炸弹和智能导弹的制造中发挥着至关重要的作用。毕竟，许多受马杜罗之邀对奥里诺科矿区的特许权进行投标的公司都来自俄罗斯或者中国——它们在 2.0 版本"冷战"中是美国的死对头。

当我在 2019 年春天访问委内瑞拉时，最近的一场由倒霉的瓜伊多所领导的一系列未遂政变刚刚结束几天。我找到了查韦斯第一届政府的部长古斯塔沃·马尔克斯·马林（Gustavo Márquez Marín），他现在是一位知名的查韦斯主义异见人士，也是采矿工程的批评家。我们在位于加拉加斯的阿尔塔米拉高档小区中的罗慕洛·加列戈斯拉丁美洲研究中心（Rómulo Gallegos Center for Latin American Studies）会面。几周前开始的停电让整个国家都陷入了黑暗。自那之后，自助餐厅的洗手间甚至连自来水都没有了。和大多数委内瑞拉人一样，马林自从在第一届查韦斯政府的太平时期担任了部长和大使以来，体重减轻了许多。但他与我的对话内容十分明确，并着重强调了反对派对政变的暴力支持与马杜罗政府日益加重的威权氛围之间的密切联系。这继而促成了创立"奥里诺科矿业弧"的 2016 年法令的颁布。在马林看来，这项工程违反了在查韦斯执政初期，由 1999 年新成立的制宪会议制定的委内瑞拉进步宪法。

在委内瑞拉生物多样性最为丰富的广阔地区（占其国土面积的 12%，相当于古巴的地表面积）实施的大规模开采计划，让马林和其他查韦斯主义异见人士确信，建立一个民主平台并要求通过公民投票的方式来决定未来的政策方针是十分有必要的。他们在支持政变的反对派和四面楚歌的马杜罗政权之间采取了艰难的中间立场，目的不仅是避免美国的军事干预，更是防止马杜罗政府产生进一步的威权主义倾向。

"2016 年，马杜罗开始在宪法规定的范围之外行事。他开创了紧急状态，以便通过法令来实施经济措施。'奥里诺科矿业弧'的创立和奥里诺科重油带的石油通道的开通也包含在其中。这些交易都是与矿业公司进行的，没有经过国民议会或其他任何人的审查。他加深了委内瑞拉对采掘主义的依赖，并将采矿特许权慷慨地授予了那些背叛了委内瑞拉国家利益的外国跨国公司。"马林说道。经马杜罗宣布的投资项目已经约有 55 亿美元，牵涉 150 家跨国公司。这些公司将与委内瑞拉的矿业公司共同组建合资企业，其中大部分归军方所有。"奥里诺科矿业弧"中所呈现出来的正是"剥夺性积累"，该观点来自纽约大学地理学家、21 世纪马克思主义的权威大师大卫·哈维（David Harvey）。马林继续说道："这与玻利瓦尔革命运动的进程没有半点儿关系。"

***

大约一年前，我曾从奥尔达斯港和圭亚那城的废弃钢铁和铝厂出发到达了巴西边境，对大萨瓦纳地区进行了一次匆忙的游览。当时，从委内瑞拉涌向巴西的人群引发了踩踏事故。当我到达巴西边境城镇帕卡赖马时，遇到了大约 100 名土著瓦劳人（Warrau）。他们放弃了位于北边 400 英里处奥里诺科三角洲（Orinoco delta）上的领土，来到罗赖马市寻找食物，而他们的最终目的地是亚马孙河州的首府——玛瑙斯。

他们在公交车终点站旁安营扎寨，将衣服堆放在被垃圾山包围的荒地上。前一天晚上用于准备一顿简陋晚餐的篝火灰烬此刻已经随风飘散。年轻的母亲们一边给疲惫多病的婴儿喂奶，一边恳求着

第三章　钶钽铁矿（委内瑞拉，大萨瓦纳地区）

我买些用豆子和种子做成的项链。这是一张来自马杜罗统治下饥饿难民的画像，美国有线电视新闻网西班牙语频道（CNN Español）可能会称其为赤裸裸的、不可否认的真相。查韦斯主义者曾许下承诺会纠正对委内瑞拉土著人民犯下罪行这一历史性的错误，而这些瓦劳人似乎证实了这一承诺的陨落。然而，当我询问他们的政治信仰时，他们的回答简直让人再震惊不过了："我们是百分百的查韦斯主义者！我们是革命的支持者，我们不要反对派。"身处帕卡赖马的瓦劳难民发言人，三十多岁的马塞利诺（Marcelino）说道。女人们围了过来，纷纷点头表示同意。饥饿驱使他们离开了三角洲，但他们却并未因此而指责查韦斯抑或马杜罗，而是将矛头对准了阿马库罗州的州长，因为他明令禁止捕鱼。这再次表明，在委内瑞拉，尽管与大多数西方媒体的叙述一致，但一切都远不像表面看上去的那样。

在到达巴西边境之前，我经过了埃尔卡亚俄的矿场附近，这里是"奥里诺科矿业弧"中最活跃的地区。我亲眼看见了黑市汽油贩子们在加油站排着长队，这些人之后会以极高的价格将所得的燃料卖给矿工。但是考虑到本书中隐含的承诺，即坚持弗朗西斯科·德·戈雅（Francisco de Goya）在其《战争的灾难》（*Disasters of War*）[①] 系列作品中著名的蚀刻版画《我看见它了》（*Yo lo vi*）里的新闻原则，我必须在此坦言，尽管此地离黄金和钶钽铁矿带很近，但我还是不敢冒险独自进入采矿区。这是因为我曾从令人毛骨悚然的多方证词中听到，这些矿井中存在哥伦比亚有组织的犯罪行为，这其中既有专门从事可卡因贩运的（哥伦比亚）国家解放军（ELN）游击队员，也有残暴的非法军事组织黑帮。根据几个非政府组织的说法，委内瑞拉和哥伦比亚的犯罪帮派在委内瑞拉军方的批准下，

[①] 铜版组画作品《战争的灾难》共有82幅画，其中的每一位人物都仿佛身处人间地狱。戈雅描绘的并不只是法军单方面对西班牙人民的伤害，其中还充斥着大量西班牙游击队对敌人的酷刑反击。——译者注

正在向矿工和其他公司勒索钱财。非法军事组织团伙和游击队员们通常以黄金的形式从矿工那里收取勒索金。与此同时，委内瑞拉军方会再从犯罪团伙和矿工处收取它们自己的革命税（revolutionary tax），收取的数额可能高达每月 640 金衡盎司（约 80 万美元）。至少，在国际危机组织（International Crisis Group）的一份对委内瑞拉黄金行业中间人的传唤报告中，情况是这样的。拒绝支付勒索金的矿工会遭到谋杀，或者落入更惨的境遇。当时报道的一桩最令人发指的犯罪是一位矿工因为拒绝支付勒索金而被一群暴徒挖掉了双眼，割掉了舌头和双手，而他被人发现时还是活着的。2016 年至 2019 年，共有 107 名矿工遇害。

　　面对这样令人毛骨悚然的报道，我选择不用自己的血肉之躯以身涉险。毕竟，我不是坐在一辆装甲四驱车里旅行的，也不像那些即将降临委内瑞拉和哥伦比亚边境参加理查德·布兰森（Richard Branson）援助现场音乐会的福克斯新闻（Fox News）和美国有线电视新闻网的记者们一样，身穿防弹背心，并配有三名黑水公司（Blackwater）[1]的武装警卫。穿着防弹背心听雷鬼[2]艺术家路易斯·冯西（Luis Fonsi）演唱《慢慢来嘛》（Despacito）似乎有些过分，但是我自己去参观"矿业弧"似乎也不可取。但无论如何，当看到戈雅的《我看见它了》中的情景几乎可以肯定并非这位伟大画家的亲眼所见时，我还是深感欣慰。在画中，一位母亲在避难时不忘催促她不情愿的孩子回到她的怀中，就像瓦劳人的母亲在他们离开家时一样。

---

[1] 黑水公司一般指黑水国际公司。黑水国际公司（Blackwater Worldwide），现名 Academi，原名美国黑水（Blackwater USA），是一家著名的美国私人军事、安全顾问公司，诞生于美国军工联合体，是与美国国务院合作的三大私人保安公司之一，其标志为黑色熊爪。——译者注
[2] 一种起源于牙买加的音乐形式，融合了美国节奏蓝调音乐的抒情曲风和拉丁音乐的元素。——编者注

第三章 钶钽铁矿（委内瑞拉，大萨瓦纳地区）

所以，跟戈雅一样，我必须要依靠目击者才行。而当我刚一到达玛瑙斯，他们就出现了。玛瑙斯距离委内瑞拉边境有 7 个小时的车程，是巴西亚马孙河流域上的一座神话般的大都市。来自奥里诺科矿业弧的移民们很快便证实了地狱的传说。

17 岁的委内瑞拉青年杰森·布里托（Jeison Brito）说："上周，在我们镇上，有个家伙被斩首了。他们把他的头留在了广场上。"为了支付前往巴西的旅费，杰森·布里托曾在卡亚俄港（Callao）的一个金矿里工作过。"在矿井里工作是什么感觉？"我问他。他的回答十分富有神秘色彩，仿佛化身为了卡夫卡（Kafka）小说中的人物一般："想象一下，你正走进一座岩石造的房子。你走进一个房间，在这个房间里有其他的小房间。你走入其中一间，然后你发现这里还有其他的小房间。你终于找到了最后一间，它非常小，你无法呼吸，你不得不在那里用锄头把墙壁凿碎。"每挖出四袋岩石，他就能收到一袋作为报酬。接着，三袋岩石会被碾碎，并被送到附近的城镇中使用水银和其他分离器将其中的矿物质分离出来。矿井被沼泽所包围，登革热和疟疾等疾病终日肆虐。布里托说，黄金已经是矿区内唯一有效的硬通货，用它来购买奥尔达斯港的房地产堪称完美。"但问题是，一般你只能找到非常小的金块。"他的兄弟插话道。他也是一位年轻的移民，目前在亚马孙剧院（Teatro Amazonas）前演奏手风琴。一个世纪前，橡胶大亨们就是在这座玛瑙斯歌剧院中聆听威尔第[①]的音乐的，而那时，他们的工人正死于登革热和精疲力竭。

"马杜罗的采矿法令是在没有通过环境或社会文化影响研究来对矿区中土著社区所面临的危险进行评估的情况下实施的。而且，对环境来说，这显然是灾难性的举措，因为这里曾是奥里诺科河水的

[①] 朱塞佩·威尔第（Giuseppe Verdi，1813—1901），意大利作曲家，代表作品有歌剧《纳布科》《茶花女》《游吟诗人》等，有"意大利革命的音乐大师"之称。——译者注

源头,这里的地下蓄水层十分重要,"马林说,"要想提取所有这些矿物质,你必须得移除整个岩石表层,并将所有东西都挖掘到一英里以上的深度才行。他们拿走了一切,然后将其打碎,用氰化物碾成粉末。"他继续说道,"通过20世纪的旧采矿技术,他们可以钻入地下矿层中。但是通过这些巨大的露天矿坑,为了有利可图,他们势必会摧毁一切——动物群、雨林。河流也不例外,因为他们需要大量的水。所以,我的意思是,在马杜罗的领导下,我们将重拾20世纪30年代在胡安·比森特·戈麦斯将军(General Juan Vicente Gómez)的独裁统治下繁荣起来的野蛮采掘主义。"

如果有任何一位读者对于在委内瑞拉大萨瓦纳地区开采一座钶钽铁矿所带来的环境影响怀有疑问,那他可以试着读一下迈克尔·内斯特(Michael Nest)的《钶钽铁矿》(Coltan)。这是一本描述刚果民主共和国"蓝金"热的小书,堪称5G智能手机时代的新版《黑暗的心》(Heart of Darkness)[①]。书中写到,为了评估俄卡皮保留地(Okapi reserve)附近的一个矿区对动物群的影响,矿工被问及他们都吃了些什么。他们回答说,他们猎杀了大象、大猩猩、黑猩猩、水牛还有羚羊。两年后,矿工们又做了一份同样的调查问卷,这次食谱变了,他们只吃乌龟、鸟类、小羚羊和猴子了,因为该地区已经不剩任何大型物种样本了。

染指委内瑞拉"矿业弧"前沿经济的不只是当地的黑帮团伙,美加黄金储备公司(American-Canadian company Gold Reserve)也是获得特许权的跨国公司之一。该公司经营着玻利瓦尔州的大型"拉斯布里萨斯-拉斯克里斯蒂娜矿场"(Las Brisas-Las Cristinas mine)。为了优先考虑国有企业,乌戈·查韦斯在危机前将美加黄

---

① 《黑暗的心》是1999年9月1日出版的图书,作者约瑟夫·康拉德,讲述了马洛奉命去非洲寻找一个叫库尔兹的白人殖民者的故事。——译者注

金储备公司逐出了委内瑞拉。但这家矿业公司向世界银行行政法庭（World Bank Administration Tribution）、国际投资争端解决中心（International Centre for Settlement of Investment Discussions）提起了诉讼。不出所料，裁定结果支持美加黄金储备公司，并迫使加拉加斯支付了7亿美元的赔偿金。为了避免支付这笔赔偿金，马杜罗成立了一家合资企业，并将45%的矿权交给了美加黄金储备公司。

和所有的"查韦斯主义"先驱们一样，将《拉丁美洲被切开的血管》铭刻进革命基因中的古斯塔沃·马尔克斯·马林毫不怀疑地认为，尽管在与贫困的斗争中取得了成就，但拉丁美洲"粉红浪潮"政府仍重复犯了加莱亚诺曾列举出的错误："在某种程度上，进步政府最终继续甚至加剧了掠夺。原因很清楚，他们没有改变政治模式。"他补充说："一开始，该项目旨在深化民主、促进参与度和多元化发展，以使我们摆脱加莱亚诺所谴责的、曾诅咒了过去几个世纪拉丁美洲的'以出口为主的采掘主义模式'。但不幸的是，旧模式又卷土重来了。它们的权力建基于一个依赖赞助和施舍的国度，领导层完全靠石油收入维系统治。"

这是对马杜罗政府和其他拉丁美洲国家强有力的批评，但任何认为胡安·瓜伊多身边那些年轻的新自由主义者们将会是大萨瓦纳地区的救星的人都是痴心妄想。当我与来自瓜伊多的政党——"大众意志"党（Voluntad Popular）的年轻国民议会代表马可·奥雷利奥·奎尼奥内斯（Marco Aurelio Quiñones）交谈时，他咒骂说："独裁政权摧毁了委内瑞拉。"接着他又补充道："这是一个富庶的国家。我的意思是，看啊，我们拥有价值1 000亿美元的钶钽铁矿石地下矿床呢。"

第四章 黄金
（哥伦比亚；中美洲；犹他州；内华达州）
盐湖城中的"黄金国"

对"黄金国"埃尔多拉多的探索一直都是一项充满贪婪、幻想和毁灭的事业。而且，尽管新一代的征服者们是总部设在温哥华，拥有马基雅维利式企业社会责任部门的跨国矿业公司，或是来自波哥大、利马或圣保罗贫民窟中铤而走险的寻宝者，但是21世纪的淘金热踏上的依然是和五百年以前由哥伦布（Columbus）、科尔特斯（Cortés）或皮萨罗（Pizarro）所引发的相同的疯狂开采和死亡的老路。

但或许还有其他原因可以解释我在中美洲大型矿场内沾染了血和汞的河流中所目睹的最新一代黄金热。在多年的危机中，在恐慌像病毒一样从华尔街蔓延至全球之际，黄金是最安全的避风港。为了找寻财富或至少找一小块金子来买一盘豆子，贫穷的手工采矿者、哥伦比亚的"巴雷科罗"和巴西的"加林皮罗"们深深地趟进拉丁美洲泥泞的河流中。但在北半球，人们找寻黄金是出于一种对经济和心理安全感的神经质追求。黄金使最残忍的暴行和人类最不寻常的抵抗变得合法化。为什么？因为它"消除了不确定性"，彼得·伯恩斯坦（Peter Bernsteinin）在他的著作《黄金的魔力》（*The Power*

第四章　黄金（哥伦比亚；中美洲；犹他州；内华达州）

of Gold）一书中如此沉思道。金融博主玛莎·塞尔达雷维（Masa Serdarevi）更为直接地打趣道："黄金即是恐惧。"

在 2008 年那场史诗般的经济危机爆发后的十年间，恐惧并不是这个受到金融传染①和病毒大流行创伤的世界里的稀缺品。金衡盎司的价格几十年来一直稳定在 500 美元左右。但在 2008 年秋天，当金融系统冻结，恐慌笼罩市场时，它的价格飙升至了 1 900 美元。数万亿美元股市价值的毁灭（尽管为了恢复全球财阀当政国家的财富，它很快就会复原）提高了这种闪闪发光的黄色金属在北半球的吸引力。

一场史无前例的货币扩张，以及暴跌至零甚至更低的利率，加速了人们逃往黄金地堡的脚步。然而，恐惧并不是繁荣的唯一驱动力。特朗普和他那些用巨大金锭砌成的塔完美地将这个炫富和极端不平等充斥全球的社会进行了具象化的呈现，金子反映出了人们内心对于吹嘘社会地位的庸俗的普遍渴望。从来自印度和中国的新中产阶级，到千篇一律的奢侈品牌商场中施华洛世奇精品店的金饰买主，再到开在迪拜或多哈、谄媚逢迎神权政治的路易·威登"女士专卖"店，都对黄金的需求量大大激增。此外，与这耀眼时代中的其他标志一样，黄金进入了当代艺术的颓废世界，并取代青铜成为全球知名艺术家们的首选金属。例如，达明安·赫斯特（Damien Hirst），他的纯金铸造猛犸象骨架——《消逝但未被遗忘》（Gone but Not Forgotten），被以 1 500 万美元的价格售出。马克·奎恩（Marc Quinn）的时尚模特凯特·摩丝（Kate Moss）的扭曲瑜伽体式黄金像——《塞壬》（Siren），是大英博物馆以 200 万美元的价格委托其制作的。又或者是重头戏，一个由莫瑞吉奥·卡特兰（Maurizio

---

① 金融传染是指一个金融机构或市场的衰退状况，在不相关的机构或市场上引发了类似的负面影响。——译者注

Cattelan）雕刻而成的闪闪发光的 18K 黄金马桶，这个马桶被纽约的古根海姆博物馆（Guggenheim）作为特朗普借用的梵高画作的替代品外借给了这位总统，放置于白宫的浴室中。①

在与多伦多证券交易所上市的矿业跨国公司竞争（有时也会合作）的有组织犯罪团伙中，黄金也成为核心业务。这种最珍贵的金属是一种可靠且流动性越来越强的金融资产，也是洗白黑帮非法收入的完美选择。他们从提供了不低于 20% 的全球产出的贫困探矿者和自主矿工那里勒索来的钱财高达数百万美元。安第斯山脉或亚马孙雨林偏远前哨地区的中间人也上缴了勒索金。在分赃之后，他们将黄金出口到了文明世界。出口的目的地主要是瑞士，由这个国家在阿尔卑斯山的四家精炼厂加工的黄金占世界产量的 50%。在这条光鲜至极的供应链的每一个环节中，都有数十亿美元的赃款被迅速洗白。但是，"加林皮罗"和"巴雷科罗"，或者是对非法黄金交易视而不见的贪腐官员，甚至是在矿场散布恐怖的非法军事组织成员，都只是一场更大范围的不安的预兆罢了。潜在的隐患是极端不平等，这是 21 世纪掠夺性资本主义的瘟疫。在这场瘟疫中，国际黄金业务像瓦格纳的指环（Wagner's ring）②一样，成为一种典型象征。

瑞士律师马克·匹斯（Mark Pieth）说："我参观了位于秘鲁安第斯山脉海拔 16 000 英尺的拉林科纳达矿（La Rinconada mine）。60 000 名手工采矿者在那里工作，他们住在用废金属制成的棚屋里。

---

① 此事指 2018 年 1 月，美国总统特朗普夫妇想要从纽约古根海姆博物馆将梵高的一幅画作借到他们的住处，遭到博物馆馆长的拒绝，并提出用一个 18K 实心黄金马桶替代一事。值得一提的是，依据惯例，美国总统上任后一般都享有从该博物馆外借一件艺术品的福利。——译者注

② "瓦格纳的指环"指《尼伯龙根的指环》中的情节，这是瓦格纳的代表歌剧作品，创作于 19 世纪。故事情节来源于北欧神话和日耳曼英雄传说。在神话和传说中，尼伯龙根的指环由雾之魔阿尔贝里西用盗取自莱茵河底的魔金铸造而成，拥有统治世界的力量。——译者注

第四章　黄金（哥伦比亚；中美洲；犹他州；内华达州）

他们活不到50岁，因为空气中的氧气含量仅为50%。那里没有警察，但有4 000名妓女，几乎都是奴隶。"匹斯是《淘金：黄金交易的肮脏秘密》（*Gold Laundering: The Dirty Secrets of the Gold Trade*）一书的作者，我和他是在全球精英的年度聚会期间在达沃斯第一次见面的。匹斯在经历了安第斯的地狱之旅后刚刚回到巴塞尔。"真的太可怕了！应该把它禁掉。但全世界有一亿个家庭要依赖它。"

在金融恐怖和炫耀性消费使黄金价值提升的同时，新一代的世界末日意识将其奉为了一种邪教崇拜。古怪的金甲虫们像着了魔一样渴望回归金本位制，特朗普本人也偶尔在言论中流露出此意。在货币扩张势不可当的年代，他从犹他州到巴伐利亚州都获得了保守派的支持。就像巴西的新五旬节教徒①宣称审判日即将到来一样，这群对最贵金属顶礼膜拜的拜物教徒们每时每刻都能预见到巨大的通货膨胀，尽管它从未现身。然而，即使是2017年货币政策短暂的"正常化"也未能遏制住人们对黄金的需求。金价在每金衡盎司1 500美元左右波动，足以满足安第斯山脉和亚马孙河流域铤而走险的淘金热，那里是美国60%黄金的源头。

作为所有金属中最没用的金属，黄金总是使人滋生幻想和谵妄。具有化学惰性的79号金元素永远不会被氧化。伯恩斯坦写道，它拥有"我们都梦寐以求的那种长寿"。或许他脑海里想到的是硅谷亿万富翁彼得·蒂尔（Peter Thiel）对永生不朽那种自恋的追求。蒂尔在纳米技术和遗传学领域都进行了投资，同时，他也以中世纪国王般的热情捍卫着金本位制，他确信"金本位制具有能将真实与虚拟相连接的优点"。

像蒂尔这样的自由主义者是无法抗拒新"黄金国"的诱惑的。

---

① 五旬节派教会，基督新教派别之一。19世纪末20世纪初，产生于美国。——译者注

毕竟，黄金是独立于任何国家的。瑞信银行（Credit Suisse）的投资分析师迪伦·格里斯（Dylan Grice）表示："它可能是一块富有光泽的无用金属，但它至少无法被央行行长们印刷出来。"即使美联储放缓了量化宽松政策，但就像埃德加·爱伦·坡（Edgar Allan Poe）的小说《金甲虫》（*The Gold-Bug*）中疯狂的寻宝者一样，金甲虫们还是无法放松。英国《金融时报》（*Financial Times*）的专栏作家吉莉安·泰特（Gillian Tett）将这种金属的吸引力解释为"人类学家在太平洋岛屿上研究的货物崇拜的复现：是一种能在可怕的混乱中提供范例和意义的东西"。

这种金属对英国保守党的金甲虫们也有疗效，他们在为英国"脱欧"歌功颂德的同时也在寻求避风港。离开欧洲俱乐部的决定引发了英镑的消亡，该国对黄金的需求在一周内飙升了219%。国际货币基金组织在2019年10月干巴巴地指出，黄金"是由对主要法令系统崩溃的（可能是非理性的）恐惧所支撑的"。

几个月后，当新型冠状病毒大流行给五大洲带来创伤，各国央行再次打开货币闸门时，黄金的价格也打破了之前的纪录，达到每金衡盎司2 000美元，推动了黄金矿商的股价飙升。这就是黄金的诱惑力所在：歇斯底里的投资者不仅将黄金视为对冲不太可能会卷土重来的通货膨胀或后疫情时代的恶性通货膨胀的手段，还将其视为对冲萧条与通货紧缩的手段。随着病毒的传播，恐惧战胜了炫耀。在金条销量激增的同时，劳力士手表的销量骤降，引人注目的亚洲消费者们将他们的珠宝熔化成了铸锭。"我们的库存刚一进货就卖光了，"伯明翰的一位黄金交易商说道，当时欧洲为遏制病毒而采取了封锁措施，"这有些像抢购卫生纸。"这是一段令人不安的时期，而黄金则是一种镇静剂。在城市的街道上，人们无论贫富，都与宣布世界末日来临的福音派传教士并肩而立。面容落魄的男人们手里举着标语牌，上面写着**"我们要买黄金"**。这种金属与"末日"运动完美

第四章 黄金（哥伦比亚；中美洲；犹他州；内华达州）

契合，艾奥瓦州和得克萨斯州的生存主义民兵组织，建议他们的信徒在装备包里装上几根金条和突击步枪，以备在世界末日来临之后使用。

保守派迷恋黄金的原因或许是因为其物理上的坚固性，黄金是最致密的金属。毕竟，弗洛伊德（Freud）将恋金癖归因于神经官能症和肛门期滞留①。对于作品被科尔特斯送去了铸造厂的卓越金匠——玛雅人来说，黄金是太阳神的粪便，它具有不可估量的审美价值和象征价值，但没有任何商业或货币价值。但对于危机年代的金甲虫们来说，这种金属已经成为正直的保守派基督徒的坚硬粪便。他们患有智力上的便秘，并在寻找一种安全的投资。虽然特朗普拒绝了古根海姆博物馆的淘气礼物［并要求博物馆馆长南希·斯佩克特（Nancy Spector）给一位以豪宅内安装黄金水龙头而闻名的总统打一个讽刺的折扣］，但莫瑞吉奥·卡特兰的黄金马桶宝座成了美国共和党的"麦克豪宅"（McMansions）②中数百万间浴室秘密渴望的对象。

毫无疑问，为了减轻在对拉丁美洲"被切开最深的血管"的最新阶段掠夺过程中的社会阻力，这种神经官能症被用如同炼金术般的手段转化为了矿业跨国公司及其顾问们手中的巨额利润。受益者也包括西班牙前新保守派总理何塞·玛丽亚·阿斯纳尔（Jose Maria Aznar），他曾是世界上最大的金矿商"加拿大巴里克黄金公司"（Canada's Barrick Gold）的董事会猎头。阿根廷经济学家莱昂纳多·斯坦利（Leonardo Stanley）解释说，在当前的全球危机中，黄金正在"从前是非经济化或边缘化的地方，以及多为人住的土地上"

---

① 肛门滞留（anal fixation）亦称"肛门固着"，是弗洛伊德的人格理论术语，指因肛门期不能顺利发展而产生的停滞现象。——译者注
② "麦克豪宅"（McMansions）是对一种超大的、对环境不友好的住宅的称呼，现在这种豪宅正在被呼吁取缔。——译者注

进行开采。淘金热从坦桑尼亚蔓延至蒙古，但其中最为戏剧性的发展要数重返黄金国以及美国遥远西部地区的淘金热。哥伦比亚、墨西哥、委内瑞拉、巴西和中美洲——所有这些在采矿业方面不如美洲南部的智利或秘鲁那么发达的国家和地区——都成为美国新的采矿前沿。与此同时，在美国北部，阿拉斯加、克朗代克和内华达州再次成为寻宝者和金甲虫们在新恐惧时代的痴心妄想之地。

***

哥伦比亚阿马尔菲的奥兰多矿场，坐落在安蒂奥基亚东北部青翠山脉中的大考卡河的一条小支流上。当两台挖掘机带着人们的希望在一根机械软管下卸下数吨厚重的水泥色泥浆的一瞬间，大约200名"巴雷科罗"便开始在成堆的废物中寻找自己的贵金属块，他们想找到流动的液体中沉积的金粒。他们用铲子在卡特彼勒自卸卡车留下的灰色污泥中挖掘，然后把挖到的东西撒进平底锅中。接下来，他们走入一个不透明的水池中，像巧克力牛奶一样的池水浸没到他们的腰部。为了寻找到那些黄色的微粒，他们在里面划着圈地冲洗着泥浆。

这一幕不禁让人想起在巴西摄影师塞巴斯蒂安·萨尔加多（Sebastião Salgado）的新闻报告中，绝望的"加林皮罗"们那但丁式的形象，那是一份记录20世纪80年代地球惨状的图像文件。然而，这些哥伦比亚的"巴雷科罗"们并没有对自己的命运顾影自怜，反而自豪地微笑着，并捍卫了自己工作的尊严。他们像赌场里的赌徒一样选择了机遇和自由，而不是在科迪勒拉山脉更高处的巨型矿山中当个平凡的工资奴隶。"在这里，我们自己可以决定什么时候去工作。"35岁的"巴雷科罗"劳尔·杜克（Raúl Duque）解释说。他是三个孩子的父亲，在镇上拥有一座简陋的棚屋。"有赢也有输。"他举起平底锅，在灰色的钢铁之上，一颗金黄色的微粒正发出耀眼的光芒。其他的矿工聚了过来，我和那块像他们的笑容般闪闪发光的

第四章 黄金（哥伦比亚；中美洲；犹他州；内华达州）

金块合了一张影。

当天下午，他们在镇上以 180 比索（pesos）①、约合 9 美元的价格将那块黄金售出了。价钱不太高。在"克林顿政府的哥伦比亚计划"（Clinton Administration's Plan Colombia）下的熏蒸政策（fumigation policies）出台之前，这些"巴雷科罗"每天依靠收获古柯所赚的钱是现在的 3 倍。该计划是由拜登通过参议院发起的美国和哥伦比亚政府之间的一项联合倡议，这项据称旨在打击贩毒垄断利益集团的计划剥夺了许多人的生计，以至于自主采矿者的数量增加了 10 万。相比之下，奥兰多矿场的矿主在金衡盎司超过 1 500 美元之际，每天都能开采约一磅的黄金。这就是非法黄金交易的不平等性所在。但是，"巴雷科罗"们都对这份矿主允许他们在矿场的灰色稀软废料中寻找财富的不成文合同心怀感激。"要是矿场不开工，那我们也开不了工。"一名工人在返回泥浆中时说道。

安蒂奥基亚东北部的手工采金历史可以追溯到数千年前。16 世纪 40 年代，西班牙人在秘鲁亚马孙地区对"黄金国"追寻无果后，跌跌撞撞地向北走去。当时有多达 100 万人在这些肥沃的山谷中居住了下来，那是一个拥有先进农业、广泛进行金矿及铜矿和盐矿开采，并具有复杂且集中的权力结构的社会。金巴亚人（Quimbaya）的淘金技术与阿马尔菲河中的"巴雷科罗"们相类似。然而，在第一次艰苦挖掘时，可没有卡特彼勒挖掘机，也没有能将金块从岩石中分离出来的汞。数量和价格对金巴亚人来说都不重要，对他们来说，黄金只具有审美和精神上的价值。另外和现在一样，黄金是特权精英们的象征。

几个月前，在马德里迷人的美洲博物馆内，我走进了一个昏暗的房间。那里有着世界上最大规模的金巴亚黄金雕塑收藏，其历史

---

① 比索（pesos）是多个拉美国家和菲律宾的货币单位。——译者注

可追溯至公元 500 年至 1000 年。它们仿佛是来自另一个宇宙的使者，在玻璃陈列柜里发出炽热而暗淡的光辉。

  这些雕塑是在哥伦比亚费兰迪亚（Filandia）的一处未遭西班牙人洗劫的地下墓穴中发现的，雕塑的内容包括蜗牛、蜥蜴、胸甲、鼻环和耳环、铃铛，以及用于装古柯叶和增强药物作用的石灰[①]的南瓜形容器。其中，金巴亚酋长（当地首领）的迷你雕像——一些眼睛细长、身材娇小的男女微缩模型——是他们惊人技艺的典范。波哥大黄金博物馆（the Gold Museum in Bogotá）的专家安娜·玛丽亚·法尔切蒂（Ana María Falchetti）向我解释说，这些用蜂蜡模具塑造而成的"金色文物不是根据简单的'时尚'需求进行制造或贩卖的"。（我选择不去询问为什么这些金巴亚的珍宝会被收藏在西班牙首都大学校区中鲜为人知的博物馆内，而不是哥伦比亚首都波哥大国际知名的黄金博物馆中。）

  回到阿马尔菲，21 世纪的淘金者们乘坐着车身涂满五颜六色手绘图案的奇瓦巴士[②]穿过了安蒂奥基亚的山脉，前往百英里外的麦德林，与其他数千人一起参加了政府办公楼前广场上的示威活动。"巴雷科罗"们正在对一项令人痛恨的新采矿法规提案发起抗议。新法规将对该行业进行监管，并将对没有许可证的手工采矿者们提起诉讼。携带美国制造的 M16 机枪进行巡查的警察和军队已经关闭了数千座非法矿场，并没收了挖掘机、汽油甚至金块。150 万人的未来岌岌可危，如果把他们的家人也算在内，那就是 500 万人。

  政府声称，这些措施对于整顿该行业、打击有组织犯罪和保护环境来说都是必要的。但阿马尔菲的矿工们辩称自己无罪，他们否

[①] 为了减少古柯叶的苦味，土著人常常把古柯叶和石灰、植物灰或贝壳灰混合后咀嚼，在登山时尤其如此，以消除或减轻高山反应的症状。——译者注
[②] "奇瓦巴士"是一种拉美汽车，通常由校车改造而来，被重新刷上了鲜亮的颜色，就像是一辆派对巴士。——译者注

第四章 黄金（哥伦比亚；中美洲；犹他州；内华达州）

认在河里淘金时使用了汞。可也有一些人无疑确实选择了使用这种液态金属，因为这种金属在与黄金接触时所发生的化学反应有助于他们识别金块。安蒂奥基亚的人们通过使用一种由甘蔗糖浆、柠檬汁和汞组成的黏稠浓浆，来将黄金从岩石中分离出来。在这些矿山周围的地区，汞——这种剧毒金属——的浓度非常高，以至于在一次试验中，便携式汞蒸气分析仪竟发生了爆炸。

然而，对于"巴雷科罗"们来说，由极端保守的哥伦比亚总统阿尔瓦罗·乌里韦（Álvaro Uribe）及其更自由的继任者胡安·曼努埃尔·桑托斯（Juan Manuel Santos）做出的取缔非正规采矿的决定还有其他解释。"政府想让跨国公司来这里。"45岁的亚利桑德罗·古兹曼（Alisandro Guzmán）说。他出生在雷梅迪奥斯，那是安蒂奥基亚山脉中的另一个矿业城镇。乌里韦选择了将采矿业——尤其是煤和石油作为其国际货币基金组织批准的经济计划的战略部门，并选择在前所未有的慷慨条件下，向跨国公司开放哥伦比亚的山脉和雨林。截至2010年离开波哥大总统府，他批准了不少于1 000项新的特许权。桑托斯虽然对"血管切开"后留下的疤痕有着更为清醒的认识，但他所追求的目标还是一样的。随着和平进程解放了之前被哥伦比亚革命武装力量游击队（FARC guerilla）控制的大片地区，跨国矿业企业看到了极佳的机会。冲在最前面的是加拿大人，他们与乌里韦等腐败政府官员以及有组织犯罪团伙相勾结，加拿大作为全美洲对社会和环境最为体恤的声誉就这样毁于一旦。其中的一位先驱是前投资银行家和加拿大黄金公司（Goldcorp）的创始人弗兰克·朱斯特拉（Frank Giustra）。这位于2005年被比尔·克林顿在波哥大引荐给乌里韦，并因此使这位美国前总统的慈善基金会获取1.6亿美元捐赠作为回报的产业大亨，成为首批获权进入哥伦比亚新矿业前沿的加拿大富豪之一。

多伦多的股票市场现在是跨国矿业公司的主要资金来源，这些组织的地质学家和工程师伪装成环境保护者，在拉丁美洲的地下翻找贵金属。新的征服需要大胆的"漂绿行动"（greenwashing）①。一家总部位于温哥华的名为睿星资本（Graystar）的公司在哥伦比亚开设了几座矿山，其中一些开在了帕拉莫（Paramo）脆弱的生态系统中。此后，这家公司摇身一变改名换姓。朱斯特拉在慈善事业上花费了数十亿美元，并与克林顿一起成立了所谓的"克林顿—朱斯特拉可持续增长计划"（Clinton Giustra Sustainable Growth Initiative），以提高这位加拿大矿业亿万富翁的绿色信誉。一些加拿大矿业高管所表现出的担忧甚至看起来有些真诚。代内科尔（Dynacor）是一家总部位于蒙特利尔的小型矿业跨国公司，该公司的首席执行官让·马蒂诺（Jean Martineau）说："汞对人们的健康造成了严重损害。使哥伦比亚的局势正常化是当务之急。"该公司已经在秘鲁成立了分部，并对刚从游击队手中解放出来的哥伦比亚科迪勒拉山脉有了一些计划。马蒂诺无疑是一位真诚的魁北克人。他的办公室里装点着一幅以迭戈·里维拉（Diego Rivera）风格描绘的穷苦拉丁美洲农民的画作。但他很快又回到了正题上："在加拿大，我们必须挖掘到地表以下 320 英尺的深度。而在安第斯山脉，矿物就在地表，谁都能看见！"

  问题不仅仅在于生态环境方面。经乌里韦政府批准，另一家加拿大跨国公司"格兰哥伦比亚黄金公司"（Gran Colombia Gold）收购了位于塞戈维亚安蒂奥基亚镇的合作社"弗龙坦"（Frontin）。此前，该合作社由其工人全资拥有。在解雇了 500 名员工并在安全距离内观察了非法军事组织成员如何杀害抗议者后，格兰哥伦比亚黄金公司开始从同一批矿工那里购买金块。这些矿工现在是个体经营

---

① "漂绿"指绿色公关或某些团体为获得利润而欺骗大众，宣称其目标对环境友好。——译者注

第四章　黄金（哥伦比亚；中美洲；犹他州；内华达州）

的"巴雷科罗"了，支付给他们的费用要远低于支付给阿马尔菲矿工的市场价格。这些新的"巴雷科罗"是自由人，却仿佛置身于加莱亚诺的编年史中一样，被如奴隶般地与跨国公司绑在一起。对于他们来说，选择很简单：接受加拿大经营的矿场的报价，否则将会因非法工作而面临监禁。值得一提的是，格兰哥伦比亚黄金公司的两名董事会成员曾是乌里韦政府的前任部长。

然而，任何程度的暴力都无法粉碎反对"新切开的血管"的声音。这家总部位于多伦多的跨国公司在塞戈维亚强行关闭了一批仍在其特许经营区内运营的小型非法矿场。在这之后不久，整个地区就发起了一次全面大罢工。这是在哥伦比亚的新抗议运动中将改变政治格局的首次大规模群众运动。南非矿业巨头"英美黄金阿散蒂公司"（Anglo Gold Ashanti）获得了位于卡利北部的拉科罗萨金矿慷慨的特许权，这将是南美洲最大的露天金矿。但它很快也遭到了民众的抵制。在附近的卡哈马卡举行的公投中，超过 80% 的人投票反对开发该矿，因为这项特许权将直接威胁到卡哈马卡的供水。阿散蒂公司搁置了这个项目。这是哥伦比亚反对巨型矿场运动的一次重大胜利，抗议活动从此蔓延开来。

数百个市镇开始效仿卡哈马卡，在直接民主的大爆发中举行了全民投票。哥伦比亚宪法法院裁定，格兰哥伦比亚公司也应将其项目提交给人民进行投票。位于阿布扎比的矿业公司穆巴达拉（Mubadala）将很快引发另一场大规模抗议，因为它们计划在环境脆弱的帕拉莫・德桑图班（Páramo de Santurbán）地区——哥伦比亚 70% 河流的分水岭——挖掘南美最高产的露天金矿。在哥伦比亚东部的另一个地区，哥伦比亚革命武装力量游击队的遣散，为国际农业综合企业、采矿业和仍在四处劫掠的非法军事组织扫清了更多的障碍。

反对"切开血管"的新运动帮助身为前游击队员和波哥大市长的古斯塔沃・彼得罗（Gustavo Petro），巩固了他在一个新的、囊括了从埃尔考卡（El Cauca）的小农场主到波哥大的年轻专家的进步联盟中的领导地位。这将是对哥伦比亚寡头政治迄今为止毫无争议的权力的第一次挑战。彼得罗将左翼势力重新定义为"生命的运动"，用于对抗以化石燃料行业和从黄金到煤炭的跨国矿业利益为代表的"死亡的力量"。值得一提的是，他将气候变化作为他 2018 年总统竞选的核心议题，但最终被乌里韦精心挑选的继任者伊万·杜克（Iván Duque）以微弱的优势击败。而这些想法也将激发 2019 年秋季波哥大街头的一些公民运动。

其他甚至比那些被暗中漂绿的加拿大矿业集团还要黑暗的势力也在威胁着安蒂奥基亚的小型矿主和当地的"巴雷科罗"们。在阿马尔菲市中心的一家流动咖啡摊上，我一边喝着"丁托"（tinto）①，一边与几位非正式矿场的矿主交谈。他们解释了勒索金系统的工作原理，即非法军事组织成员、毒品贩子和一些仍然活跃的游击队组织从非正式矿工那里勒索金钱和黄金。"他们杀了我的两个兄弟，还绑架了另一个，"曾是"巴雷科罗"的奥克塔维奥（Octavio）说，"他们开枪打死了我的三名工人，因为他们没有支付勒索金。"他压低了声音补充道，同时开始四下张望，以防被其他什么人听见。而一些小型采矿公司则选择了支付勒索金。"我为每台机器付了 400 万比索。"另一个人说道。

有组织犯罪的利益不仅限于敲诈勒索。无论是矿场还是从其中开采出的黄金，都可以被买卖用于洗钱。正如作家阿尔弗雷多·莫拉诺·布拉沃（Alfredo Molano Bravo）用最黑色的哥伦比亚式幽默进行评论的那样，非法军事人员和毒贩们现在敏锐地意识到，"巴雷科罗"们的选矿锅"不仅能用来洗金子，还能用来洗美元"。一项在

---

① 一种黑咖啡，也是哥伦比亚的"国饮"，一般预先包装好，在街边贩卖。——译者注

第四章　黄金（哥伦比亚；中美洲；犹他州；内华达州）

桑托斯任总统期间完成的调查显示，黄金行业现在已经超越了贩毒，成为哥伦比亚暴力和洗钱的主要手段。毕竟，要想把暴虐的非法军事组织和黑帮手里那沾着血的钱像炼金术般漂洗得干干净净的话，有什么比 1 000 根金条更好的选择吗？虽然哥伦比亚革命武装力量勇敢地交出了大约 9 000 件武器，并且这些武器很快就会被艺术家多丽丝·萨尔塞多（Doris Salcedo）熔化并雕铸成波哥大和平的钢铁纪念碑，但非法军事组织成员和游击队的残余力量仍继续在安蒂奥基亚山区制造恐怖事件。在暴力的中心地区，至少有 47 000 名小农场主流离失所。

采矿业正规化的尝试与对"高晟金业"（Goldex）或总部位于麦德林、命名大胆的"埃斯科瓦尔"①公司（Escobar）等黄金出口商的审判恰逢同期进行，这些公司被指控进行洗钱和向美国及欧洲非法出口黄金。它们从据说为哥伦比亚革命武装力量游击队团体和"洛·乌尔瓦诺斯"（Los Urbanos）等非法军事团伙所持有的矿场那里购买了黄金，其中后者与当时任安蒂奥基亚领导者的乌里韦关系十分密切。对于发生在他那位于麦德林郊区占地 2 000 公顷的拉瓜查拉卡斯庄园（La Guacharacas）中的非法军事组织的勒索和暴力行为，这位未来的总统选择了视而不见。

如果说唐纳德·特朗普还发表过一次公正言论的话，那就要数他称非法军事组织成员为"坏家伙"这件事了。"他们喜欢把人斩首，然后把砍下的头当足球踢。"我在哥伦比亚和委内瑞拉边境遇到的前哥伦比亚革命武装力量游击队的成员露西说。哥伦比亚很快就会打破自己对环保人士的谋杀纪录，其中还有不少记者。他们许多人是因对采矿活动、非法军事组织的勒索，或是"巴雷科

---

① "埃斯科瓦尔"公司（Escobar）与哥伦比亚大毒枭、毒品恐怖分子巴勃罗·埃斯科瓦尔（Pablo Escobar）同名，故作者称其"命名大胆"。——译者注

罗"们奴隶般的生存条件发出遣责而遇害的。数百名负责管理可持续发展项目的哥伦比亚革命武装力量游击队的遣散人员被枪杀,而这些项目大多位于跟采矿业利益相关的地区。总部坐落于纳沙泰尔(Neuchâtel)村同名高山湖畔的"美泰乐"(Metalor)瑞士金属精炼厂不顾大屠杀的影响,从麦德林的出口商那里购买了黄金,并向黑帮们担保会有高额的回报。甚至有证据表明,有组织犯罪已经渗透到一些矿业公司的最高管理层,尤其是"大陆黄金公司"(Continental Gold)。该公司承认其副董事长曾效力于"恩维加办公室",而这间办公室正是巴勃罗·埃斯科瓦尔的麦德林贩毒垄断利益集团的前身。

然而,尽管桑托斯和杜克政府颂扬取缔非法采矿活动是对有组织犯罪的一记重拳,但阿马尔菲的矿工却并不相信他们的意图。从最无足轻重的"巴雷科罗"到拥有五六辆卡特彼勒挖掘机的车主,所有人都认为国家的攻势和非法军事组织的骚扰无一例外都是政府和跨国公司商量好了的,而政府的目标只有一个:把他们赶走。

* * *

在位于马德里的美洲博物馆中,两件最引人注目的金巴亚吊坠藏品向人们诉说了前哥伦布时期[①]中美洲地区的文明水平,也就是现如今巴拿马和哥斯达黎加所在地的艺术作品中那精致而娴熟的美。它们是由一种叫作"图帕伽"(tumbaga)的金和铜的合金制成的"达连"[②]吊坠。在其所有已知的样本上,都刻画着一张扁平的脸来表现某个人物。人物的鼻子由螺旋形组成,胳膊和手臂被象征性地示意出来。此外,还有两根如今的土著萨满在宇宙探索过程中仍会

[①] 前哥伦布时期(Pre-Columbian)又称印第安时期,是指美洲在未明显受到来自欧洲文化影响的历史时期,通常还涵盖了当地印第安文化在哥伦布登陆美洲大陆之后的数十年或几个世纪后的历史阶段。——译者注
[②] 巴拿马地名。——译者注

第四章 黄金（哥伦比亚；中美洲；犹他州；内华达州）

用到的棍棒或魔杖。新的研究表明，贴在达连吊坠上薄如蝉翼的半圆形金片，代表的是前哥伦布时期萨满们所吸食的致幻蘑菇。藏品中的一件吊坠是在安蒂奥基亚以北1 000英里的墨西哥尤卡坦州的玛雅城市奇琴伊察的大金字塔下发现的，这是安第斯山脉的前西班牙社会和墨西哥南部的玛雅人之间存在着技术和文化交流的确凿证据。由此看来，我个人的21世纪黄金路线——由安蒂奥基亚出发向北，穿过哥伦比亚和巴拿马之间的达连湾，到达中美洲的新矿场——似乎是符合逻辑的。

在巴拿马西北部丛林中由三百来户农民家庭组成的科克莱西托村，56岁的卡梅洛·扬奎兹（Carmelo Yanüez）棱角分明的脸，让人不禁联想到金巴亚吊坠中描绘的那些"酋长"。他已经与加拿大跨国公司"佩塔基亚黄金"（Petaquilla Gold）的矿场抗争了六年了。这是一个坐落在距他们的城镇约10英里的山中的红色巨坑。士气开始下降。"大家放弃了，开始在矿井里找工作。当地的政客们已经倒戈，站在了矿业公司一方。"他坐在他粉刷成淡绿色的木屋露台上说道，木屋的花园里是成片的咖啡和香蕉作物。

两年前，来自科克莱西托和下游土著村庄的数百名居民，曾连续16天封锁了通往该矿场的土道。抗议活动的重点不仅在于那个想要在如画风景中开个一英里宽洞的计划，还在于有人想在一个具有丰富生物多样性但脆弱的地区使用氰化物。紧接着，防暴警察赶到了。佩塔基亚黄金公司甚至连最粗略的环境研究都没做就开始了黄金生产。很快，他们的黄金产量达到了每月1 000盎司，价值超过800万美元。扬奎兹说，随着事情已成定局，许多当地人甚至没有咨询律师就接受了公司的搬迁提议。"公司进行了大量宣传，很多人都对他们所说的话深信不疑。"

总部位于温哥华的佩塔基亚黄金公司无疑设计出了一场极富创意的公关活动。从矿场通往科克莱西托的土路上下来，这辆四驱车经过了绘有佩塔基亚黄金公司的卡通形象"厄尔尼诺·佩塔基亚"（El Niño Petaquilla）的标志牌，那是一个笑眯眯的小孩子，口中喊道："不要乱扔垃圾！"一家已经拆除了半座山的公司竟然这么关心环境问题，这还真是令人震惊。再往下看，标志牌上宣传的是由佩塔基亚黄金公司出资赞助的有机蔬菜地。"它们什么都没生产过。"扬奎兹说。佩塔基亚黄金公司在挖掘矿井时滥伐了5 000公顷的雨林，它们声称已经在靠近河流的地区重新造林。但正如科克莱西托的居民向我说明的那样，那里本来就有大量的树木和植物。这家公司在另一波公关攻势中新建了一所小学，在镇上与我交谈的另一位居民说，那所学校里的"老师们被严格警告说不要对矿场提出任何批评"。

即使是佩塔基亚黄金公司特别责任部的漂绿宣传，也无法掩盖他们在三条河流源头、雨量充沛的地区开挖露天矿的粗暴事实。他们在黄金分离的过程中使用了大量混合有氰化物的水，用于储存这些废水的尾矿池发生外溢也是常有的事。

"以前，我们在河里蹚水时能感觉到有小鱼在轻咬我们的脚。"社区领袖玛丽亚·穆尼奥斯（Maria Muñoz）一边说着，一边向我展示了一系列死鱼像塑料瓶一样漂浮在河面上的照片。"我们猎杀鹿、火鸡和鹦鹉，"她接着说道，"上帝知道如何造物。而现在我们吃的是外来的鸡肉。"我们走到了科克莱西托的郊外，兰花像雪花莲般从茂密的绿叶中探出头来。在那里，我们偶遇了达里奥·萨维德拉（Dario Saavedra），他是一位有着棱角分明的脸庞和细长眼睛的年轻赶牛人。他把他那瘦骨嶙峋的牛群从他们居住地往南60英里的托布雷（Toabré）村赶到这里来，一路上只能过河或者步行。"我宁愿走路也不想去矿场里赶牛。"他厌烦地说道。

佩塔基亚黄金公司的营销中最具创意的一项无疑是由卡斯蒂利亚基金会（Castilla de Oro Foundation）所设计的旅游开发计划，而

第四章 黄金（哥伦比亚；中美洲；犹他州；内华达州）

这正是理查德·菲费尔（Richard Fifer）——这位前科克莱省省长兼巴拿马佩塔基亚黄金（Petaquilla Gold）公司首席执行官的杰作。菲费尔是因诈骗罪锒铛入狱的时任巴拿马总统里卡多·马蒂内利（Ricardo Martinelli）的密友。该基金会旨在鼓励建设"酒店、会议中心和主题公园"，以"让该地区重新回到国际旅游版图上……这是一座人间天堂，游客们可以在这里重新探寻16世纪冒险家的脚步"。投资者手册中这样写道。

科克莱西托的历史必然会是主题公园的绝佳素材，而品牌名称或许会被注册为"戈迪兰迪亚"①。哥伦布在他的第四次航海中于1503年1月抵达巴拿马海岸，并在附近建立了新大陆的第一个西班牙殖民地。他兴高采烈地宣布，他在那里看到的黄金比在之前三次旅行中看到的都要多。很快，努涅斯·德·巴尔博亚（Núñez de Balboa）就将穿越50英里的地峡抵达太平洋海岸，当那里的恶狗狠狠地撕咬他的脚时他就会马上明白，这些伸手向他索要黄金的人怎么看都不像是"印第安人"。天主教国王很快就宣布了卡斯蒂利亚王国（Castilla de Oro）②的新辖区，如今的巴拿马、哥斯达黎加和尼加拉瓜各地区都被涵盖在内。

因此，这个拥有主题公园的创新休闲项目，就这样以第一个"黄金国"的发现为灵感而被命名了。尽管"戈迪兰迪亚"主题公园中扮演海上乘务员的女服务员肯定不会承认，但是那些印第安人——阿兹特克人、玛雅人、印加人和科克莱西托本地的恩加贝人，所犯的致命性错误在于，他们认为西班牙人如此痴迷于寻找这种神圣的金属，因此他们一定是神。这也许要归咎于那些致幻蘑菇吧。诺贝尔奖得主勒克莱齐奥（J. M. G. Le Clézio）在《墨西哥梦：

---

① "戈迪兰迪亚"（Goldilandia），意为"黄金之地"。——译者注
② 卡斯蒂利亚王国是位于伊比利亚半岛中部卡斯蒂利亚地区的封建王国。——译者注

印第安美洲被中断的思想》(*The Mexican Dream: Or, the Interrupted Thought of Amerindian Civilizations*) 一书中写道，在将神圣的力量投射在这些拥有白皮肤、大胡子，胯下的马匹似乎是他们金属躯体（穿着盔甲）延伸的陌生人身上的那一刻，当地人便开启了将以他们自己的毁灭而告终的恶性循环。"这些才是征服的真正象征：锁链和金锭。"

对于哥伦布及随后的征服者来说，那些由土著金匠为了向自然之神致敬而打造的珍贵文物简直毫无价值可言。哥伦比亚的年轻哲学家奥斯卡·瓜迪奥拉-里维拉（Oscar Guardiola-Rivera），在其令人耳目一新的作品《如果拉丁美洲统治世界会怎样？》(*What If Latin America Ruled the World?*) 中，对这种审美上的反差进行了总结："那些王公贵族们的饰物——能让萨满法师冥思苦想数小时的疗愈金盘、耀眼的耳环和胸甲……太阳神的粪便（金）和月亮神的眼泪（银）——被熔化为条状物，然后被送往塞维利亚、安特卫普、热那亚、威尼斯和伦敦，成为进一步前往非洲和新世界探险的资金担保品。"

瓜迪奥拉-里维拉的旅行是我的灵感来源，我读到过他从中美洲出发，途经哥伦比亚和厄瓜多尔到达利马的个人史诗之旅。除了他在整场旅行中都是开着车听伊基·波普（Iggy Pop）的音乐，并在厄瓜多尔的安第斯山脉停下来大声朗诵巴勃罗·聂鲁达（Pablo Neruda）的叙事诗《坎托将军》(*Canto General*) 外，这场旅程简直可以说是皮萨罗（Pizarro）[①] 那场艰苦卓绝之旅的翻版。有一天，我们在考文特花园中一家离他位于伯克贝克学院的办公室不远的餐厅里吃午饭。在那里，他向我阐明了从新大陆大规模开采金银的逻辑："这使第一种全球货币的诞生成为可能，并继而引发了第一种全球贸

[①] 皮萨罗（Pizarro）全名为弗朗西斯科·皮萨罗，是西班牙的冒险家、秘鲁印加帝国的征服者。他开启了西班牙征服南美洲的时代，也是现代秘鲁首都利马的建立者。——译者注

第四章　黄金（哥伦比亚；中美洲；犹他州；内华达州）

易和投资关系的出现。"

从西班牙再回到伦敦和阿姆斯特丹的金融中心，黄金和白银为历史上第一个债务和股票市场奠定了基础。"黄金充当了翻译家的角色，让两个世界得以沟通。"瓜迪奥拉-里维拉解释说。黄金是翻译家，这似乎是一个绝佳的比喻，尤其是当我们将此处的语言理解为来自巴里克黄金公司和纽蒙特采矿公司的全球首席执行官，以及华尔街的股票分析师们的奥威尔式商务用语时。因此，一言以蔽之：如果没有"黄金国"和黄金通用语，资本主义的创新体系就不会如此迅速地出现在地球上。在这里，它将继续摧毁其道路上的一切。年轻的加莱亚诺用他那充满讽刺的巴洛克式散文解释了这个过程："在中世纪，一小袋胡椒比一个人的生命更有价值，但金银是文艺复兴用来打开天上的天堂之门以及地上的资本主义重商主义之门的钥匙。"

话虽如此，但是这场通过开采黄金而实现的资本原始积累，以及对如此多华美艺术品的熔毁行为，还是遭到了激烈的抵制。卡斯蒂利亚王国新总督区的土著居民很快意识到，因西班牙人对神圣金属的贪婪胃口而将他们神化的决定是一次灾难性的判断失误。恩加贝人的首领基比亚（Quibian）被哥伦布的手下扔进了贝伦河中，他们以为他溺死了，但是他游到了安全的地方并动员了当地民众，短暂地驱逐了西班牙人。这是首次针对淘金者的土著反抗，也是五个世纪以来与来自北方的贪得无厌的采掘者相抗争的先例。而后续的反抗包括从17世纪墨西哥马德雷山脉的回乔尔人叛乱，和一个世纪后秘鲁高原的图帕克·阿马鲁起义（Túpac Amaru's uprising），到20世纪的恰帕斯州萨帕塔民族解放军（Zapatista National Liberation Army）（EZLN）暴动、厄瓜多尔和玻利维亚的艾马拉起义和克丘亚起义。

从某种意义上来讲，"黄金国"的神话本身就是一种精明的土著抵抗战略，意在将欧洲淘金者送往其他更遥远的土地上。这也许是历史上最有效的假新闻了——在位于地平线之外的某个地方有一方神奇的物质财富之地，那里的国王沐浴在液态黄金之中。欧洲人纷纷被这个故事所吸引。在卡斯蒂利亚王国创立的几年后，皮萨罗和他的西班牙征服者们从太平洋海岸出发，向南行进。"沿着海岸走，直到没有树木。"这是来自中美洲原住民的神秘指引。此后的探险也是如此。"再往前走！再往前走！"西班牙导演卡洛斯·索拉（Carlos Saura）执导的电影《黄金国》（El Dorado）中的土著向导坚持说道，这部电影讲述了由心理变态的征服者洛佩·德·阿基雷（Lope de Aguirre）率领的队伍，在沿着亚马孙河的一条支流顺流而下时所经受的结局悲惨且血腥暴力和扣人心弦的遭遇。队员们不顾一切地只想回到库斯科（Cuzco），或者更好一点，回到塞维利亚。他们悲伤地凝视着向导，好像在恳求他停下来。

尽管荨麻疹等传染病在缺乏防御能力的人群中的传播导致了数千名土著人的死亡，但恩加贝人的抵抗最终还是被证明为这场中美洲掠夺中的短期阻碍。在巴拿马城共饮咖啡时，巴拿马的历史学家朱利奥·姚（Julio Yao）说："巴拿马是美洲最早发现黄金的地方，也是第一次发生土著反抗的地方。"姚说，他曾经捡回了一条命，那是在通往矿山的路上，有个与佩塔基亚黄金公司相关的疑似杀手一样的男人，试图将他的车从蜿蜒的小路上逼下去。"我们现在需要的是反抗。"他继续说道。

＊＊＊

沿着泛美高速公路，我向北穿过饱受创伤的中美洲地峡。一路走来，我看到了尼加拉瓜的火山、洪都拉斯因受灾而枯萎的咖啡种植园、浑身刺青且暴虐的 MS-13 帮派成员①，还有那座面向墨西哥边界巍然耸立的危地马拉圣马科斯山脉。作为罗纳德·里根平定叛

---

① MS-13 是源于萨尔瓦多的最臭名昭著的帮派，全名 Salvadorean Mara Salvatrucha。——译者注

第四章　黄金（哥伦比亚；中美洲；犹他州；内华达州）

乱期间无数场大屠杀的发生地，圣马科斯如今已经成为人们进行探险和异域观光的目的地。在那里，游客们就像约翰·赛尔斯（John Sayles）的那部令人心慌的影片《带枪的男人》（Men with Guns）中两个冒失的美国背包客一样，费力地攀爬上这座失落的古玛雅城市。被云雨遮挡住了视线的人们望不到邻近的城镇，他们不知道那些因过去的暴行而伤痕累累的地方已经空空荡荡，或许还剩下些孩子、老人和一位受过美国教育的福音派牧师。这里的人口大量迁移至美国，造成了当地人口锐减，而留下的人则需要依靠移民们的汇款才能继续生活下去。有八成的圣马科斯家庭生活在极度的贫困之中。而此处，横亘在连绵起伏的景观之上的，就是"黄金国"的另一前沿——拉·马林（La Marlin）。这是一处由弗兰克·朱斯特拉的加拿大黄金公司所持有的巨型露天矿场，它占地 2 平方英里，位于圣马科斯生态最脆弱的土著村庄附近高大的丛林之中。

加拿大黄金公司的到来标志着对"黄金国"的搜寻首次到达了危地马拉高地。"这里的记载并不明确，我们不知道我们的历史到底有多久，"雷蒙达·洛佩斯（Raimunda López）解释说，他是一位玛姆人（本地玛雅人的一个分支），"但我们能确定的是，这里从来没有开采过黄金。"圣米格尔·伊克斯塔瓦坎社区的 14 名代表几乎都是玛姆人。为了出席由美国塔夫茨大学经济学家撰写的关于该矿场经济影响的新报告介绍会，他们从科迪勒拉下山前往了位于圣马科斯的部门总部。

与哥伦比亚和巴拿马（以及所有采矿投资都很快将被禁止的萨尔瓦多）一样，每个村庄都发生了抗议活动。另一位玛姆领导人弗雷迪·冈萨雷斯（Fredy Gonzalez）说："矿场是一种病毒，它正在分裂社区并污染水源。"而科学是站在他这一边的。该报告证实，扎拉河和奎维奇尔溪流的水域中存在着危险水平的砷、氰化物和汞，而这两条水流都在该矿场附近。这是一个紧迫的问题，因为圣马科斯的许多城市是没有自来水的。新的报告结果显示，圣米格尔·伊克斯塔瓦坎社区有47%的人口都是直接从地下水井中获取饮用水的。

拉·马林是加拿大黄金公司在全球管理的20座金矿中成本最低的矿场。这座矿场每年开采的黄金和白银价值近10亿美元，这是该国前一年授予的395个采矿特许权项目之一。但该矿场对危地马拉的发展贡献甚微，对圣马科斯的贡献就更少了。令人难以置信的是，在委内瑞拉、厄瓜多尔、智利和玻利维亚等其他政府，为支持新的"资源民族主义"而将矿业公司向国家支付的矿区土地使用费进行上调的同时，危地马拉却将其从6%降到了1%。但无论怎样，对于玛雅人的后裔而言，任何开采权都无法弥补矿场给"地球母亲"带来的伤害。他们也无法原谅人们为了像制造劳力士手表这样粗俗的目的而去掠夺太阳神的粪便。圣米格尔·伊克斯塔瓦坎的另一位居民博尼法西奥·梅亚（Bonifacio Mejía）说："我只希望能让矿场关闭。"他没有戴那种玛姆人常戴的草帽，而是戴了一个巴萨足球帽。玛姆人的愿望很快就会实现了。加拿大黄金公司在挖空了他们的最后一条矿脉后，于2018年宣布关闭拉·马林矿场。但损害已经造成了，尽管加拿大黄金公司许下了承诺，并在矿场入口处的栅栏上挂了个标牌，详细说明了它向危地马拉国家所缴纳的税款，但与之前相比，社区的状况并没有好转。

***

越过边境不久，我在墨西哥的恰帕斯州与一位农民聊了起来。他是乔尔人——另一个与玛姆有关的玛雅社会，号称中美洲最好战的民族之一。我俩当时都坐在一辆挤满了当地人的小面包车里，车辆沿着坑坑洼洼的道路从帕伦克开往欧克辛戈。欧克辛戈是在1994年起义中被萨帕塔人占领的城镇之一。我绕道参观了壮观的帕伦克遗址，这座几个世纪以来一直隐藏在墨西哥南部热带雨林中的宏伟玛雅大都市，如今已经挤满了游客。当我漫步在废墟中时，一种嘈

第四章　黄金（哥伦比亚；中美洲；犹他州；内华达州）

杂尖锐的哨声不绝于耳，那是在模仿美洲虎——玛雅文化中神圣的动物。将这些在现场纪念品摊上出售的哨子作为节日礼物送给厌倦了这次参观的孩子们，简直再完美不过了。不过在我看来，这种在人造丛林中持续不断的背景噪声，可以帮我更好地理解古玛雅人的仪式。在仪式中，孩子们是献给处于美洲豹神庙顶端的诸神的贡品。

在即将从帕伦克离开时，我的旅伴从危地马拉的边境地区赶了回来。他去那里探望了他的家人——一群被困在边远地区的中美洲移民。他向我讲述了经济危机是如何对恰帕斯式的自给自足经济造成进一步破坏的，以及那些"土狼"（coyotes，意为"中间人"）是如何以越来越低的价格，从他们那里购买玉米和咖啡，并拒绝讨价还价的。

恰帕斯州的许多乔尔人和索西人[①]，都被迫在下面靠近塔帕丘拉市的种植园中，以每天180比索（9美元）的价格收割咖啡。他们面临着生存危机，证据就是柏油或干泥路面上那无数个每隔五六百码就会出现的挡车墩和限速路障。他们迫使车停下来，是为了创造机会向乘客们兜售可口可乐或是卖个墨西哥粽子[②]。这里是墨西哥最贫困的地区之一，对于当地人来说，这种手段是他们极其重要的收入来源。有时，如果找不到障碍物的话，孩子们就会拿着一根挂着彩旗的绳子拦在马路上。在前往欧克辛戈或圣克里斯托瓦尔-德拉斯卡萨斯（San Cristóbal de las Casas）的路上，这些一直被各种东西打断的游客们并没有意识到，玛雅人并不仅仅是被雕刻在石头上的那些人，他们很多人仍然存活于世，而且此刻就在恰帕斯，尽管他们再也不会建造内殿盛满黄金的金字塔了。

我们沿着泥泞的道路艰难而缓慢地前行，经过一个小时的沉默

[①]　索西人（Tzotzil）是玛雅文明的另一支直系后裔。——译者注
[②]　墨西哥粽子原名为"tamale"，是一种墨西哥传统小吃，用玉米面包裹在玉米壳或香蕉叶中蒸熟，外形似粽子，因此得名。——译者注

后，这位来自乔尔的旅客问了我一个意想不到的问题："西班牙有很多博物馆吗？""嗯，是的……有普拉多博物馆，里面有委拉斯凯兹（Velázquez）、戈雅（Goya）的画，你知道的。"我回答说。但我立刻意识到他不是这个意思。于是，我将一本来自前文中提到过的马德里美洲博物馆的小册子从我的背包中拿了出来。我给他看了一张金巴亚藏品的照片，那是一个用一种精致纤美、通体泛着光芒的黄金制作而成的酋长坐像。我们接着翻到了另一页，上面的插图是一个妇女和一个孩子的陶瓷雕塑，我们从韦拉克鲁斯的托托纳克文明，翻到了《征服墨西哥》（La conquista de México）画作的复制品，画中身着钢铁盔甲的科尔特斯胯下骑着白马。背景中，印第安异教徒们的"偶像"正在巨大的篝火上燃烧（当然，黄金制成的"偶像"除外，因为它们会被熔为金条然后运往塞维利亚）。当我的乔尔人朋友正饶有兴趣地研究这本书时，小面包车经过了一个萨帕塔尼族解放军的标志牌，上面写着埃米利亚诺·扎帕塔（Emiliano Zapata）①的著名口号：**土地是给那些在其上面劳作之人的。**然后，他又问了另一个我意想不到的问题："在西班牙的田地里劳作的人是谁呢？"思考片刻之后，我告诉他，主要是移民：摩洛哥人、撒哈拉以南的非洲人，或者是来自东欧、保加利亚、罗马尼亚的临时工……

"啊！这么说来，西班牙人的掠夺是受到了报应的！"他沉思之后得出了这个结论，随后，一个灿烂的笑容从他至今为止一直郁郁寡欢的脸上绽放开来。

＊＊＊

奥斯卡·瓜迪奥拉-里维拉跟随皮萨罗的脚步，南下到了"这位旅客"曾经的所及之地。与他不同，我是在北部，尤其是在犹他

---

① 埃米利亚诺·扎帕塔，墨西哥农民起义的著名领袖，在1910年至1917年墨西哥资产阶级革命中做出过卓越的贡献。——译者注

第四章 黄金（哥伦比亚；中美洲；犹他州；内华达州）

州的沙漠中寻找新的"黄金国"。安蒂奥基亚的"巴雷科罗"们孤注一掷的采掘行动，和巴拿马及危地马拉的土著农民与巨型矿场之间的斗争，仿佛与"屋顶花园"有着数光年的距离。这是一家位于盐湖城标志性建筑"摩门教先知约瑟夫·史密斯之塔"顶层的与世无争的餐厅。餐厅自诩拥有观看"后期圣徒教会"的绝佳视角，那是一座通体覆盖着大理石的庙宇，其顶部的天使雕像是用拉丁美洲最上好的黄金制成的。他们明令禁止蓄须和饮用朗姆酒。然而，那些摩门教徒却以他们自己的方式成了和科尔特斯或"独脚海盗西尔弗"（Long John Silver）[①]一样的狂热淘金者。

我应经济学家拉里·希尔顿（Larry Hilton）之邀参加了一场晚宴，他是几个月前在犹他州国会通过的一项新法律的发起人。这项法律是在摩门教的隆重仪式上颁布的，它规定黄金和白银将成为美元的替代通用货币。共和党众议员布拉德·加尔维斯（Brad Galvez）和盐湖城的基金经理戴维·加勒特（David Garrett）出席了这场为庆祝将金钱的价值锚定在金灿灿的"粪便"上而举办的宴会。这是一场安格斯牛排晚宴，而这些来自工业屠宰场的软肉在烹饪过程中没添加一丁点儿的酒精。为了对抗美联储实施的"引起通货膨胀的"货币扩张，他们成为回归金本位制和"稳健货币"的坚定捍卫者。希尔顿说："我们已经看到了将会破坏经济的通货膨胀的初期迹象。"而其他的摩门教徒现在知道了我来自利物浦，开始跟我滔滔不绝地细数他们在曼恩岛上的族谱。五年后，通货膨胀还是在人们的注视中迟迟未到，但对不确定性、货币化债务以及资产贬值的恐惧，已经深深植根于摩门教徒的基因之中。

这些共和党摩门教徒是美国新保守主义运动的一分子，这项运

[①] "独脚海盗西尔弗（Long John Silver）"是小说《金银岛》中的贪图黄金的反派角色名。——译者注

动控诉时任财政部部长、后来任美联储主席的珍妮特·耶伦（Janet Yellen）是恶魔约翰·梅纳德·凯恩斯（John Maynard Keynes）的信徒（实际上她确实就是）。保守派的金甲虫们，通过恢复与黄金储备间那不可改变的联系，来抵御限制货币供应所带来的影响。直到它在20世纪30年代被放弃之前，这种手段使全世界都陷入了经济萧条和通货紧缩之中。但对于屋顶花园餐厅中的摩门教共和党人来说，只有新的金本位制才能阻止不道德的货币扩张，并拯救品德高尚的美国储户们，使其免于遭受恶性通货膨胀和破产。自由主义者罗恩·保罗（Ron Paul）、新保守主义者（neocon）米歇尔·巴赫曼（Michele Bachmann）和其他自封的茶党运动（Tea Party movement）领导人们也支持重新采用金本位制。由"美国原则项目"（American Principles Project）赞助的"金本位制2012"运动，也为重返纸币可兑换成黄金的稳固时代而进行了游说。格伦·贝克（Glenn Beck）是一位著名的摩门教徒，归功于那些关于联合国的疯狂的长篇大论和阴谋论。他的电视节目在鼎盛时期曾打破了福克斯新闻的收视率纪录，而他本人则一有机会就会建议别人买下几家酒吧或敦促政府重回金本位制的安全状态。

尽管当时的美国总统特朗普对弗洛伊德式的稳健性或货币纪律都毫不关心，但在那场将助力他于2016年入主白宫的保守主义复兴运动之初，金甲虫们就已经在了。这种情况引发了20世纪初捍卫金本位制的保守派和要求更广泛的银本位制的进步派之间史诗般的斗争。这场冲突使人联想到了一直在重播的电影《绿野仙踪》（The Wizard of Oz）中的讽喻。"沿着黄砖路走。"多萝西（Dorothy）唱道，她是勇敢的美利坚民族的化身，而这个民族随即要求扩大货币基础，以逃避永久性的工资削减。要是假定翻拍这部影片的话，特朗普——这位在竞选中称金本位制"太棒了"，而后又抨击美联储过于严格，损害了股市的总统——或许可以扮演一个倒霉的稻草人，

第四章　黄金（哥伦比亚；中美洲；犹他州；内华达州）

口中唱着"但凡我有个脑子"。

无论是在现实还是在神话中，黄金都在摩门教的诞生一事上扮演了关键的角色，要知道摩门教可是增长最快、最有利可图的基督教全球特许机构。天使莫罗尼（Moroni）是摩门教最喜爱的天使，其雕像所散发出的金色光芒是"黄金国"力量的证明，甚至连犹他州善良的基督教徒们也这样认为。19世纪初，摩门教的创始人约瑟夫·史密斯（Joseph Smith）就是一个死硬派的金甲虫。根据纽约州帕尔米拉村村民史密斯的圣书，天使莫罗尼于1823年出现，并命令他查阅了藏在洞穴中的众多讲述了新大陆上的以色列失落部落历史的金碑。多亏了这个建议，史密斯推断出伊甸园实际上坐落于犹他州的沙漠，位于现在盐湖城的郊区。"史密斯对黄金有着那种穷人的敬畏感，这种敬畏在不知不觉间影响了他关于天堂的概念。"他的传记作者福恩·布罗迪（Fawn Brodie）在《无人知晓我的历史》（*No Man Knows My History*）一书中解释道。

但是，对这种黄色金属产生深深迷恋的，不再只有犹他州的穷人和无知者。同我在屋顶花园餐厅共进晚餐的都是专业人士，他们拥有著名商学院的硕士学位和位于城市繁华郊区的住宅。然而，他们也以同样的基督教徒式的热情信仰着这种黄色金属，他们与约瑟夫·史密斯或哥伦布别无二致。

***

摩门教徒是基督教上帝的金甲虫。但是在那个从盐湖城驱车6个小时、新"黄金国"的路线于美国西部的沙漠中终止的地方，有一个同样敬畏上帝的城镇此时仿佛置身于拉丁美洲一般，成为21世纪淘金热的受害者。在历经大繁荣的一个半世纪之后，内华达州的弗吉尼亚市已然成为一个主打19世纪50和60年代风格的主题旅游景点。在那个年代，当地发现了大量的金银矿床，并随之掀起了一场"淘金热"。成群结队的游客在贴满了**"欢迎来到银城"**或"山里有黄金"海报的大街上游走，并在名为"淘金热"的商店里购买纪念品。赌场的老虎机被布置在所谓的"自杀桌"（Suicide Table）周围。在19世纪，矿工们就是在这种桌子上把在扑克游戏里赢来的钱输光，然后朝自己的脑袋开枪的。在"百万富翁街"的更深处，还有两三座约翰·麦凯（John Mackay）和詹姆斯·弗洛德（James Flood）等白银热时期的百万富翁的豪宅故居，他们就是人们所说的"富矿之王"。在2008年国际金融危机之后，随着黄金和白银价格飙升至创纪录的水平，昔日之景现在又以一个非常恶趣味笑话的形式重新回到了弗吉尼亚市。

在加利福尼亚州金融家约翰·温菲尔德（John Winfield）名下的康斯托克矿业公司（Comstock Mining Inc.），其黄金储量高达90万盎司（按市场价格计算，价值超过10亿美元）。该公司打算在距离主大道上的旅店、博物馆和酒吧不到一英里的"采矿小镇金山"上开始采矿作业。旧日的卢塞恩（Lucerne）与比利·基德矿场（Billy the Kid）已经重新开放，同巴拿马的科克莱西托或危地马拉的圣米格尔·伊克斯塔瓦坎一样，处理汞在当地所造成的污染与危险问题迫在眉睫。不过在弗吉尼亚市这边，人们害怕的是新矿场会把在第一次淘金、淘银热中用到过的那些如今已经被安全深埋地下一百五十年的水银给挖掘出来。这并不是西部沙漠淘金热的唯一范例。加拿大跨国公司巴里克黄金公司，在其科尔特斯山工厂附近的里诺和盐湖城之间的沙漠里开设了两座新矿场。矿场将在特纳博山进行挖掘，这是一座肖肖尼人（Shoshone）的圣山，并在20世纪40年代和50年代就已经成了原子弹试验的受害者。

会不会是"被切开的血管"的"中心-边缘依存关系"，将财富从沙漠中的内华达州直接输送到了一位洛杉矶亿万富翁的口袋中呢？这确实是一个革命性的想法。和哥伦比亚、巴拿马和危地马拉的人民一样，肖肖尼人和弗吉尼亚市的居民也在准备与矿业公司展

第四章　黄金（哥伦比亚；中美洲；犹他州；内华达州）

开一场斗争。"采矿属于过去，所以我们是不会坐视不管的。"曾在镇上一家小型主题酒店工作的康斯托克居民协会的成员塔米·戴维斯（Tammy Davis）说道。塔米长得不太像一个反采矿活动人士，但如今她却是抗议活动中的关键人物。在美国西部的沙漠中，就像在拉丁美洲的科迪勒拉山脉中一样，没有人愿意如此近距离地目睹那些金银狂潮中的场景重新上演，马克·吐温（Mark Twain），这位19世纪50年代弗吉尼亚城日报《企业报》（*Territorial Enterprise*）的明星记者，曾经称那种场所为"充满了屠杀、残害和全面破坏的工厂"。

第五章　钻石和祖母绿（巴西，迪亚曼蒂纳）
天堂的另一端

巴西肯定已经远离了那个绝望的人们在亚马孙河里淘金的悲惨年代。至少，在卢拉和劳工党将 3 000 万人民带出贫困的十年国际大宗商品市场繁荣期里，看上去是这样的。然而，这项卢拉主义计划在发挥了十年所向披靡的影响力之后，却被历史上最严重的经济衰退钳制住了，过去的种种又像复仇般卷土重来了。失业率在一年内翻了一番，1 500 万巴西人重新陷入极度的贫困之中，他们的月收入不到 50 美元。也许这可以解释为何"加林皮罗"们又重新出现在了国族叙事之中，他们转世为在巴西内陆荒野中寻求机遇的悲情英雄，或是亵渎自然和土著权利的侵犯者。

《天堂的另一端》(The Other Side of Paradise) 是一部拥有超过 6 000 万观众的肥皂剧（巴西人对"连续剧"的叫法），讲述的是一群顺应时代的"加林皮罗"们的故事。像所有拉美电视剧一样，从里约热内卢的贫民窟到亚马孙的偏远村庄，这部剧在这个幅员辽阔的国家里成为大家每晚九点的必看节目。就连当时在马拉卡纳体育场（Maracanã Stadium，现已因 2014 年世界杯而改建）举办的弗拉门戈队（Flamengo）对瓦斯科达伽（Vasco da Gama）队的足球赛，也不得不为了这部剧而等待。当然，所有这些巴洛克风格的剧本都出自杰里姆·博塔尼科（Jardim Botânico）的时髦都市居民之手。那是里约热内卢南区的一处豪华地段，强大的媒体集团巴西环球电视网（Rede Globo）就是在那里制作出了全球最让人上瘾的肥皂剧。

以下是《天堂的另一端》全部172集的内容摘要。故事的背景设定在托坎廷斯，在遥远的巴西北部，那里有茂密的热带森林、壮丽的岩石高原、波光粼粼的瀑布，还有耀眼的白色沙丘，并栖息着美洲豹和巨嘴鸟。一群"加林皮罗"在一个名为"天堂"的小镇附近的一座大庄园里挖掘他们的宝藏，受上帝眷顾，这个小镇拥有宝贵的祖母绿矿床。他们并没有意识到自己的命运正在被一个无良的女宝石商所利用，而她的同伙则是一个在国际珠宝走私的黑暗世界里进行暗箱操作的更加无良的法官。

克拉拉（Clara）是一个美丽却天真的当地人，她从父亲那里继承了土地并不可思议地决定嫁给那个邪恶宝石贩子的儿子。她很快就将受到丈夫和婆婆的虐待、嫉妒和精神折磨，因为两人都打算夺走她的祖母绿矿场。快到第96集时，克拉拉被鉴定为了精神病人，并被拘留在里约热内卢郊区的一家精神病院里。她在那里遇到了一位略微患有轻度痴呆的善良老妇人，她教她学习里约热内卢"富人区"的上流社会礼仪，甚至是法语。在克拉拉的朋友不幸去世后，她躲在朋友的棺材里逃离了精神病院。

结局很圆满。克拉拉的婆婆遭到了"加林皮罗"们的反抗，而克拉拉在与丈夫分居后也设法夺回了祖母绿矿场的控制权，同时与帮助她逃离精神病院的医生相爱了。

现在读者们应该已经意识到，《天堂的另一端》并不完全是一部描绘巴西社会的现实主义作品。然而，从许多方面来说，与在该剧之后播出的《全国新闻》（Jornal Nacional）比起来，说实在的，巴西环球电视网的这些夸张肥皂剧反而更贴合现实生活一些。要知道后者曾在一系列可疑指控和部分捏造的轻罪中密谋策划了卢拉的垮台，而该剧中的"加林皮罗"们却至少和现实生活里的有几分相似。

因此，当我偶然在 2018 年年末，也就是这部肥皂剧刚好播到第 104 集或 105 集时，看到剧中的一百来名"加林皮罗"站在热基蒂尼奥尼亚河上一处非法矿场及腰的泥浆中后，我并没有感到惊讶。热基蒂尼奥尼亚河距离迪亚曼蒂纳有一个小时的车程，是 18 世纪米纳斯吉拉斯州钻石热的中心地区。就在离那里不远的地方，奴隶马迪·马加萨（Madi Magassa）在 1853 年发现了神话中的"南埃斯特雷拉"（Estrela do Sul）——"南方之星"，世界上最大的钻石之一——并因此换取了自由。对于一个非洲裔巴西人来说，这是一个转瞬即逝的公正时刻。毕竟，正如何塞·德·雷森德·科斯塔（Joséde Resende Costa）在其《钻石的历史回忆录》(*Historical Memorial of the Diamonta*) 中所描述的那样，1732 年于米纳斯吉拉斯州颁布的一项臭名昭著的法令规定，所有"黑人男性、黑人女性及棕色人种都将被驱逐出迪亚曼蒂纳地区，因为这是防止钻石被盗的唯一途径"。当然，当时的葡萄牙人遇到的问题和未来几个世纪中的巴西精英们的相同，那就是，如果没有那些"黑人男性、黑人女性及棕色人种"，也就没有能去挖掘出让富人变得更富有的钻石的"加林皮罗"。

21 世纪的"加林皮罗"们使用电动泵将水与碎石分离，但他们也以自己的方式成了奴隶：财富的奴隶。"当'加林皮罗'是一件很冒险的事情。有的月份能赚钱，有的月份则颗粒无收，但是想在迪亚曼蒂纳找份工作实在是太难了。"46 岁的杰里米亚斯·马丁斯（Jeremías Martins）从平底锅中取出了一颗小水晶后，一边忧郁地盯着看，一边解释道。和哥伦比亚安蒂奥基亚的那些采金"巴雷科罗"们一样，他将在迪亚曼蒂纳以 10 雷亚尔（3 美元 30 美分）左右的价格把它卖出去，而这个价钱甚至连坐 5 个小时巴士去贝洛奥里藏特看他儿子的车费都抵不上。

"加林皮罗"们住在矿场旁边的一个营地里，他们每两周回家一次，每月的收入在 1 000~2 000 雷亚尔（66~330 美元）之间。"要是你觉得食物和燃料不重要的话，那这里的很多人可以说是什么都没得到。"退休的"加林皮罗"若昂·埃斯皮里图·桑托（João Espiritu Santo）说道，他这番带有非裔巴西人特有的轻柔笑声的话语暗示了在迪亚曼蒂纳，一切都没有意义。"这里的一切都是合法的，一切又都是非法的。"他补充道。另一个"加林皮罗"正坐在一堆瓦砾上的棚屋前，他眼神空洞，身材瘦削，胡子看起来有三天没刮了。"'穆依托'①，很多，非常多的钻石！"他含糊不清地胡言乱语着。"2 500万，黄金和钻石，强大的大型机器。古铁雷斯公司将控制成吨的钻石，巴西有'穆依托罗伯'②！"他继续说道。此刻他正站在泥泞的山坡上，手指着浑浊河流中的一处弯道。在那里，安德拉德·古铁雷斯（Andrade Gutierrez）——一家总部位于贝洛奥里藏特的建筑公司，巴西世界杯和奥运会工程的重要参与者——安装下了自己的卡特彼勒挖掘机。那是"加林皮罗"们无法涉水达到的地方。

有人自告奋勇地做机遇的奴隶，而权贵们却往腰包里塞满了钱。这奇怪而富有讽刺意味的话语使人想起了伟大的巴西记者欧几里德斯·达·库尼亚（Euclides da Cunha），以及他对 19 世纪末从贫穷的巴西东北部迁移到亚马孙地区的橡胶割胶工"斯林盖罗"们引人入胜的描述。橡胶大亨们发了财，他们在玛瑙斯歌剧院上游 900 英里处、位于亚马孙河三角洲上的贝伦建造的伪"美好时代"宫殿，至今仍矗立在这座无政府主义的丛林大都会中。而橡胶割胶工"斯林盖罗"们却每日兜着圈地在丛林里跋涉，那是一种"即使是陀思妥耶夫斯基的西伯利亚历险也无法与之匹敌"的噩梦，达·库尼亚写

---

① "穆依托"原文为"muito"，巴西葡萄牙语，意思为"丰富的"。此处作者故意用混乱的语言来体现说话者的神志不清。——译者注
② 原文为"muito robo"，巴西葡萄牙语，意思为"很多的机器人"。同前文，此处意在体现说话者精神错乱。——译者注

道。他们是"在丛林中被绑在同一条路线上的人,终其一生每天都在同一处徘徊"。纵使他们的旅费和工具成本超出了任何他们能想象得到的收入。"他们是为奴役自己而工作的人。"达·库尼亚在《恩特雷·奥斯·塞林加瓦》(*Entre os seringais*)一文中总结道,这是他写的一篇关于来自东方的贫穷移民对亚马孙河流域进行殖民统治的启发性文章。历史的失败者,唯独在达·库尼亚的眼中是英雄。

对于我在迪亚曼蒂纳遇到的21世纪的"加林皮罗"们来说,无论希望有多渺茫,但与传统的劳动关系相比,为了找到令人垂涎的宝石而把自己变成奴隶的做法仿佛可以少些痛苦。这比在卢拉时代晚期,工资悲惨、工人屈服的新时代里出卖自己的劳动力要好一些。既然劳工党的国家驱动再分配制度已经让位于雅伊尔·博索纳罗的军事化新自由主义,那么也只有机遇才能解放巴西的被排斥群体了。

然而,"加林皮罗"也成为新博索纳罗主义右派势力的理想主题:这群小人物,"真男人"(homem do povo),他们无视联邦政府对环境还有博索纳罗称为"罚款行业"的限制,不惜一切代价也要养活自己的家人,而那些外国非政府组织却只关心河流、树木和印第安人。毕竟,博索纳罗曾夸口说,他从小就在他长大的圣保罗乡村河流中学会了淘洗金子和钻石的手艺。他的父亲,珀西·博索纳罗(Percy Bolsonaro),曾在20世纪80年代亚马孙地区的塞拉·佩拉多(Serra Pelado)无政府主义淘金热中当过一名"加林皮罗"。而如今,他的身影在塞巴斯提奥·萨尔加多(Sebastião Salgado)[①]令人惊叹的黑白照片中永垂不朽。

历史在亚马孙的朗多尼亚州重新上演了,"罗斯福"原住民保留地(Roosevelt Indigenous Reserve)的辛塔·拉加(Cinta Larga)地区据传拥有世界上最大的钻石矿床。二十年前的"加林皮罗"们全

---

① 巴西著名摄影艺术家。——译者注

副武装了起来，成群结队地在土著社区内制造恐怖。在随后发生的一场大屠杀中，3 500名辛塔·拉加人被杀害。大屠杀是不会无人回应的，2003年，29名"加林皮罗"被土著勇士杀死。博索纳罗就任总统后，大批的"加林皮罗"返回了亚马孙地区，这是这位新总统积极鼓励矿工进入他认为阻碍了发展的土著领地的结果。在新政府上任后的几个月时间里，朗多尼亚警方查获了500颗从辛塔·拉加土著保留地非法开采的钻石。

开采这些因外表、尺寸、纯度和颜色而价值不菲的钻石是违法的。但是那些主要来自欧洲和美国的买家会乘坐单翼飞机降落在隐秘的丛林机场中，达成交易后，他们便将钻石运往全球的奢侈品市场。站在国际钻石贸易的另一个极端上的，是在安特卫普或其他黑市上以数千美元的价格出售这些石头的大型全球贸易商。许多钻石将在印度的苏拉特进行切割和抛光，那里的廉价劳动力是"全球超剥削链"中的下一个环节。举个例子来让大家对钻石在炫耀性消费和新的全球富豪统治时代的市场价值有所了解：一只由格拉夫[1]设计，并由佳士得公司进行拍卖的嵌有两颗蓝色钻石的"双石"戒指，于2017年12月以1 250万美元的价格被售出。

然而，对于巴西的盗贼统治来说，钻石的主要用途是洗钱。这些钱有的是个人财富，还有些是为巴西众多政党提供的资金。在这些政党中，意识形态总是次于贿赂。据参与了"洗车行动"（Lava Jato）[2]并对以国有企业"巴西国有石油公司"为中心的回扣网络进行了调查的法官们称，有一群政客通过购买珠宝的手段洗了至少1 300万雷亚尔（超过300万美元）的钱。在2016年奥运会闭幕式后，在奥运城市的经济崩溃之际，里约热内卢的前任州长，塞尔吉奥·卡

---

[1] 英国著名珠宝品牌。——译者注
[2] "洗车行动"（Lava Jato）是巴西于2014年启动的一项的反腐调查。——译者注

布拉尔（Sérgio Cabral），和他的妻子在里约热内卢高档"富人区"的跨国珠宝店"H.斯特恩"（H.Stern）中，购买了221件珠宝——钻石、红宝石、祖母绿以及帕莱巴出产的碧玺。所有的购物都没有收据，因为这些珠宝被用来洗白来自建筑公司的数百万美元的贿赂。这些公司包括"奥迪布里切特"（Odebrecht）（"洗车行动"丑闻的罪魁祸首）、"OAS"，以及如假包换的"安德拉德·古铁雷斯"（Andrade Gutierrez）——我曾看过它们的卡特彼勒挖掘机在挖热基蒂尼奥尼亚河的河床。所有这些公司和个人都获得了利润丰厚的为大型体育赛事建设基础设施的公共合同。在2007年至2011年间，安德拉德·古铁雷斯公司每月向卡布拉尔行贿35万至70万雷亚尔。卡布拉尔在瑞士的银行账户中存有价值超过300万美元的金条和钻石。

当我拜访迪亚曼蒂纳时，卡布拉尔已经身陷囹圄。根据司法部部长办公室的检察官的说法，米纳斯吉拉斯州的前州长兼总统候选人、参议员阿埃西奥·内维斯（Aécio Neves），已经收受了数百万美元的贿赂。米纳斯吉拉斯州现在面临的问题是，"加林皮罗"们挖出的宝石是否也被用来洗这部分钱了。作为对公共工程合同和其他优惠政策的回报，据称保守派的内维斯还收了奥迪布里切特、安德拉德·古铁雷斯等大型建筑公司的钱。此外，还有JBS公司，它是巴西肉类加工行业巨头、目前世界上最大的牛肉出口商。

巴西新血钻的故事以其纯粹的阴谋和戏剧性的情节超越了《天堂的另一端》中那不太可能发生的密谋与算计，以至于现实开始效仿艺术。据联邦检察官称，JBS公司向阿埃西奥·内维斯行贿的200万美元，显然是被黎巴嫩珠宝商加比·图菲克（Gaby Toufic）给洗白了，这个人曾被卷入一个价值超过10亿美元的钻石出口网络。内维斯否认了这一指控，他辩称从JBS公司收到的款项实际上是一笔贷款，用于支付他在"洗车行动"丑闻中的辩护费。但是，在一段混乱嘈杂的录音中，内维斯被听到安排肉类包装跨国公司运送一个装有 5 000 张真钞的公文包，这似乎是他有罪的证据。内维斯钻石故事中的一些情节可能会被质疑太过牵强，因为就算是巴西环球电视网的那部连续剧也不敢这么写。例如，一架直升机在米纳斯吉拉斯州的内维斯牧场降落加油，数小时后被联邦警察拦截，并被发现携带有 990 磅的可卡因。这个名为"赫利可卡"（helicoca）①的案件一直悬而未决。

内维斯的个人财产在三年内翻了一番，但主要的洗钱业务是为他的政党——现在公开的新自由主义"巴西社会民主党"（PSDB）——提供资金。该党因劳工党的腐败丑闻而对其展开猛烈的抨击。据说，内维斯曾使用其他的宝石、艺术品以及房地产洗过钱。但钻石是最棒的自助洗衣房。至少，这是我从与薇薇安·桑托斯（Vivienne Santos）的电子邮件交流中得到的信息。她是一位身处贝洛奥里藏特的钻石出口商，曾被米纳斯吉拉斯州检察官指控犯有欺诈罪。

在去圣保罗的路上，我开车到了薇薇安·桑托斯距离贝洛奥里藏特有一个小时车程的农场。她向我解释道："只有那些与阿埃西奥·内维斯关系好的人才能接触到'加林皮罗'。"说这话时，我们正吃着家庭自制的"菜豆饭"，里面盛满了三种不同动物的肉、黑豆还有甘蓝。在一头黑发的衬托下，她那张饱受五年的法律指控的脸也显得柔和了起来。桑托斯解释说，她确信内维斯是一个庞大的钻石销售网络的头目，而这个网络的目的是清洗贩毒资金。尽管司法当局刚刚宣布将对内维斯的银行账户进行检查，但桑托斯对此表示怀疑："他们什么也找不到，因为阿埃西奥的所有东西都储存在钻石中。"

当然，她指责这位前总统候选人是有个人理由的。在两年前的

---

① "赫利可卡"英文为"helicoca"，即"直升机"与"可卡因"单词的组合。——译者注

一次打击非法钻石贩运的行动中,她失去了大部分财产(尽管不是农场和马匹),她指控说警方行动的幕后黑手就是这位参议员。"法律体系腐败透了。阿埃西奥收买了法官。"她说话时那义愤填膺的表情不禁让人想起《天堂的另一端》中的克拉拉。

在这座庄园牧场的另一边,白色和棕色的牡马在米纳斯吉拉斯州的绿色牧场上疾驰,草场上点缀着香气浓郁的紫丁香。这是一幅宁静的田园画面,但是留给我欣赏美景的时光十分短暂。"有一件事我必须得告诉你,"桑托斯说,"你在发布任何东西之前都务必要先得到我的许可,因为内维斯可能会杀了我们。而他不会介意有人被谋杀。"

这部从巴西环球电视网穿越到现实世界的巴西肥皂剧是不是又穿越回去了?有可能吧。但是我们是有理由紧张的。我在桑托斯的笔记本电脑上听到了警察获得的内维斯与 JBS 公司肉类包装主管的对话录音。在这段断断续续的录音中,内维斯似乎是在一阵笑声中鼓励对方说,要是自己的表兄没能按计划交钱的话,就把他杀掉。有些人认为,内维斯只是在强调这位"必须在尖叫前被杀掉"的表兄弗雷迪(Freddy)的可靠性罢了。但桑托斯不这么想。

比起那部反映现实生活的连续剧,这里发生的一切看起来更甚。毕竟,阿埃西奥·内维斯——前总统坦克雷多·内维斯(Tancredo Neves)的孙子——和他所谓受人尊敬的领导层同僚以及保守派巴西社会民主党,一起面临着由"洗车行动"检察官调查出的非法政治融资的起诉。在 2014 年的总统选举中,当内维斯在与迪尔玛的第二轮角逐中失败并因此落选之后,他和他的政党公开谴责新总统和卢拉是一个导致了"地方性腐败"的"犯罪组织"的头目。

巴西环球电视网参与了一场意在谴责"一个据说导致了巴西破产的、由劳工党运营的秘密犯罪集团"的全方位、多媒体运动。迪尔玛在 2016 年被国会弹劾了,巴西社会民主党和其他反对派参议员在国会中伪称他们的投票诚实、透明且自由,但就是没有具体说明罗塞夫到底犯了什么罪。几个月后,经过了一场被卢拉的国际律师杰弗里·罗伯逊(Geoffrey Robertson)比作16世纪的葡萄牙宗教法庭的有争议的审判之后,这位前总统因被动受贿和洗钱而被判处十二年监禁。但对卢拉的具体指控可能会让这家制作电视连续剧的工作室打哈欠。他被指控以改造海滩度假公寓的形式收受了贿赂,但没人能证明那套公寓是他的。腐败在巴西确实很普遍,而且已经持续了几十年。然而,虽然劳工党受到了很多场的审判,但除此之外的其他人很少被起诉,并且,似乎所有的司法调查都影响不到阿埃西奥·内维斯。

得益于巴西的议员特权制度,于2018年当选为国会议员的内维斯可以免受除最高法院之外的任何法庭的审判。许多人认为,巴西社会民主党是出于政治原因才幸免于"洗车行动"的法官们的审判。一张照片拍到,法官塞尔吉奥·莫罗(Sergio Moro)——一位巴西社会民主党的暗中支持者——在满脸笑意的内维斯耳边窃窃私语,这张照片加重了人们的一种猜疑——在其他人忙着保命逃跑时,巴西左翼势力已经打响了一场法律战。内维斯受贿案将被提交到最高法院,同时也有一些人要求在较低级别的法庭中对他进行审判。但是,随着新的博索纳罗政府对国家权力的接管,莫罗顺利地当上了司法部部长,钻石保守了他们的秘密,阿埃西奥·内维斯则继续逍遥法外。

PART2 第二部 征服

第六章　香蕉（洪都拉斯）
21世纪的"香蕉共和国"

艾里斯·蒙古亚（Iris Munguía）是圣彼得苏拉的奇基塔种植园的一位工会组织者，他带着一丝怀旧之情回忆起那一天的情景："大家都欣喜若狂，尤其是在农场上的本地人。"让洪都拉斯这个世界上最贫穷、最暴力的国家举国同庆的短暂欢愉时刻发生在2007年年底。当时，总统曼努埃尔·"梅尔"·塞拉亚（Manuel "Mel" Zelaya）宣布，将国家的最低工资提高60%。在洪都拉斯经营的种植园中，工人们为了赚取每月34 000伦皮拉（lempiras）[①]，约170美元的国家最低工资，要在86华氏度（约30摄氏度）的温度中和有毒农药的云雾笼罩下采摘12个小时的香蕉。将工人的工资提高到每月270美元是一项合理的补偿。由奇基塔——它更为拉丁美洲政变研究学者所熟知的名字是"联合果品公司"（United Fruit Company）——所经营的种植园也为这个消息感到雀跃。尽管那里的工人已经赢得了集体谈判权，而且得益于香蕉工人工会（COSIBAH）以及由像蒙古亚这样的工会组织者领导的多年斗争，他们的收入已经超过了法定最低水平。

---

① "伦皮拉"（lempiras）为洪都拉斯的货币单位。——译者注

但在代表本国和跨国雇主的洪都拉斯私营企业委员会（COHEP）位于特古西加尔巴的总部中，大家无精打采地盯着塞拉亚的通告，一个个愁眉不展。"要是公司离开这里迁去萨尔瓦多或尼加拉瓜，也不应该有人感到大惊小怪。"委员会主席阿米卡·布尔斯（Amílcar Bulnes）警告说。自从塞拉亚决定加入乌戈·查韦斯的玻利瓦尔地区联盟（ALBA）以支持委内瑞拉大胆挑战美国在中美洲这个"华盛顿后花园"的霸权以来，洪都拉斯寡头统治集团的董事会会议室里便一直酝酿着怒火。

特古西加尔巴的日报《前锋报》（El Heraldo）称，奇基塔和都乐（Dole）公司已经向洪都拉斯私营企业委员会表达了它们对提高最低工资的不满。"都乐"的前身是"标准果品"（Standard Fruit）公司。"我们在世界多个国家中都有业务。如果工资上涨，我们会去其他国家进行生产。这是一个成本问题，就这么简单。"都乐公司在洪都拉斯首都的发言人警告说。在世纪之交侵袭加勒比海岸的多场飓风，曾给大型水果集团带来过诸多的问题，其中最引人注目的是大飓风"米奇"（Hurricane Mitch），它在1998年摧毁了50%的香蕉作物。在意识到气候变化的危险后，奇基塔和都乐公司都通过调整商业模式将风险外包，它们放弃了自己的种植园，并直接从没有集体谈判权的小生产者那里进行采购。但是，当然，任何的倒退都不能完全抹去征服者们自20世纪初圣佩德罗苏拉臭名昭著的"香蕉飞地"年代以来所取得的成就。也就是在那时，洪都拉斯成为世人口中"香蕉共和国"（banana republic）的原型。自那以后，美国水果巨头们将对其种植园所在地区进行直接的政治控制，并依靠由美国陆军和海军支持的私人军队来执行它们的统治。

这一模式建立于1910年，当时亚拉巴马州水果大亨、联合果品公司的竞争对手塞缪尔·泽穆雷（Samuel Zemurray）与两名美国悍匪——圣诞·李（Lee Christmas）和"机关枪"盖伊·莫罗尼（Guy

"Machine Gun" Molony)——一同前往了特古西加尔巴,并将当时的洪都拉斯总统米盖尔·达维拉(Miguel Dávila)赶下了台,而他曾拒绝对香蕉生产做出让步。政府一枪未发就倒台了。"我可以用不到一头驴的价钱买下洪都拉斯国会。"泽穆雷自夸道。欧·亨利(O.Henry)在其讽刺掠夺故事的小说《白菜与国王》(Cabbages and Kings)中创造了"香蕉共和国"一词,这表明他对20世纪初加勒比地区的权力关系有着直观的理解:"渺小而滑稽的国民们玩弄着政府和阴谋,直到有一天,一艘无声的大炮艇滑向海面,并警告他们不要弄坏自己的玩具。"

洪都拉斯香蕉共和国刚一得到稳固,"联合果品"和"标准果品"公司的飞地经济便"接管了(现存)铁路并修建了其他铁路,用来专门运输自己种植园的产品,同时还垄断了电灯、邮件、电报和电话,以及同样重要的公共服务——政治"。加莱亚诺在《糖王和其他农业君主》(King Sugar and Other Agricultural Monarchs)一文中写道,这是他在《拉丁美洲被切开的血管》一书中对种植园制度的刻薄描述。他指出,联合果品公司从洪都拉斯出口的每束香蕉只需缴纳1%的税。水果集团的飞地被完全从洪都拉斯的手中移交出去,成为准独立的司法管辖区,而这几乎完全迎合了这两个美国水果巨头的利益。

"保卫香蕉飞地的是军警部队,没人能和'联合'与'标准'两家公司竞争。"在国际货币基金组织的年会期间,同时也是大宗商品价格暴跌捅破了拉丁美洲经济泡沫的那段时间,美国大学专门从事中美洲研究的人类学家贝丝·盖利亚(Beth Geglia)在华盛顿的一家酒吧中向我解释道。

飞地模式在整个地区蔓延开来,任何敢于谈论主权或劳工权利的政府都危在旦夕。1954年,在危地马拉,中央情报局组织了一场针对雅各布·阿尔本斯(Jacobo Árbenz)总统的政变。他唯一的罪行就是"以全额赔偿为条件征用未开垦的联合果品公司的土地",雷格·葛兰丁(Greg Grandin)在《帝国的作坊》(*Empire's Workshop*)一书中这样指出。加夫列尔·加西亚·马尔克斯的《百年孤独》的读者会记得,1928年在哥伦比亚马格达莱纳(Magdalena)有75名联合果品公司的工人被杀害的事件,尽管马尔克斯在他想象中的新兴城市"马孔多"(Macondo)中,增加了这个死亡人数。

鉴于这一历史背景,2009年6月28日凌晨,洪都拉斯军队的一支精英小队闯入塞拉亚位于特古西加尔巴的家,绑架了这位还穿着睡衣的总统,并将他空运到哥斯达黎加的这一事件也就不足为奇了。洪都拉斯私营企业委员会发布的新闻稿也没有违背地区历史。塞拉亚的倒台"证明了我们的民主秩序是依法运作的",私营企业委员会成员们纷纷同意道。

时任美国国务卿的希拉里·克林顿(Hillary Clinton)很快就接受了对于事件的这一原始解读。她在犹豫了一段时间后,报告称自己与奥巴马(和拜登)的白宫存在分歧,并对洪都拉斯的新总统罗伯托·米切莱蒂(Roberto Micheletti)表示欢迎。米切莱蒂曾是一家非常私有化的国有电信公司的董事长。对身在特古西加尔巴和华盛顿的洪都拉斯政权更迭的支持者们来说,塞拉亚失去了他总统任期的合法性,理由是他提议建立一个委内瑞拉式的立宪议会,并修改宪法以允许他进行连任。最终,瞄准塞拉亚胸口的八杆步枪恢复了宪法秩序。然而,艾里斯·蒙古亚和香蕉种植园的工人更喜欢用另一个词来描述这个事件——政变。

这场针对塞拉亚的政变成为历史,美国或欧洲媒体几乎没有对此事提出过争议或道德困惑,然而它们曾经给塞拉亚打上过和查韦斯一样的"独裁者"标签,尽管塞拉亚是在没有选举舞弊嫌疑的情况下于2006年当选总统的。但洪都拉斯很快出现了针对政变的激烈的公民抵抗,他们大多数人都明白,尽管塞拉亚与权贵地主有纽带

第六章 香蕉（洪都拉斯）

关系，但在经过一个世纪的傀儡政府俯首于地方寡头和美国国务院之后，他是人们最好的选择。

塞拉亚在 2008 年与乌戈·查韦斯达成协议，洪都拉斯每天将免费获得 20 000 桶委内瑞拉的原油，以及委内瑞拉公共银行提供的价值 3 000 万美元的开发信贷。这是历史上第一次，洪都拉斯——拉美贫困排行榜上仅次于海地的"第二名"，以及中美洲不平等程度最高的国家——除了瘦骨嶙峋的山姆大叔，又有了一个可以依靠与哭泣的肩膀。美洲玻利瓦尔选择银行前行长、委内瑞拉驻华盛顿大使贝尔纳多·阿尔瓦雷斯（Bernardo Álvarez）在美洲玻利瓦尔选择银行的鼎盛时期与我交谈时说："美国在该地区领导的项目归根结底是要让私营跨国公司进入。我们对主权有着不同的看法。"毋庸置疑，对于生活在贫困线以下（每日收入不到 3 美元 40 美分）的 60% 人口来说，比起该国与华盛顿的历史纽带、"联合果品公司"，以及"机关枪"盖伊·莫罗尼，洪都拉斯与委内瑞拉的新关系显然更加具有吸引力。

当我于政变发生后的 2009 年 9 月抵达洪都拉斯时，圣佩德罗苏拉市中心的大街上出现了大规模的抗议游行。参加抗议活动的奇基塔公司的工人大多数是女性，有的像菲德尔·卡斯特罗那样嘴里叼着一根雪茄。她们手举横幅，上面写着：**"打倒'大猩猩'！我们要梅尔！"** 其中的"大猩猩"指的是新成立的总统武装暴徒团伙[①]。但这次的抗议活动很快就被镇压了下去，秩序也重新恢复了。事后，很多人都辞职回了老家，因为数百人的死亡和失踪很难不让人想起恐怖的过往。

在特古西加尔巴的反政变抗议活动达到高峰期的几天后，街道已经被清理得干干净净，我住的洲际酒店门前接二连三地有装甲车

[①] 该团伙名为"gorilas"，与"大猩猩"的单词（gorilla）拼写相近，发音相同，故此处用"大猩猩"指代该团体。——译者注

开过。抵抗的中心点只剩最后一个了。自政变发生之日起,乡间的农民们就占领了科洛尼亚阿拉米达的国家农业研究所(INA)。几十人守在里面,他们唯一的武器就是"奇林查特"(chilinchate),这种装满弹珠的弹弓是洪都拉斯玛雅人几个世纪以来用于保护自己的武器。"这是我们用来捕鸟或者在森林自卫时的武器,是我们用橙子树或者番石榴树这种硬木材做的。"说话的是58岁的农夫桑托斯·文图拉·科林德(Santos Ventura Colindre),他腰间别着一把大砍刀。为了向我展示"奇林查特"的强大力量,他一边说一边拉伸着"奇林查特"的胶皮。农民们邀请我一起享用他们在大楼院子里准备的"桑可可"①汤。然而此时在外面的街道上,装甲车和手持机枪的士兵们正焦急地等待着,这些士兵中很多人都受过美国的训练。事实上,这座最后的抵抗堡垒只能再坚持不到两周的时间。

我写了一篇关于"奇林查特"的报道,并将在国家农业研究所中的拼死抵抗与在城镇彼端麦当劳店中的美国化中产阶级那火爆如常的生意进行了对比。但我很快就对琼·迪迪恩(Joan Didion)于20世纪80年代那些"肮脏的战争"期间在圣萨尔瓦多(San Salvador)的购物中心所表达的困惑感同身受了。"每一天,萨尔瓦多都会出现死者和死者的残骸,到处都是。"她在那本令人惶恐不安的黑暗编年史《萨尔瓦多》(Salvador)中这样写道,"这个购物中心包含了萨尔瓦多那可能会得救的未来,我尽职尽责地对其进行记录,我知道应该用什么样的表述来进行'渲染',运用归纳式的反讽和细节描写应该可以阐明故事……但当我动笔的时候,我意识到……这是一个无法用这些细节来阐明的故事;或许,这就是一个无法阐明的故事;

---

① 是南美洲和加勒比许多地区流行的一道菜。可以粗略地翻译为"炖菜",制作时可以依据个人喜好使用不同的肉和蔬菜进行搭配。——译者注

第六章 香蕉（洪都拉斯）

又或许，这根本不是一个'故事'，而是一个名副其实的'黑夜'[①]。"

塞拉亚下台后，加莱亚诺所说的"政治垄断"刚一重掌大权，新政府的经济部就绘制出了21世纪香蕉共和国新格局的第一张蓝图。它们出自美国某地的自由主义实验室，旨在使旧的飞地经济适应21世纪全球化资本主义的需求。政治犯的名单越拉越长，特古西加尔巴停尸房里的尸体也越堆越多，对贝尔塔·卡塞雷斯（Berta Cáceres）等环境活动人士的迫害也进入了一个新的致命阶段。就在这时，洪都拉斯的新总统波菲里奥·"佩佩"·洛沃（Porfirio "Pepe" Lobo）宣布了所谓的就业经济开发区的成立，简称"ZEDEs"。国家主权被移交给了外国私人实体，自联合果品公司的飞地经济开创以来最激进的实验开始了。

在美国经济学家和诺贝尔奖获得者、时任世界银行首席经济学家保罗·罗默（Paul Romer）的实验室中，建立一个主要由外国商人和技术官僚组成的、不受国家政府控制的新司法辖区的想法已经酝酿多年了。罗默从飞地经济中看到了明显的优势。他认为，洪都拉斯是一个饱受地方性暴力困扰、公共机构被有组织的犯罪渗透的失败国家，在这里开展他的"模范城市"实验再合适不过了。

暴力犯罪无疑已经深深植根在洪都拉斯和中美洲的其他地区。2018年，洪都拉斯的凶杀案数量达到了每10万居民中便有43起之多（相比之下，美国的数据为每10万居民中5起），而圣彼得苏拉现在则是世界上最暴力的城市之一，这里成了MS-13组织、帮派，以及几个贩毒团伙的猎场。罗默认为，这种程度的暴力意味着经济不可能会有发展。在国家内部建立自治领土可以让洪都拉斯重新来过。就业经济开发区可能会成为一个将犯罪和暴力排除在外的隔离

[①] 此处"黑夜"（noche oscura）一词引用了16世纪西班牙神秘主义诗歌《黑暗之夜》的标题。——译者注

带，一个美国在中美洲热带地区创造的供人们合法生存的小绿洲。

他建议选择在该国人口稀少的地区，将其现有的立法和监管体系删除。它们将成为治理良好的岛屿，没有腐败和暴力，并能为外国投资者提供有吸引力的环境。就业经济开发区将允许建立不受几个世纪以来一直统治洪都拉斯的10或12个寡头家族所支配的发展极①。"关键是要给人们选择权，让他们决定是否参与该项目。一开始这个地区应该没有太多居民。与此同时，尽管拥有强大的行政权力也很重要，但当局必须通过民主选举产生。"在华盛顿世界银行总部中进行的一场访谈中，罗默热情洋溢地向我说明道。而在这之后不久，他就因过分的微观管理遭到员工的反抗而被辞退了（例如，他曾抱怨说员工们在报告中过度使用了"和"这个字）。在谈话的过程中，我明确感受到了罗默是一个梦想家，他能创造最糟糕的噩梦。

波菲里奥·"佩佩"·洛沃的政府制订了一项计划，它们要在全国几十个地区中建立就业经济开发区单位。这一想法是为了给太平洋阿马帕拉港和科尔特斯港的现代化改造等项目吸引资金，这些港口距离加勒比海的圣彼得苏拉只有半个小时的路程，由一条快速高速公路连接。洛沃的盟友胡安·奥兰多·埃尔南德斯（Juan Orlando Hernández）说："我们的港口将会获取通过巴拿马运河5%的商品。"他是国会中的佼佼者，并且毫不隐藏想要成为总统的野心。

其他的就业经济开发区将放眼于采矿业、农业综合企业和旅游业项目。就业经济开发区的捍卫者们将该计划视为洪都拉斯大规模移民的替代解决方案。"一开始我想的：是啊！比起引进移民，为什么不让洪都拉斯人有机会留在自己的国家呢？我们可以在洪都拉斯里面划拨一块领土，在上面施行与美国相似的法规与条例。"几年

---

① 发展极（Development Poles）是指由于经济发展不平衡所形成的某些主导部门和企业聚集的地区。——译者注

后,当我们在特古西加尔巴会面时,洛沃的前规划部长胡里奥·劳代尔斯(Julio Raudales)解释道。劳代尔斯曾是罗默的学生,也是就业经济开发区项目启动的关键人物。但很快,他和这位来自世界银行的权威大师都意识到,从零开始建立世界绝非易事。

在罗纳德·里根的前演讲稿撰写人马克·克鲁格曼(Mark Klugmann)的建议下,洛沃实施了一项远不如罗默的提案透明的计划。就业经济开发区项目的管理委员会由21人组成,其中9人是来自美国的右翼自由主义者,只有4位是洪都拉斯人。美国成员包括克鲁格曼、前总统之子迈克尔·里根(Michael Reagan)、曾因资助了尼加拉瓜的反政府敢死队而受到调查的另一位里根主义者格罗弗·诺奎斯特(Grover Norquist),以及特朗普在国会的盟友纽特·金里奇(Newt Gingrich)。3位欧洲人中的一位是哈耶克派经济学家(Hayekian economist)芭芭拉·科尔姆(Barbara Kolm),她与极右翼的奥地利自由党有所关联。加利福尼亚州"海上家园"研究所(California Seasteading Institute)也通过其主管——米尔顿·弗里德曼(Milton Friedman)之子、皮诺切特货币主义的大管家——表达了对洪都拉斯项目的兴趣,而"在太平洋上建造漂浮岛,使企业可以在上面避税或不遵守环境和劳动标准"是该研究所的自由主义幻想之一。

这些人将是数十个新城市的缔造者与撼动者,其中不乏几个城市的人口已经相当稠密,而在这些土地上,洪都拉斯宪法及其对自由结社、自由表达和自由行动权利的标准保障将会失去效力。对于自由主义幻想家们来说,这些漂浮岛上的自由放任之城、没有文书工作与腐败问题的飞地的另一个吸引人之处在于,这里当然也不会有香蕉工人工会这样的工会或蒙古亚这样的工人领袖,自然,就业经济开发区中也不存在什么最低工资标准。

当洪都拉斯最高法院裁定该计划违反了该国宪法时,埃尔南德斯在国会安排了一次投票,依据结果,4名持不同政见的法官遭到了罢免。他很快就会接替洛沃成为总统,并借用届时已经变得听话的最高法院之手,使就业经济开发区计划凌驾于公民的反对意见之上。并且更为重要的是,他可以去监视一项能使他连任的宪法修正案。(尽管鲜有国际媒体注意到,但讽刺的是,奥巴马政府支持2009年政变的理由是,塞拉亚竞选连任的行为违反了洪都拉斯宪法。)

事情的走向很快就明晰了起来,在这个中美洲的小国里,"民主"已经变得支离破碎,意识到自己失手帮助创造了一个"科学怪人"的罗默开始与就业经济开发区项目划清界限。他告诉我说,"洪都拉斯在一个永远不会对民主化管理负责的实体的控制下建立了特区"。他总结道,"宪章城市"的乌托邦已经变成了"某种类似贵族俱乐部的东西"。

在加勒比海沿岸的特鲁希略(Trujillo),很多人担心就业经济开发区会成为将数千名没有产权的渔民和小农场主驱逐出加里富纳非洲裔洪都拉斯社区的托词。"实际上,驱逐已经发生了。"农民活动家费利克斯·奥马尔·瓦伦丁(Félix Omar Valentín)在2017年告诉我说。

生物燃料巨头米格尔·法库塞(Miguel Facussé)(现已去世)抓住了机会,在加里富纳地区种植了产棕榈油的油棕树。这是21世纪最流行的种植作物,其回报远高于香蕉,但它同时也摧毁了洪都拉斯加勒比海沿岸更多的雨林。在整个洪都拉斯,环保人士和农民领袖们处处遭到迫害,而其他人,例如胆敢反对水利工程的贝尔塔·卡塞雷斯(Berta Cáceres)则遭到了谋杀。

气候变化已经使洪都拉斯的农村出现了生存危机,而驱逐行为则使情况雪上加霜。春雨已经有五年没有准时到来了。对于对洪都拉斯、危地马拉和萨尔瓦多约200万农工的生存至关重要的播种季节而言,这无疑是一场浩劫。气温的上升也对咖啡种植者产生了影响。此前，他们已经在一个对生产国不利的国际市场中受到了价格下跌所带来的挤压。随着气温的上升和降水量的减少，咖啡作物被食叶寄生虫啃食殆尽。在咖啡和香蕉收获的季节迁徙到大型种植园当日结工的贫苦农民们，落魄到了一贫如洗的地步。数千人离开了这片土地前往城市，还有许多人向北穿越墨西哥，前往美国边境和特朗普日益军事化的隔离墙附近。托德·米勒（Todd Miller）在他的《冲破围墙》（*Storming the Wall*）一书中写道，这是"人类纪的边界：手无寸铁、收成不佳的年轻农民，遭遇到了正在扩张并且高度私有化的边境监控、枪支和监狱制度"。这是视气候变化为洪都拉斯和中美洲其他地区大规模移民的主要驱动力的最早期分析之一。

米勒的理论在我与穿越危地马拉到墨西哥的洪都拉斯移民的采访中得到了证实。造成洪都拉斯人大规模流亡的直接原因是来自令人胆寒的 MS-13 帮派的暴力威胁，该帮派在特古西加尔巴和圣彼得苏拉经营着一个恐怖政权。在那里，即使是每周只挣 50 美元最低工资的人也要向它们缴纳保护费。但我在深入探究之后，真相浮出了水面：迫使他们中的许多人从暴力较少的农村地区迁移到城市的气候危机，才是不容忽视的潜在因素。"我们这里的许多人都是农民，但我们再也没有办法靠着土地谋生了。"在 2018 年秋天加入了从圣彼得苏拉出发的移民大篷车的豪尔赫·拉米雷斯（Jorge Ramírez）说道，他是 5 000 名移民里众多洪都拉斯人中的一员。说这番话时，他正身处墨西哥城一个设在足球场上的临时避难所中，移民们在那里休息了 48 个小时，然后继续向北前往蒂华纳。

洪都拉斯的难民们逃离了城市中的 MS-13 帮派，逃离了农村混乱的气候，但更多人正在逃离的是埃尔南德斯那日益独裁的政权。在 2017 年 3 月的选举中，这位总统击败了塞拉亚推荐的候选人萨尔瓦多·纳斯拉拉（Salvador Nasralla）并取得了最终胜利，而这个结果无疑是有舞弊迹象的。当计算机系统在计票过程中突然崩溃时，纳斯拉拉是领先的,但当技术人员终于修复好了系统之后,埃尔南德斯竟成了赢家。美国政府和路易斯·阿尔马格罗(Luis Almagro)领导的美洲国家组织(Organization of American State)都认为,对于其欺诈的指控并没有严重到让人质疑埃尔南德斯胜利的地步。对大多数洪都拉斯人来说,这是另一场美国支持的政变,而这一次是拜特朗普政府所赐。

人们再次走上街头,防暴警察也再次使用殴打和催泪瓦斯迫使他们屈服。枪声也不时响起。随着埃尔南德斯政府将公共服务私有化,社会危机变得更加恶化了,实际工资开始暴跌,帮派暴力也有所加剧。被剥夺了民主权利的洪都拉斯人只好用双脚投票,成千上万的人前往了北方。与其说他们是去找寻美国梦,还不如说是为了逃离洪都拉斯的噩梦。

"在选举还有选举舞弊之后,有很多人死掉了。"何塞·雷耶斯(José Reyes)说,此刻他正和一群朋友与家人在临时搭建的蒂华纳难民营里的一个小帐篷下躲避着沙漠中毒辣的太阳。"人被当成牲畜来对待。在洪都拉斯举行和平抗议是不可能的,因为总统会命令警察开火。他们不带警棍,而是荷枪实弹。我们拥有的是一个受到美国支持的独裁国家。"

雷耶斯在圣彼得苏拉经营着一家玉米薄饼店,就在三个月前,他 62 岁的父亲被 MS-13 帮派杀害了。"他们也会杀了我和我的兄弟的。我们不得不离开这个国家。"说话间,一名墨西哥志愿者演唱了一曲罗西奥·杜卡尔(Rocío Dúrcal)的《永恒的爱》(Amor eterno)。当唱到"和你的坟墓一样孤独"这句时,围栏内的洪都拉斯人们像墨西哥流浪乐队般沸腾尖叫了起来。一个月来,他们基本依靠步行的方式穿越了拉丁美洲环境最恶劣的地带。在这片区域中,有近 30 000 万名中美洲人消失在了前往美国边境的路上,从挖掘无主坟墓组织的出现,可以窥见这场悲剧的规模之大。雷耶斯从头讲起了发生在他身上的故事："他们把塞拉亚赶下了台，就因为他是乌戈·查韦斯的朋友。就因为查韦斯帮了我们，他给了我们用来种植和收割的拖拉机，还有燃料。但后来他们组织了政变，把这些拖拉机卖掉了。"

埃尔南德斯治下的洪都拉斯与美国有着前所未有的密切关系。美国的边境安全已经被外包给这个中美洲移民的原籍国来负责了。洪都拉斯武装警察把美国边防警察的星翼徽章装在了自己的制服上，并专注于在移民们开始其美国冒险之旅前将他们抓捕起来。

与此同时，五角大楼与洪都拉斯精英部队之间的合作也达到了空前的高度。在打击毒贩的战争中，美国派出了专家为其进行培训。2017年3月，时任特朗普政府国土安全部部长、南方司令部（美国在拉丁美洲的军事行动中心）的前任指挥官约翰·凯利将军（General John Kelly）宣布："我为洪都拉斯感到骄傲，比任何其他国家都要骄傲。"那年夏天，在迈阿密南方司令部总部举办的一次峰会上，埃尔南德斯和凯利同意向该国提供更多的美国军事支持。洪都拉斯凭借其拥有的宪兵部队和保护着就业经济开发区的21世纪版本欧·亨利"无声的大炮艇"成为一个新的飞地经济体。

罗默在一件事上是正确的。就业经济开发区被一则"贵族"广告所控制了。虽然香蕉跨国公司现在已将其大部分生产转移到了其他国家，但控制着埃尔南德斯政府的地方寡头还是统治着欧·亨利以及"洪都拉斯香蕉共和国"时代的那一批人。开发区原本是被设计成了一些善政的岛屿，但罗默和劳代尔斯现如今才深刻地意识到情况远非如此。为新就业经济开发区安排的活动恰好就是由老寡头们所经营的那几种：农业综合企业、采矿业或新的奢侈品旅游业。

劳代尔斯说："就业经济开发区现在被当地的投资者们视为一种能够简单获取资金的渠道。而这些投资者正是俘获了政府的那些公司。"然而，这个21世纪的飞地经济体似乎打定了主意要进行增值。盖利亚解释说:"洪都拉斯是试点案例,是所有实验中最激进的一个。该模型预计将会跨越多个投资领域,在拉丁美洲形成一场新的竞争。"此时,她已经完成了她关于洪都拉斯重现飞地经济的博士论文。

　　罗默的梦想变成了一个反乌托邦。和拉丁美洲经常有的情况一样,这是一场芝加哥或华盛顿那些最聪明的经济学家的绝佳构想,与有组织犯罪总部里那些更加聪明,同时也更加鲁莽的头脑之间的碰撞。据盖利亚所说,现在很多人都在担心,在所有原材料中最有利可图的可卡因可能会成为这片分离领土上的理想生意。有迹象表明,就业经济开发区远没有成为让人们远离犯罪和暴力的庇护所,而是正在沦为贩毒团伙的"解放区"。为了坐实这一猜想,2020年春天,埃尔南德斯本人遭到了纽约律师的指控,理由是其拥有一个贩毒犯罪网络。

第七章　马铃薯（秘鲁，普诺）
从"丘纽"① 到薯片

对于前往失落的印加古城马丘比丘（Machu Picchu）的当代游客来说，此地鲜有什么不愉快的意外。游客们乘坐着由奢华度假供应商贝尔蒙德公司（Belmond）运营的复古主题火车，从库斯科蜂拥而至。列车行驶途中还会上演一场由服务员和票务们带来的时装秀，他们身穿总部位于利马的米歇尔集团（Michel Group）的最新款小羊驼套装，不情愿地穿梭于车厢之间。游客们的视野好到令人叹为观止（甚至车顶也是玻璃制成的），他们可以从一个"以秘鲁美学为灵感的庇护所"中欣赏"干旱景观"，经由跨国公司的秘鲁子公司贝尔蒙德·海拉姆·宾厄姆（Belmond Hiram Bingham）改编的当地宣传手册上大概是这样说的。而子公司则是以于1911年重新发现印加遗址的美国考古学家宾厄姆（Bingham）的名字命名的。穿着传统服装站在真实环境中叫卖的艾马拉（Aymara）② 街头小贩们凑成了一幅生动的画面，乘客们既可以在安全距离内欣赏这番景象，又不用因不买

---

① 丘纽是一种秘鲁传统食物，直译为"有皱纹的马铃薯"，是一种用马铃薯制成的冻干食品，可以保持数十年不腐坏。——译者注
② 艾马拉人（Aymara）为南美洲印第安人的一支。主要分布在玻利维亚西部及秘鲁南部，少数分布在智利北部。属蒙古人种印第安类型。使用艾马拉语。——译者注

他们的玉米巧克力（corn choclos）或肉馅卷饼而产生任何道德压力。

在一次列车靠站期间，我隔着贝尔蒙德干净的车窗玻璃与一个艾马拉人对视了一眼。她的脸颊绯红，头戴一顶小小的扁顶羊驼帽。帽子太小了，只遮住了她的头顶，从帽子下方垂出了一条油腻的麻花辫。她向我打着手势，仿佛是在说"从我这里买""买我的"。有那么一会儿，我恍惚回忆起了在遥远的过去坐在缓慢而肮脏的国有铁路货车车厢中的旅行经历。我产生了一种冲动，我想马上下火车，点一份鸡肉清汤①——一种漂浮着用一颗小小的灰色脱水马铃薯制成的"丘纽"的鸡汤。或者至少让这个艾马拉人像以前那样进到列车中，卖给我一个肉馅马铃薯丸子吧，那极具代表性的炸马铃薯球②即使是被捧在脏兮兮的手上也看着令人垂涎欲滴。

但在新的旅游体验到来之前，安第斯旅游业那不卫生的过去，使人们对极端贫困产生了敬而远之的看法。奥运会时期，有缆车从里约热内卢的阿莱芒贫民窟的上方悄然经过，车厢中的人们可以俯瞰在贫民窟屋顶上玩足球的黑人孩子，而此刻的场景与那些在缆车上看到的何其相似。"为了乘客的安全，任何人都不得在沿途各站上车。"火车上的女乘务员一边解释着，一边给我端上了一份带有香蒜酱的奶酪三明治。"但我可以向您保证，火车上提供的所有产品都是由土著人手工制作而成的。"贝尔蒙德公司的英文小册子上保证说，游客可以在密闭的玻璃列车中享受"一场独特的南美洲美食体验"。当火车在蜿蜒的群山间穿梭之际，放纵将成为这一天中唯一的秩序。这里有美味的本地葡萄酒与完美的秘鲁美食，乘客可以在长

---

① 鸡肉清汤（caldo de gallina）是一道南美洲菜式，与前文提到过的浓郁的"桑可可"汤相反，通常十分清淡。——译者注
② 马铃薯球（papa rellena），字面意思是"填充马铃薯"，为南美洲的传统菜品。通常是将马铃薯蒸熟后碾压成泥，团成球状后加入鸡蛋、肉馅以及各种佐料，再油炸制成。——译者注

第七章 马铃薯(秘鲁,普诺)

长的早午餐和奢靡的晚餐之间任意选择,这就是贝尔蒙德公司所提供的"马丘比丘式点单体验"。贝尔蒙德现在是全球奢侈品品牌"酩悦·轩尼诗-路易·威登"集团的子公司。该公司旨在为地球上最尊贵的旅行者提供美食体验,而里约热内卢的六星级科帕卡巴纳皇宫酒店(Copacabana Palace hotel)也包含在其经营范围之内。连爱德华多·加莱亚诺都无法想象到,从拉丁美洲的血管中竟然能开采出这种东西来。

据一项全球民意在线调查结果显示,印加遗址已经超越了泰姬陵和里约热内卢的救世基督像,成为世界级的旅游胜地,而对遗址的参观通常是由导游带领的。尽管队伍很长,但是用来自拍的时间还是足够的。太阳神庙、一直延伸到山顶的陡峭的山坡,还有远处郁郁葱葱的森林,都是不错的自拍背景板。这些照片在社交平台上十分热门。当我瞻仰这片遗址时,我想哪怕只有片刻也好,排在我前面的年轻游客是否能先放下他们的智能手机摄像头,停下来反思一下这个前哥伦布时期文明崩溃的原因。也许是人口过剩、缺水、气候变化……但导游会在任何意想不到的时刻将人们的反思打断。"好了,伙计们,我们继续走吧!没时间思考了!"旅行团必须及时赶到位于山下混乱不堪、挤满了小旅馆的山谷中的阿瓜斯卡连特斯站,才能赶上返回库斯科的列车。而照例,车厢中会有列车员扮成美洲豹的样子跳印加舞蹈。值得一提的还有贝尔蒙德公司的"南美洲四道菜品盛宴":岩盐烘焙本地山谷鳟鱼、神圣山谷玉蜀黍、鱼子酱尾穗苋①、海鲜酿马铃薯饼②,以及一杯皮斯科酸鸡尾酒。

---

① 尾穗苋(kiwicha),又名老枪谷,苋科苋属的植物。生长于海拔250~1200米的地区,多为野生,叶子和种子可食用。——译者注
② 这里的马铃薯饼指"causa",一种南美洲的传统美食,将马铃薯和牛油果这两种主要配料一起层叠起来放入砂锅中,然后切成片,冷食。还可能会加上金枪鱼、肉或鸡蛋等配料。——译者注

在投资者面前，贝尔蒙德公司将自身描述为一个善于创造难忘的全球体验的行业专家。然而，随着那年10月高原上的温度创下纪录，马丘比丘的体验很快就成为一场梦魇。那天，游客们正聚集在一处印加人建造的观景台上仔细观察星星，他们在计算着一直迫在眉睫的世界末日的确切日期。突然，有人发现雨林中升起了一团浓密的灰色烟雾。一场大火蔓延至山腰，向印加圣城袭来，一阵灰烬散落在了这群惊慌失措的观光客身上，人们准备好了进行撤离。谢天谢地，这幅烟雾向秃鹰祭坛滚滚袭来的骇人画面只不过是一时的恐惧。但第二天，库斯科的环境管理和监管副主任埃德温·曼西拉（Edwin Mansilla）在接受《共和报》(La Republica）采访时警告说，"由于干旱、气温升高和大量草木丛干枯"，预计当年起火的土地的公顷数将大幅度增加。在接下来的几周里，包括马丘比丘在内，仅库斯科就发生了20起火灾。曼西拉说，造成这种情况的根本原因是"气候变化和厄尔尼诺现象"。

尽管随着阿尔蒂普拉诺高原温度的上升，厄瓜多尔和玻利维亚等其他安第斯地区也面临着类似的危险，但是秘鲁还是被总部位于英国的气象研究所廷德尔中心（The Tyndall Centre）列为第三大易受气候变化影响的国家。从历史上看，秘鲁科迪勒拉布兰卡山脉中18座热带冰川融化的冰雪，连同厄瓜多尔的科塔卡奇冰川和玻利维亚的查卡塔雅冰川一起，为安第斯地区的200万居民提供了可靠的供水。但现在不是了。科塔卡奇冰川和查卡塔雅冰川已经消失了，而现存的秘鲁冰川也正在以惊人的融化速度迅速萎缩。自1975年以来，这些冰川已经失去了30%的冰量。科学家们估计，到2035年，16 000英尺以下的冰川都将融化。原因显而易见。来自普诺的两个位于的的喀喀湖（Lake Titicaca）沿岸的气象站的数据显示，在我到访此地之前的五年里，该地区的气温上升了0.6℃，预计到2030年，还将进一步上升1.3~1.8℃。这将给高原上的居民带来毁灭性的生存

第七章 马铃薯（秘鲁，普诺）

打击。"目前，安第斯社区取水的湖泊中充满了冰川融水，"来自利马的权利、环境和自然资源非政府组织的苏亚娜·华马尼（Suyana Huamaní）说，"而二十年后，这些湖泊将会干涸。"

在海拉姆·宾厄姆公司的列车载着玻璃舱中的乘客欣赏"干旱景观"的同时，高原上的农业社区正面临着气候变化的新常态。水资源紧缺迫使他们走下了安第斯高原，而对于数千年来世代生活在安第斯山脉中的小农场主们来说，这是一个十分痛苦的决定。他们自古以来就将马铃薯作为主食，而这种植物更容易在植株患病概率较小的寒冷高原地带种植。但眼下，在19世纪中叶杀死了100万爱尔兰农民的可怕的致病疫霉"马铃薯晚疫病"，首次出现在了安第斯山脉的下游地区。数千年来，该地区开发的数千种马铃薯以及漂浮在我曾渴望的那碗鸡汤中的脱水"丘纽"，都保证了这里的粮食安全。而如今，这种安全受到了来自气温上升的威胁。"必须在第一次霜冻之后立刻将'丘纽'采集起来。这样一来，其他食物短缺的几个月甚至几年内的食物供给也就有了保障。"普诺农村教育协会的协调员泽恩·乔奎万卡（Zenón Choquehuanca）说，"要是没有霜冻，也就没有'丘纽'。"

***

我有时会把自己困在热带酒店的房间中，排风口的风扇嗡嗡作响，蟑螂在小吧台下面乱爬。此情此景让我不禁对英式文学中的拉丁美洲，尤其是墨西哥的悲剧英雄们的自我放纵产生了共鸣。但与马尔科姆·洛瑞（Malcolm Lowry）笔下的领事[①]或格雷厄姆·格林（Graham Greene）笔下的威士忌牧师[②]不同，我的弱点既不是梅斯卡

[①] "领事"指马尔科姆·洛瑞《在火山下》一书中的人物杰弗瑞，其在书中的形象是一位政治失意、婚姻失败、借由酒精逃避现实的英国领事。——译者注
[②] "威士忌牧师"为英国著名作家厄姆·格林的代表作《权力与荣誉》一书中的人物，其形象矛盾复杂，该书主要是向神权的不可侵犯性发出挑战。——译者注

尔酒①也不是干邑白兰地，而是芝士洋葱或辣椒薯片，又或是藏在那个小吧台里的原盐品客薯片。许多人都对薯片上瘾，我也不例外。英国人每年总体能消费约 60 亿包薯片，平均每位居民能吃 100 多包。英国和美国都是"全民吃薯片联盟"中的领军人物，但世界的其他地区，尤其是拉丁美洲，也紧随其后，奋起直追。

和养成其他的习惯一样，这一切都始于我的婴儿时期，而在 10 岁或 11 岁左右的时候，我彻底上瘾了。盐和醋是我的海洛因，烤鸡是我的可卡因。到 20 岁时，我已经处于一种临界状态。那段时间，我通过舔舐薯片上的调味粉来获取快感，而剩下的薯片则留到日后再说。当我在 25 岁搬到西班牙时，我才终于得救了，至少我是这么想的。在马德里雷蒂罗公园的户外咖啡馆里，我了解到了用西班牙传统油炸锅炸出来的薯片配上用橄榄油、欧芹和碎蒜烹制的白凤尾鱼，外加一杯味美思佐餐酒，实际上这也是一份极美味的开胃酒，而随后的主菜则一般是马德里肉汤或炉烤海鲷鱼。这是一种不会让人产生舔舐冲动的享用过程。但后来，雷蒂罗公园被重新改造了，店里原来的本地产拉扎马罗纳薯片不见了，取而代之的是全球巨头百事可乐的子公司——跨国品牌菲多利的薯片。在其生产的一款富含果糖与玉米糖浆的汽水泡沫化后，该公司正在试图征服全球的薯片市场。

菲多利公司进军雷蒂罗公园是一个具有象征意义的事件。这家美国的跨国公司并没有兴趣保留马德里的传统开胃酒，它们甚至不打算从中获利。实际上，有一种"神经质成瘾习惯"改变了英国和美国的食品消费格局，而西班牙对这一"习惯"适应得太过缓慢了。因此，该公司此项计划的目的就是加快适应过程，这一"习惯"就是吃零食。普利策奖得主、《纽约时报》（*The New York Times*）食品

---

① 梅斯卡尔酒（Mezcal），龙舌兰酒的一种，主要产于墨西哥南部。——译者注

第七章 马铃薯（秘鲁，普诺）

专栏作家迈克尔·莫斯（Michael Moss）解释说："零食就意味着可以随时随地吃。没有思考，没有享受，只是机械性地咀嚼。"他的畅销书《盐糖脂肪：食品巨头是如何吸引我们的》（*Salt Sugar Fat:How the food Giants Hooked Us*）刚刚用西班牙语出版发行。如今，肥胖症正像病毒般在全球传播开来，而这本书则狠狠地谴责并揭露了垃圾食品跨国公司在这场肥胖症大流行中所扮演的角色。"在美国，零食已经取代了正餐，而大型食品跨国公司现在正在将这种模式出口到世界各地。西班牙的读者们，这是一个警告。"

对于像百事公司这种在其股东的推动下，销售额和利润不断扩大的大公司来说，零食的关键就是让人上瘾。菲多利公司有这样一则朗朗上口的广告语："打赌你不止吃一片。"（Betcha can't eat just one.）这家公司的目的就是让全世界的人尽快上钩。成瘾是销售额持续增长的保证，华尔街对此也非常感兴趣。莫斯说："股市需要那些能吸引消费者的产品，而这些产品恰好富含脂肪、盐和糖。"自从市场份额被可口可乐抢走、股价停滞不前之后，百事可乐便越发依赖在世界各国推出菲多利薯片。

一片小小的薯片是如何满足华尔街对"超成瘾性"需求的呢？答案就在位于达拉斯的菲多利实验室中。那里有大约100名化学工程师、心理学家和营销专家，他们每年有约3 000万美元的预算用于进行盐和脂肪的各种混合实验。他们想找出一种最能让人愉悦的配方，然后将其与马铃薯淀粉中的天然糖进行混合。实验室内，每一种感觉都被用科学术语打上了标签。含盐薯片刺激唾液腺，使人垂涎欲滴的瞬间被称为"唾液爆发"，脂肪在舌尖上融化的美妙感受是"口腔效应"。马铃薯淀粉的味道虽然并不甘甜，但是其中的高葡萄糖会招致第二轮饥饿来袭，这就完美保障了"打赌你不止吃一片"。在神经实验中，高葡萄糖可以像一剂可卡因一般让人的脑造影图像变得明亮。

黄金、石油和牛油果：16件商品中的拉丁美洲发展历程

在达拉斯的实验室里，令人上瘾的口味将像巴勃罗·埃斯科瓦尔的商业计划一般，越扩越大，越来越多。有墨西哥烤肉味、莳萝泡菜味、切达芝士和奶油味、墨西哥辣椒味。当时为了表达对唐纳德·特朗普领导的新美国的热爱之情，菲多利公司还推出了"美国十大口味"系列，其中包括香辣蟹味（华盛顿和切萨皮克湾）、芝士辣椒味（南加利福尼亚州）和泡菜味（中西部地区）。在英国，最新的口味有烧烤排骨味、牛排洋葱味，以及烤火鸡味。而拉美人的味蕾则更加单纯，他们喜欢炸鸡味、烧烤味、辣椒味，以及青柠味。巴西人则对火鸡胸味情有独钟，至少这还是本国特产。与此同时，为了能更快地被舌头吸收，做薯片时用的盐粒也被改造得更细了。在"上瘾"得到了优化的同时，人们贪得无厌的渴望也被激发出来，这是对百事碳酸饮料系列的完美商业补充。在与投资者的视频会议上，百事公司强调说，这是一种"世界级的协同效应"。

事实上，全球的薯片只不过是一个平台，一个将达拉斯口味注入"被切开的血管"的市场中的工具罢了。在首次秘鲁高原之行后的不长时间，我便从达拉斯出发，拜访了位于边境另一侧、地处墨西哥新莱昂州马德雷山脉间的一个大农场。菲多利公司在墨西哥使用的马铃薯就是由这里提供的。百事公司对马铃薯的外形进行了细致入微的精准控制，它们要以此向墨西哥人的舌头发起进攻。

农场主帕科·查帕·贡戈拉（Paco Chapa Góngora）开车带我参观了最近刚播种下百事公司专利种子的索莱达庄园（Hacienda La Soledad）。他说，"当选菲多利的供应商是一种特别的优待"。跨国公司可以长期确保需求的平稳与价格的稳定。贡戈拉说："与百事公司的合作可以带给我们稳定，但同时，我们也必须使用同一种马铃薯才行，绝不可以有任何例外。监督人会管控我们的一举一动。"说话时，我们正和大农场的工人们一起吃着饭，他们没有穿越军事化边境后向北走三个小时，到得克萨斯州的农场上去工作，而是选择留

第七章 马铃薯（秘鲁，普诺）

在了新莱昂州。

与玉米或大豆等商品谷物不同，由于受到卫生控制，美国生产的马铃薯不能出口到墨西哥，墨西哥的马铃薯也不能出口到美国。但百事公司对新莱昂州农场的严格监管使这种不分国界、整齐划一的小薄片成为进军墨西哥市场的关键，它们被染上浓烈的炸鸡味，然后送去征服墨西哥人的舌头。口感就更不用说了。贡戈拉被要求培育的这种马铃薯一经油炸，便能轻松满足百事公司的全球企业目标，成为所有薯片中最爽脆的一款。莫斯曾告诉过我："研究表明，人们在吃薯片时，'咔嚓'声越大，吃得就越多。"

事实上，在西班牙生活的这些年里，我注意到近年来"爽脆"这个词频繁地出现在餐馆的菜单上，而在我1984年年初到巴塞罗那时，这个词还很少被用到。拉丁美洲也是一样，菜单上写满了"上瘾"的代名词——"松脆"。

薯片因其"造成大众上瘾的特性，不断扩大的利润，和飙升的股价"而被莫斯视为"大食品"（Big Food）的投标中"最具标志性的产品"。在这项战略走向全球之际，美国的肥胖症患者激增到了全国人口的40%左右。在腐蚀了美国的公共卫生之后，薯片以零食的形式作为军事前哨、耶稣会传教团，或福音大教堂，开始了对这个星球的征服之旅。在拉丁美洲，年轻一代成为垃圾食品的主要目标人群。生活在这片土地上活力四射的卡斯蒂利亚人，曾创造出了甚至在美国也很有用的"西班牙语指小词"（Spanish diminutives）[①]。而现在，这里却成为那些咸咸脆脆的零食的新前沿市场，这些零食有可能叫"多力多滋"（Doritos）、"菲力多滋"（Fritos），或者"托斯蒂多滋"（Tostitos），但它们都来自同一家公司——菲多利。

[①] 西班牙语指小词（Spanish diminutives）是西班牙语中一种修饰词语含义的特定词缀，加在单词后以表示事物体态小或不重要的特征，也可表达亲昵及喜爱的感情色彩。——译者注

这些零食在肥胖症、糖尿病和心脏病盛行的大陆上横行，而有了这些疾病作为潜在基础，新冠病毒疫情大流行将很快杀死大批的拉丁美洲人。世界上肥胖率最高的墨西哥和中美洲国家也是这些跨境入侵的脆零食的最大受害者。为了对抗垃圾食品带来的影响，墨西哥总统安德烈斯·曼努埃尔·洛佩斯·奥布拉多（Andrés Manuel López Obrador）很快将宣布一项国家紧急计划。北美洲大陆南部的情况更加糟糕。"我们只有糖尿病患者穿的袜子，但它们肯定会合适你的。"当我弄丢了行李箱并不得不在危地马拉首都购买必需品时，危地马拉城一家服装店的店员这样对我说道。

墨西哥、巴西、智利和秘鲁等地的 11 岁孩子们，很快就会像我一样对菲多利推出的各种口味上瘾。现在，不需要西班牙喇叭枪①、美国海军陆战队、麻疹，或酒精去上阵说服当地人让他们的生活变得现代化了。只需要先花个数百万美元的广告费让年轻人看看炸马铃薯球和菜豆饭有多无聊，然后他们的芳心便会瞬间被一包烤肉味的"如福司"（Ruffles）或"奇多"（Cheetos）所俘获。

菲多利公司是企业社会责任营销方面的专家。其出生于印度的首席执行官英德拉·努伊（Indra Nooyi）是在公司进行全球扩张之初受聘的，当时她的任务是先发制人地应对即将到来的、且不可避免的一系列指控。而后来，这位首席执行官俨然成为一位"漂绿专家"与"社会意识美化大师"。她的继任者加泰罗尼亚人拉蒙·拉古尔塔（Ramon Laguarta），维持住了百事公司举步维艰的协同效应。在使全球深陷于对糖、盐和脂肪依赖的同时，这家跨国公司也在以极其郑重与坚定的态度认真地致力于与肥胖、糖尿病、癌症、高血压和心脏病的斗争。为了支持拉丁美洲的公共卫生事业，百事公司赞助了数百个项目。它甚至宣布与美洲开发银行合作开展了一项名

---

① 是一种最早出现在 17 世纪的老式大口径散弹枪。——译者注

为"勺子计划"（Proyecto Cuchara）的运动，以抗击危地马拉、墨西哥、哥伦比亚和秘鲁的儿童肥胖症。

努伊在与美洲开发银行总裁、哥伦比亚人路易斯·阿尔贝托·莫雷诺（Luis Alberto Moreno）会面后表示："在百事公司，我们相信自己在建立旨在改善社区健康和营养的公私合作伙伴关系方面可以发挥关键作用。"

但是，根据哈佛大学于2011年发表的一项在二十年内有20 000名志愿者参与的调查研究结果显示，薯片比任何其他种类的垃圾食品都更容易增加体重。每天吃15片薯片会使体重增加1.6磅，增重效果远远超过甜食。"薯片是最让人发胖的产品。"在我们的采访中，迈克尔·莫斯确认了这一点。或许零食和薯片消费量的急剧增长可以解释，为什么2017年在拉丁美洲——一个仍有4 200万人挨饿的地区——会有56%的人口超重，23%的人口肥胖。

与此同时，一小袋菲多利薯片中180毫克的钠含量已经超过了食品专家建议的最高含量，并成为这个饱受心脏病折磨的地区的第二大健康威胁。这一边，墨西哥和巴西等国的政府刚刚通过了禁止在餐厅餐桌上使用盐瓶的法规；那一边，薯片就被赫然摆在了家乐福和沃尔玛等大型超市最显眼的货架上，疲惫的孩子们一眼就能看到这些成堆的薯片，然后就开始拉扯妈妈的裙角。拉丁美洲的每日食盐摄入量现在是推荐水平的两倍。

受到威胁的不仅是智人的健康，还有整个星球。作为全球"大食品"的核心业务，薯片也是使安第斯山脉冰川融化的碳排放的主要成因之一。由英国薯片制造商沃克（Walker）（即将被菲多利公司收购）赞助的研究，得出了一个令人尴尬的结论：一袋重33.5克的英国薯片能产生不少于75克的二氧化碳。

像一包薯片这样不必要且具有破坏性的产品，可能会产生两倍于其自身大小的碳足迹，这种结果是由从马铃薯到薯片的供应链造成的。首先，种植马铃薯需要用到杀虫剂和肥料。其次，是用来制作薯片的化石燃料，以及在保存过程中使用的氮气。再次，将薯片分销到当地市场中的运输（通常是卡车）过程也会产生排放。最后，由此产生的数十亿个塑料袋和铝袋，也对海洋灾难性污染以及太平洋上比墨西哥还大的塑料岛的形成负有一定的责任。

作为这起犯罪的受害者和共犯，我决定更深一层挖掘出令我上瘾的根源，并且进一步探索那包在味蕾上绽开风味的薯片的遥远起源。我想要找到这个真正与人类存在有关的问题的答案：马铃薯——这种大自然和前哥伦布时期的神奇产物，对安第斯高原以及更远处的食品安全至关重要的作物——究竟是如何沦为一种富含饱和脂肪的油炸薄饼并在全球范围内疯狂销售的？

作为印加人的主食，马铃薯是支持文明崛起的四种基本营养来源之一，它也是20世纪的"大食品"中最被肆意滥用的一个。当然，其他的基础作物也都没能幸免于被羞辱。小麦——古埃及人必不可少的营养物——在"家乐氏的碎麦"（Kellogg's Shredded Wheat）和"维他麦"（Weetabix）的打击下成了为早餐麦片提供糖分的无聊消费平台，并且永远无法脱身。玉米——中美洲原始居民的万物保护神和主要营养来源——化身为菲多利公司贩卖的那些爽脆"多力多滋""菲力多滋"，已经堕落到了连最具末日意识的玛雅萨满都无法想象的地步。大米——伟大的中华文明诞生的必要条件——在桂格公司（Quaker）发明了爆米花零食之际，便失去了其所有的伟大形象。但是，其中能将千年文化转化为集体上瘾、慢性疾病、惊人的跨国利润最可怕转变的，就是将马铃薯变成薯片。

我决定拜访位于秘鲁南部高原的普诺，并与跟该地区的马铃薯种植者有着密切合作的艾马拉社区领袖埃迪莱莎·奥尔维亚（Edilesa Olvea）会面。因为努力想让艾马拉马铃薯种植户们与那些在风靡全球的新秘鲁美食浪潮中冲浪的名流厨师取得联系，奥尔维

第七章 马铃薯（秘鲁，普诺）

亚在那一年组织了数场对利马的访问。她陪我参观了克丘亚和艾马拉的农业社区。

那周是圣烛节①（The Candelaria Festival），马铃薯也正值花期。一片片灿烂的淡紫色花田在安第斯山脉黑暗的轮廓前舒展开来，在高原耀眼的阳光照射下熠熠生辉。而艾马拉的妇女此时则正在集体拥有的"沙克拉"（chacra）②田间劳作，她们弯着腰，将今年收获的第一批马铃薯连根拔起。

***

在海拔 12 500 英尺的的的喀喀湖周围的艾马拉和克丘亚村庄中，马铃薯在数万年来一直是村民们主要的营养来源。马铃薯中富含蛋白质、碳水化合物、糖、纤维和维生素，联合国粮食及农业组织（FAO）的下属机构利马国际马铃薯中心（CIP）的主任阿尔贝托·萨拉斯（Alberto Salas），在我到访该中心时解释说："在支撑伟大文明的四种食物中，只有马铃薯拥有全部的生命所需物质。"

马铃薯还有另一个卓越的特质，那就是在 15 世纪，它是四大食物中唯一能在马丘比丘的高海拔云海中存活下来的一个。在数千年的贸易和交流过程中，马铃薯从安第斯山脉北部穿过亚马孙地区被传播到了加勒比海沿岸。也就是在那里，哥伦布在旅行途中偶然发现了几个品种的马铃薯。虽说这不是这位舰队司令梦寐以求的黄金，但作为第二好的战利品，或者至少是他的船员在返程途中的食物来源，他还是把一袋袋的马铃薯带回了西班牙。途中，他在特内里费岛上留下了数十个新物种的同时，也为日后美味的"皱褶马铃薯"奠定

---

① 天主教传统节日，一般是 2 月 2 日。在这一天，墨西哥和世界许多国家都会点起蜡烛祈福除恶。——译者注
② 沙克拉（chacra）是当地对田地的一种称呼，可以理解为农田、果园、农场或牧场。——译者注

了基础,这是一种用小马铃薯搭配浓郁"莫霍少司"①制成的美食。

根据塞维利亚 16 世纪存档的文件记录,安达卢西亚首都的一家当地医院曾以马铃薯富含营养的特性为由为患者订购了几袋马铃薯。事实上,对人类来说,马铃薯是比从同一片安第斯高原掠夺来的黄金更有价值的馈赠。高原上的居民不仅拥有原材料,还拥有科学。他们通过作物选择和基本形式的基因工程,开发出了不少于 4 000 个马铃薯品种。为了保证短缺时期的食物供应,他们还对保存方式进行了创新。他们通过将马铃薯脱水的方式创造出了压缩"丘纽",以及另一种干燥块茎制品——"白丘纽"(tunta)②。马铃薯中蕴含着维生素 C、蛋白质和碳水化合物,而脱水的过程之所以能成为高原地区粮食安全的关键因素,是因为它将这些营养物质凝聚在了一起,并解决了马铃薯作为主食的最大弱点——无法跨季节储存。

萨拉斯在利马国际马铃薯中心的园区里解释道:"马铃薯是安第斯山脉送给世界的礼物,而'丘纽'脱水法则是安第斯山脉赐予人类的发明。一颗经过脱水处理后的马铃薯,就重量而言,其所蕴含的营养物质比之前提升了 10 倍。"园区中,来自五大洲的营养专家们正在中心后面的马铃薯田与实验室之间来回奔波。"人们经常谈论波托西的白银繁荣期,但若没有'丘纽'这种低重量、高营养的食物作为工人们的口粮,一切都无从谈起。"

在距离普诺的湖畔较远的胡利亚卡的街市上,克丘亚和艾马拉的女售货员们将五颜六色的布料铺开,上面摆着数百个高尔夫球大小的脱水马铃薯。其中有灰黑色的"丘纽",还有如安第斯山脉消逝的积雪般洁白的"白丘纽"。一切光景都宛如几千年前一般。

---

① 莫霍少司(mojo sauce)是一种源于西班牙的带有酸橙汁口味的饮料,也是制作著名的鸡尾酒"莫吉托(Mojito)"的基础。——译者注
② 白丘纽(tunta)是一种干马铃薯制品,因通体雪白而得名。也称为"吞塔"。——译者注

第七章　马铃薯（秘鲁，普诺）

除了扰乱收成和迫使马铃薯种植者迁往植株更易患疫病的较低海拔地区，气候变化还对安第斯山脉马铃薯的脱水和保存过程产生了两个永久性的影响。首先，在较低的海拔地区制作"丘纽"越来越困难。"现在，必须要爬到 14 000 英尺的高度才能获得足够制作'丘纽'和'白丘纽'的霜冻。"身材矮小、富有侦探气质的萨拉斯说道。其次，较高的温度增加了疫病和寄生虫的发病率。"有一种飞蛾能把贮存中的'丘纽'啃食殆尽。我父母把'丘纽'存在阿亚库乔 10 500 英尺高的地方，但仅仅 30 天，棚子里就长满了飞蛾。"

在普诺，艾马拉的社区领袖埃德加·拉米雷斯（Edgar Ramírez）直接解释了这个问题。"我们的收获期是 5 月到 7 月，但要是未经处理就想把马铃薯保存起来的话，它们会腐烂掉。我们利用霜冻将马铃薯制成可以保存数年的'丘纽'或者'白丘纽'。但现在，就算我们用手机打电话给气象部门，也无法确定霜冻什么时候能来。"在他说话的同时，有一连串短促的爆炸声在山间稀薄的空气中回荡。声音来自艾马拉人用来保护马铃薯免受冰雹侵袭的烟花。拉米雷斯说："冰雹会在收获前压坏马铃薯植株。如果能事先得到该地区会下冰雹的通知，我们就会通过燃放烟花来驱散云层。"但对于"丘纽"的制造者们来说，现在什么都无法预料。冰雹会毫无预兆地砸下来，而霜冻则来得太迟，根本无法在脱水前封冻"丘纽"。"现在这里比以前热多了。有时候雨量太大，有时候一滴雨也不下。播种马铃薯种子后的 1 月或 2 月会出现霜冻，这对我们很不利，但当我们需要冻住'丘纽'时，霜冻反而不来了。"刚刚回来的艾马拉人内丽达·佩拉尔塔·埃斯科瓦尔（Nélida Peralta Escobar）说道。这位母亲身披一条花纹繁复的编织披肩，头戴一顶宽边帽，她每天都骑着摩托车穿梭于各个克丘亚社区之间。

马铃薯脱水的过程复杂而巧妙。收获后，农民们会把那些将被加工成"丘纽"和"白丘纽"的马铃薯挑选出来。在第一次霜降后，它们会在夜间被置于室外。接下来，它们会被装进篮子里，浸泡在高原湍急的河流中："丘纽"会在河中泡几个小时，而"白丘纽"则要泡上三个星期。有些情况下，它们会在第二次出现霜冻时被重新冷冻一次。最后一步是去皮。"过去，我们穿着凉鞋踩在'丘纽'上进行去皮，现在我们有了新技术——剥皮机。"埃德加·拉米雷斯讽刺地笑道。储存在黄麻编织袋中的"丘纽"和"白丘纽"可以保存二十年且不会有营养流失。

那天下午，十几个艾马拉家庭在自家土坯房前的草地上享用了一顿老母鸡炖"丘纽"的集体午餐。这不是一场让人难以控制的零食狂欢，而是一场长时间的社交聚会，他们要趁这个机会来庆祝马铃薯的第一次收获。除了脱水的"丘纽"和"白丘纽"外，高原上还种植有多个品种的鲜马铃薯，有的种类颜色十分鲜艳——鲜红色、柠檬黄色，甚至还有翠蓝色。晚饭后，艾马拉人会在更远的山上参加一场露天舞会。在那里，女人们身着绣有圆圈形图案的传统波莱拉长裙[1]，伴着由当地艾马拉乐手组成的小交响乐团演奏的《安第斯怀尼诺舞曲》[2]（Andean huaiño）的活泼曲调起舞，她们舞动的裙摆仿佛五彩斑斓的扇子般有节奏地开合着。

当时，以酸橘汁腌鱼为首的秘鲁美食已经成为全球范围内的奢侈逸乐之人以及厨师们的必备品。这些人大多是男性，比如利马城中连锁餐厅的厨师兼老板加斯顿·阿库里奥（Gastón Acurio）便是其中之一。除此之外，煮制后涂抹上厚厚的黄辣椒芝士酱制成的万卡

---

[1] 一种巴拿马妇女的传统服饰，由分开的衬衫和长裙组成，面料精美，上面有精致的手工刺绣图案。——译者注

[2] 《安第斯怀尼诺舞曲》（Andean huaiño），怀尼诺舞（huaiño）是在克丘亚人、艾马拉人，以及秘鲁、玻利维亚和厄瓜多尔许多印度—西班牙混血人种间流行的一种情侣舞蹈。——译者注

第七章 马铃薯（秘鲁，普诺）

约安第斯城"马铃薯奶油辣沙拉"①，以及马铃薯和海鲜慕斯制成的"利马什锦土豆泥"，也成了拉美饕餮盛宴中的其他明星菜品。酸橘汁腌鱼通常会搭配番薯——一种生长在秘鲁热带低地的甘薯一起食用。在普诺，最美味的菜肴并非来自安第斯山脉的孤峰。厨师也并非各路男性名流，而是无数普通的艾马拉女人们。内丽达说："我们料理家事，在'沙克拉'里工作，在家也得干活儿。我们还负责做饭。"她明确指出，在不存在私有财产和社会阶层的艾马拉和克丘亚社会中，性别分工并不像预期的那样平等。

脱水马铃薯也可以放在汤中食用，有时还会在汤中加入青辣椒酱和安第斯香草"亚马孙薄荷"，或撒上一小撮香菜（这是亚洲赠给拉丁美洲的美食礼物）。有时，煮熟的"丘纽"会被撒上面包屑和芝士，放在烤箱中烤至焦黄酥脆后食用。赫尔南·科内乔·韦拉斯奎兹（Hernán Cornejo Velásquez）在他的书《艾马拉美食》（*La cocina Aimara*）中建议，在烹饪过程中可以添加一片"muña"叶，这是一种安第斯薄荷，以及半勺茴香。对于每日从凌晨三点到傍晚一直工作、时间紧迫且处境艰难的艾马拉女性来说，"白丘纽"甚至可以成为一种高效的快餐。"我们可以立刻备好'白丘纽'。'丘纽'需要泡发一天或者更长时间，但是'白丘纽'只需要在水里泡几分钟就行。"另一位家族主管洛约拉·埃斯科瓦尔（Loyola Escobar）在集体午餐会上说道，"当我们从'沙克拉'里工作后回到家，感觉很累的时候，我们就会做一小盘'白丘纽'。"克丘亚集体餐中的每一种马铃薯，无论是新鲜的还是脱水的，都富有独特的味道和口感。

当我们坐在草地上交谈时，我决定试着问一个问题，菲多利公司达拉斯实验室的味觉工程师和贝尔蒙德公司安第斯主题火车的创

---

① 一种来自秘鲁的开胃菜，主要由马铃薯加奶油酱制成，具有辛辣的味道，一般冷食。——译者注

意营销人员，可能会对这个问题很感兴趣。"你会说两种语言。那你知不知道有什么是在艾马拉语中存在，但在西班牙语中没有的关于味道的形容词呢？"艾马拉妇女们互相看了看对方，然后自发地说出了一连串的形容词，也许是因为那些西班牙征服者和贝尔蒙德公司的游客们压根儿不知道这些味道，所以都没办法翻译这些词。当然，也有可能是因为那些像我这样的人的味蕾已经被烧烤味的菲多利薯片给毁掉了的缘故。"有的，我们有 quiispiña、aco、quiia、mamora……这些都是不同的口味，都是用来形容藜麦和'丘纽'粉的。"

我们继续吃各种马铃薯，"丘纽"还有"白丘纽"，它们从苦到甜，尽是些会被百事公司的测试人员嫌弃并排除在允许的咸味到辣味范围之外的味道。它们的口感和质地也不太"合群"，有的是糊状，有的太硬了，完全融入不了"打赌你不止吃一片"的爽脆世界。然而，当这些女人用西班牙语指小词激动地描述她们的祖父们是如何准备小麦和藜麦面团，并在羊皮袋中将其糅合然后烘焙成面包时，菲多利公司的语言学团队是一定会洗耳恭听的。他们现在也烤吗？"现在不了，我们是现代人。"内丽达说。

一下子吃掉了那么多的马铃薯，我们感到口干舌燥，我希望能立刻喝上一杯"紫玉米发酵饮料"（chicha morada）[1]——一种前哥伦布时期的玉米饮料，但是艾马拉人已经不再做这种紫玉米饮品了。令我感到恐惧的是，他们随餐喝的竟然是成升的汽水，那甚至连1935 年创造的旧发展主义黄色印加可乐（Inca Kola）都不是。不管怎么说，这家公司也是被可口可乐公司接管的，而克丘亚人选择在集体午餐上喝的是百事可乐。"我们并不是每天都喝这个的，"洛约拉·埃斯科瓦尔说，"但今天过节。百事可乐是来自我们政府的一种

---

[1] "紫玉米发酵饮料"（chicha morada）是由秘鲁特有的一种紫色玉米，加入南美甜菠萝、酸柠、蜂蜜等多种配料煮制而成的饮品，冷却后配以冰块，味道极其独特。——译者注

第七章 马铃薯（秘鲁，普诺）

深情款待。"

***

在与内丽达·佩拉尔塔·埃斯科瓦尔、埃迪莱莎·奥尔维亚、洛约拉·埃斯科瓦尔和埃德加·拉米雷斯讨论过了马铃薯前途未卜的未来后，我发现以前国营的库斯科至普诺的火车也已经被私有化了，现在列车更名为"安第斯探索者号"，归路易·威登集团所有，这和海拉姆·宾厄姆公司在马丘比丘的服务如出一辙。在这出贵宾幻想和特权式怀旧大戏中，这班在炎热的高原上蜿蜒前行的品牌列车是"感官的节日，是对传统安第斯美食创造性的重新设想"，它的宣传手册上是这么说的。乘客们被邀请登上老式火车的餐车，经过精心的修复，这辆火车处处都能唤起那个属于沉默的印第安人与欧洲淘金者、淘银者时代的记忆。在餐车上，厨师迭戈·穆尼奥斯（Diego Muñoz）提供了一顿佳肴午餐，是他用"安第斯山脉丰富的特产，对该地区经典菜肴的倾情演绎"。其中包括一道创意版的"马铃薯奶油辣沙拉"。"那趟列车只能用美元买票，所以我们坐不了。"奥尔维亚特别指出。

但在秘鲁高原上，也并非一切都无法挽回了。我们仍然有理由相信马铃薯可能会经受住气候变化的影响，甚至可能会经受住贝尔蒙德公司那骄奢掠夺者的影响。用来抵御的武器正是那4 000多种历经千年的块茎。归功于前哥伦布时期社会中精妙的农业工程，这些块茎得以留存至今。阿尔贝托·萨拉斯带着侦探即将结案时的满意神情说："这里有这么多的马铃薯品种，我们大有希望能培育出可以抵御气候变化和疫病的种子。"利马国际马铃薯中心已经在位于战略要地的秘密种子库中储存了4 000多种的马铃薯种质，而其余的1 700多种则被保存在库斯科附近所谓的"马铃薯公园"中。

在一部分受到气候变化威胁的安第斯地区，灾难已经得以避免。"我们去支援了一个不愿意用化学杀虫剂和化肥的社区，那里的马铃薯几个世纪以来都没有患过'晚疫病',但在2003年,他们的作物全部都被这种病给摧毁了。"在我们穿过研究中心后面的一块块农田时,利马国际马铃薯中心的农业工程师曼纽尔·卡斯特罗(Manuel Castelo)解释道。他继续说:"我们有一批源自多个古老品系的马铃薯,这些品系对'晚疫病'有抵抗力。因此,我们不仅消除了疫病,还在不使用杀虫剂或化肥的情况下将产量翻了4倍。"萨拉斯附和道:"气候变化是一场灾难,但多亏了安第斯人民留给我们的马铃薯具有多样性,使气候变化至少不会成为灭顶之灾。"为了抗击在一部分安第斯社区中流行的地方性贫血症,该中心的其他专家还开发出了含有更多铁元素的马铃薯品种。

我为马铃薯的故事设想了一个圆满的结局。然而,随之而来的是一个险恶的转折。除了帮助安第斯高原的艾马拉人和克丘亚人应对气候变化和贫血,该中心还派出了专家并拿出从印加文明继承来的多种马铃薯来支持大品牌的薯片。事实证明,气候变化不仅让高原地区的土著委员会感到紧张,也让全球零食跨国公司的董事会倍感不安。菲多利薯片也处在了危险之中。较高的温度会提高马铃薯淀粉中的含糖量,同时使块茎的颜色变暗,从而威胁到与工业薯片的大小、颜色和质地有关的严格要求。

卡斯特罗说:"我们正在开发符合行业条件的马铃薯品种。"当我问及为什么公共机构需要帮助那些造成了气候变化的跨国公司去应对气候问题时,他给出的答案十分简明:"因为它们付给马铃薯种植者的钱更多。"事实证明,每年从秘鲁农户手中购买2.3万吨马铃薯的菲多利公司是该国最大的需求来源,也是深受安第斯山脉中型生产商感激的买家。如果没有菲多利公司,这些生产商将会倒闭。就如同为墨西哥北部帕科·查帕·贡戈拉的大农场所做的那样,这家跨国公司保障了合理的价格和稳定的需求。

百事公司在利马的常务董事米尔科·阿斯图迪洛(Mirko Astudillo)

在秘鲁首都的一次会议上解释了这种关系："我们的这些农民合作伙伴们尽心尽力地耕种土地，作为回报，我们不仅给予他们公道的价格，还帮助他们提高技术能力。"对于菲多利公司来说，将自己伪装成垃圾食品行业的非政府组织是一项永无止境的使命，它们甚至推出了一个全新的系列。该系列的薯片选用 4 000 种传统马铃薯中的部分品种制成，包括"illa pilpintu""puma chaqui""paq'ariyt'ika""inkatipana"和"kusisonq'o"这些难以翻译、仅在土著语中提及的品种。

因此，只有百事公司和烤肉味的波浪脆薯片才能救安第斯山脉马铃薯的千年文化于水火之中。这合乎逻辑，但有悖常理，尤其是当萨拉斯为像我这样的瘾君子补充了一个可怕的结尾时，就更是如此了："马铃薯是一种不平凡的食物，印加人非常清楚这一点。但你必须在你的书里把一些极其重要的事情写进去。尽管业界永远不会承认这一点，但我们现在绝对可以肯定，薯片是致癌的。"

第八章 铜
（秘鲁，阿普里马克；智利，阿塔卡马沙漠）
两场新闻发布会与一场革命

当记者们从主编那里得知头条的标题后，在众多的提问中有这样一个问题："关于对我们的主要商品铜的预估增长率为25%……您认为这能成为使我们的国内生产总值增长并减贫的原因之一吗？减贫是过去几年我们一直在努力做的事情。"在2015年于利马举行的国际货币基金组织和世界银行会议开幕式的新闻发布会上，这位来自秘鲁安迪纳通讯社（Andina news agency）的年轻记者是最先举手的人之一。

这是一次带有强烈意识形态信息的年度会议。毕竟，秘鲁是国际货币基金组织最好的盟友之一。利马与智利的圣地亚哥（Santiago de Chile）一起加入了对国际货币基金组织总裁克里斯蒂娜·拉加德所展示的新华盛顿共识接受度最高的安第斯首都联盟（The League of Andean Capitals）。拉加德这位魅力四射的法国律师在利马竭尽全力地向拉丁美洲人民保证，国际货币基金组织不再是过去的怪物了。

与邻国国家元首——厄瓜多尔的拉斐尔·科雷亚、玻利维亚的埃沃·莫拉莱斯、最近被弹劾的巴西总统迪尔玛·罗塞夫，当然还有委内瑞拉已故的乌戈·查韦斯——不同的是，历届秘鲁总统都

第八章 铜（秘鲁，阿普里马克；智利，阿塔卡马沙漠）

热情地实施了华盛顿的自由化方案。此外，时任总裁奥兰塔·乌马拉（Ollanta Humala）是国际货币基金组织国际货币基金组织浪子回头的经典案例。乌马拉的父亲曾受到印加平等主义社会结构（Inca's egalitarian social structures）的启发，创立了被称为"民族主义"（etnocacerismo）的马克思主义本土运动。而作为前军官的乌马拉本人则凭借一项激进的变革计划赢得了2011年的总统选举，并在秘鲁亚马孙地区掀起了一波引发小农场主和警察之间激烈斗争的土著抗议浪潮。安第斯革命已经推翻了在厄瓜多尔和玻利维亚的华盛顿同盟，而得到了查韦斯和莫拉莱斯支持的乌马拉则使秘鲁成为这场革命的下一个潜在舞台。乌马拉在宣言中承诺将进行一场"大变革"，并为农民社区收回水、土地、天然气和矿产等资源。但他刚一入住总统府（常被称为"Casa de Pizarro"，即"皮萨罗之家"）便出尔反尔了，他所执行的政策与前任并没有什么太大的区别。

在利马会议上，乌马拉的每一场表演和演说都大受欢迎。国际货币基金组织的环球旅行技术专家热衷于品尝最新的美食——酸橘汁腌鱼，并表示很高兴来到秘鲁。拉加德甚至将本次与第一个华盛顿共识比起来更巧妙、更温和的国际货币基金组织的新社会敏感调整计划与某餐厅最新推出的菜肴进行了比较。

拉加德宣布："马上抵达秘鲁的部长和州长们会像许多人一样，完全被秘鲁的美食所吸引。我想用秘鲁的美食来类比我们对即将来到秘鲁的决策者们的政策建议……（我）向全球决策者们传达的关键信息是，他们需要将秘鲁的美食配方运用起来，看看周围的最佳实践然后升级他们的政策，以此达成重振经济增长的目的。"当然，当国际货币基金组织抵达利马时，乌马拉已经因涉嫌参与巴西建筑公司为换取承包公共工程而拉拢贿赂网络的非法事务而被调查了，而进行调查的正是由"反腐斗士"塞尔吉奥·莫罗[①]领导的英勇无畏的巴西"洗车行动"检察官。乌马拉很快就会像他的前任一样被起诉。尽管国际货币基金组织已经意识到乌马拉可能是一个名字中带有不发音字母的腐败秘鲁人,但他们清楚,至少这个腐败的秘鲁人和他们是一伙的,这可以说是对美国在该地区政策中那老生常谈的主旋律的完美诠释了。

鉴于此,秘鲁在经济上的相对成功在年度会议上得到了大力赞扬,盛满皮斯科酒的祝酒杯被接二连三地举起。他们在会上强调,秘鲁是拉丁美洲道德高尚的典范,与左翼政府控制下的"民粹主义"拉丁美洲完全不同。国际货币基金组织的所有人都不会忘记,像巴西这样的国家和像卢拉这样的总统,在偿还他们欠华盛顿机构的所有债务的几年之前,就已经成为不可原谅的异端。

西译英同声传译中的技术故障得到解决后,国际货币基金组织负责拉丁美洲事务的美国官员、哈佛大学和约翰·霍普金斯大学教授、华盛顿特区居民阿德里安·切斯蒂(Adrienne Cheasty),回答了这位年轻记者的提问。"哦,不,这是绝对的……铜的作用非常重要。"毕竟,这种橙色金属无论对于旧经济还是温室气体零排放的新经济来说,都是一种具有高价值的矿物。

一辆装有内燃机的标准汽车中,装有1 500根铜缆,与这48磅重的金属相同的矿物填满了秘鲁和智利安第斯山脉的矿脉。而在每辆为应对气候变化挑战而配备的电动汽车中,使用到的铜将超过66磅。同样的,一座光伏发电厂若想产生与燃气发电厂相同的能量,其所需的铜将是后者的40倍。随着向可再生能源过渡步伐的加快,现在有许多人预计,全球或将迎来又一轮的"铜热潮"(copper boom)。国际货币基金组织对乌马拉为跨国矿业公司(其中92家是

[①] 从上一章可知,莫罗也是涉嫌贪腐的联邦法官,故此处为讽刺反语。——译者注

第八章 铜（秘鲁，阿普里马克；智利，阿塔卡马沙漠）

加拿大公司）敞开大门的最新计划大加赞扬。切斯蒂总结说，铜是秘鲁"从恢复增长到拥有长期潜力的关键投入资源"。小组中的其他国际货币基金组织专家点点头，我们都草草记下了答案。安迪纳通讯社的任务完成了。

几天后，我在高耸的阿普里马克（Apurímac）群峰间参加了另一场更为即兴的新闻发布会。这是从印加帝国的传奇首都库斯科乘坐四驱车行驶8个小时才能达到的秘鲁南部高原。顺便一提，这里的景色是许多国际货币基金组织参与者在乘坐路易·威登豪华列车前往马丘比丘途中的"必看风景"。面向像我这样的国际媒体的阿普里马克简报，也将重点放在了铜生产的影响上，特别是放在了拉斯班巴斯大型露天矿这个由面色严峻的警卫把守的山中巨坑上。

这座拉丁美洲最大的铜矿已于2016年年初开始生产，在我到访时初步挖掘工作正在顺利进行中，这引起了当地克丘亚农业社区的密切关注。阿拉瓦社区是直接受该矿影响的30个克丘亚村庄之一，社区中的大约20名农民抗议者要在他们的土坯砖房旁建一所小学校。刚刚结束了一天工作的他们坐在赭绿色的大地上，背后是16 000英尺高的山脉。这些山脉的低坡被新时代气候变化导致的大火烧得焦黑，这些人解释了自己的困境。本次新闻发布会上的着装规范并不是国际货币基金组织男性技术官僚必须穿的深灰色套装，也不是拉加德衣橱里的爱马仕或普拉达套装。在阿普里马克，小组成员将头戴传统压制羊驼毛帽子，身穿橙色建筑夹克，里面可以搭配一件类似巴萨足球衫这样的衣服。

与国际货币基金组织的简报相比，阿普里马克的简报更侧重"微观"层面。简报没有提到投入或潜在的国内生产总值增长，而是说到了越来越让人担心的该矿尾矿池中的硫酸可能最终会进入该村的地下淡水含水层的问题。由于干旱，该含水层目前已经是半空状态了。这些问题的措辞不像安迪纳通讯社年轻记者的那么巧妙，答案也不是预定好的。没有人会像阿德里安·切斯蒂有那么奢侈的机会使用同声传译。尽管阿拉瓦居民中每三个人中就有两个人会说克丘亚语,但就像与矿业公司高管的磋商一样,这次使用的语言是西班牙语。但无论公司的公关团队使用何种语言,都很少有人能想象到在山的另一边密封的安全围栏后面发生了什么。就在五六年前,阿普里马克还是一个没有采矿经验的地区。那时,这里的关键词还是"乡村""土著""沉寂"。根据人类发展指标来看,它也是秘鲁最落后的地区。而现在,阿普里马克 61.75% 的领土被租给了跨国公司,一夜之间,它成为新的采铜前沿。

铜的价格在 21 世纪最初的十年间翻了四番,而在繁荣过后,崩盘也接踵而至。由于来自中国的需求下降,铜价在四年内暴跌至原价的一半。这场原材料大循环的结束引发了拉丁美洲和非洲资源开采的雪崩。为了应对 2008 年经济危机和衰退,中国采取了新政模式,这是一项庞大的公共工程计划。而在此之后,中国再也不向由数百万英尺铜缆连接的基础设施大型项目投资数十亿美元了,也不再建设拥有 500 万套住宅的新城市了。要知道,所有这些住宅都会相应配有铜管。尽管如此,秘鲁还是在采矿业上下了空前的赌注。乌马拉政府计划在接下来的十年里批准 42 个矿场扩建项目,其中有 9 个项目位于阿普里马克。根据由国际货币基金组织在国家银行会议中心内举办的秘鲁政府宣传活动的女主持人的说明,这些项目的总投资将超过 500 亿欧元。

1970 年,也就是加莱亚诺发布《拉丁美洲被切开的血管》的前一年,秘鲁政府已经对该国超过 200 万公顷的内陆地区授予了采矿特许权。到 2015 年国际货币基金组织抵达时,秘鲁主要针对中国、美国和加拿大的跨国公司发放的特许权已经覆盖了 2 500 万公顷的土地。这样看来,秘鲁那在国际货币基金组织的支持下贯彻始终的自行"切开血管"的承诺也就不足为奇了。毕竟,正如加莱亚诺所

第八章　铜（秘鲁，阿普里马克；智利，阿塔卡马沙漠）

挖苦的那样，甚至早在华盛顿机构实行新自由主义之前，国际货币基金组织就已经长期致力于为自己的建议所引起的问题制定解决方案了。

在安第斯的新闻发布会上，人们认为阿拉瓦干涸的高原面临的首要问题就是"铜分离厂"，这座工厂被修建在了查尔瓦瓦乔河和费罗班巴河的分水岭上。这两条河流是这些社区的生命之源，而随着安第斯冰川的消逝，这两条河的水流量已经减少了。克丘亚农民已放弃抵制，他们接受了这座矿场，但条件是将分离厂建在向北100英里的采矿中心埃斯皮纳。

"我们已经不得不从山上下来了，因为上面的供水已经下降太多了。"时年29岁的抵抗运动领导者、社区青年之一费利克斯·阿圭罗（Félix Agüero）哀叹道。他用西班牙语解释道："这座矿场现在正改变着河流的流向，当采矿开始后，这里将污秽不堪。"他说话的口音受到了含有大量元音的克丘亚语的影响，令人感到安心。虽然跨国矿业公司的首席执行官在访问阿普里马克时强调了铜对低碳经济的重要性，但在未来可持续发展一事上，土著领导人们做出的回应却并不那么令人喜悦。在21世纪初，生产一磅铜所需的水量是20世纪初的两倍。而在安第斯高地，水资源已日益匮乏。

河流污染甚至在采矿作业开始之前就出现了。距离该矿场最近的城镇查尔瓦瓦乔的人口在两年内增加了4倍，达到了1.8万，然而这座城镇仍然缺乏有效的污水处理系统。"我们过去会做青蛙汤，但现在已经没有青蛙了，河里的鳟鱼也少了很多。"阿拉瓦的另一名社区成员解释说。这里海拔有14 000英尺，氧气的水平比海岸地区低40%，但就是这样稀薄的空气也还是受到了污染。一位来自附近另一个社区的克丘亚农民解释说，每天都有几十辆卡车将建筑材料运到这个地区，"扬起的灰尘铺天盖地，有的地方已经不能种植任何东西了"。一旦矿场内开始采矿，每天将有250辆卡车通过公路运送

500吨铜和钼精矿到400英里外的太平洋马塔拉尼（Matarani）港。

尽管阿普里马克没有采矿的传统，但根据秘鲁南部和中央山脉其他社区的经验，克丘亚人很清楚拉斯班巴斯将会带来什么样的后遗症。从卡哈马卡附近的拉康加露天金矿周边地区传来消息说，该金矿已经将安第斯山峰的顶部夷为平地。该地区只剩下一户土著家庭了。当地人与秘鲁防暴警察展开了激烈的争斗，有几个克丘亚人被杀了。冰冻的安第斯山脉中部地区也发生了同样的事情。

在山上的新闻发布会上，发言最多的49岁社区领袖丹尼尔·奎斯佩（Daniel Quispe）说："塞罗·德·帕斯科（Cerro de Pasco）的抗议者对我们讲了那里的污染情况。他们哭了，他们在那一年受到了彻底的打击。而现在，这里也会发生同样的事情。"在秘鲁中部安第斯山脉的老矿区，如拉奥罗亚（La Oroya），儿童血液中的铅含量被发现比卫生部建议的限值高出10倍。"所有的水都从矿井流到了我们的社区。"

在这些克丘亚抗议的社区中，土地的私有制是闻所未闻的。也许正是出于这个原因，这家矿业公司说服了克丘亚领导人以每公顷20美分的价格将千年领土的一部分卖给了它。这可以说是十分廉价了。前一年，一家财团以60多亿美元的价格从瑞士矿业巨头、臭名昭著的逃税企业嘉能可斯特拉塔公司（Glencore Xstrata）手中收购了拉斯班巴斯。

亨利·瓦斯奎兹（Henry Vásquez）解释说："权力和知识之间存在的不对称使人们觉得受到了欺骗。"他是距离矿场6英里的坦波班巴镇上的非政府合作促进会（NGO Cooperacción）的组织者。在2004年特许权授予期间，总部位于瑞士阿尔卑斯山避税天堂楚格的嘉能可斯特拉塔公司，向一家地区发展基金会支付了约1 000万欧元。但"迄今为止这一举措带来的大部分就业和业务都是让外人受益"，瓦斯奎兹向我解释道。

第八章　铜（秘鲁，阿普里马克；智利，阿塔卡马沙漠）

这场海拔 13 000 万英尺的临时新闻发布会上要讨论的第二个问题是 24 岁的贝尔托·查瓦洛（Berto Chahuallo）的命运。在三周前的一次反对拉斯班巴斯矿场的抗议活动中，他是 4 名被警方射杀身亡的抗议者之一。

"我当时和我侄子在一起。杀死他的子弹就从我身边飞过，我能感觉到它就像一颗燃烧的钉子。"丹尼尔·奎斯佩（Daniel Quispe）说，这番话一点都没有夸大其词，他向我展示了他胸前的一个红色小疤痕。4 名抗议者的死亡动摇了克丘亚社区的根基，在这个社区中，集体意识超出了个人意识。"他们谋杀了我们。"在坦波班巴的市场上卖果汁的比阿特丽斯（Beatriz）说。警察过度的暴力行为也许并不令人惊讶。离开阿拉瓦后，我们与一个由六七辆满载防暴警察的公共汽车组成的车队不期而遇，这些公共汽车正沿着高速公路向库斯科方向行驶。"这些巴士是矿业公司出钱买的。"瓦斯奎兹说道。

这将是拉斯班巴斯巨坑为期五年的冲突的开端，该矿很快将生产出全球 2% 的铜，并通过主要是对中国的出口创造出价值 28 亿美元的外汇。其中只有 8 500 万美元会被支付给秘鲁政府，此外还会有一小部分将被送到阿普里马克地区的克丘亚人手中，作为对其山川破坏的补偿。但是，正如我在安第斯新闻发布会上所证实的那样，克丘亚的抗议者是他们的土地与地球的顽强守护者。他们不会放弃，也不会屈服。在随后的几年里，抗议活动越来越频繁。通往太平洋的道路被封锁，高级官员和采矿经理被绑架。为了抵抗拉斯班巴斯煤矿并保卫自己的社区，又有更多的克丘亚农民牺牲了。

谁会来调查这些死亡事件呢？如果事情发生在利马，国际媒体可能会冒险走出那间黑洞般的、一排排的笔记本电脑与电视屏幕都在播放部长在国际货币基金组织大会上讲话视频的会议中心新闻发布室。贝尔托·查瓦洛的谋杀案可能会是英雄记者进行勇敢调查的素材之一，这些致力于保护最弱势群体，改变世界的记者在美国有线电视新闻网上风靡一时。但在那些会被全副武装的半私人警察部队跟踪的偏远地区，只有当地记者才有时间做必要的后续工作，以揭开谋杀背后的真相。匿名记者的那些准备揭露拉丁美洲矿场背后真相的顽强报道，会让他们身陷巨大的危险之中。

据"绿血"运动（Green Blood Campaign）称，自2009年以来，有13名记者在调查采矿和其他采掘活动造成的环境破坏和暴力事件时遇害。这些记者大部分是拉丁美洲人，大都就职于当地电台、当地报纸或几乎没有资金的在线媒体。而那些在国际媒体"马戏团"中工作、在这五天内空降利马来参加国际货币基金组织—世界银行会议的数千名记者，甚至都不知道他们的存在。

那年4月，身穿深色西装的男士们挤满了酸橘汁腌鱼餐厅，拉加德在从库斯科乘坐豪华玻璃火车快速前往马丘比丘后忙着与一群克丘亚女人合影。与此同时，秘鲁精英的容忍度也正在降低。当拉丁美洲土著运动组织的另类论坛在利马为"后开采"模式（postextraction model）和关闭拉斯班巴斯矿进行辩护时，国家矿业、石油和能源协会主席卡洛斯·加尔维斯·皮尼洛斯（Carlos Gálvez Pinillos）突然高呼道："别再浪费我的时间了！凡是头脑正常的人都不会想将这么大的投资置于危险之中。"抗议者"想要一种自我消费的经济来确保最高水平的贫困，因为没有贫困就没有左翼势力"。他继续说道，全然忘记了拉丁美洲"粉红浪潮"在过去十年里在消除贫困方面取得的巨大进步。

甚至连派团队前往阿拉瓦的秘鲁电视网（Peruvian TV Networks），也对这些立场表示了赞同。"报纸媒体不是来了解发生了什么，它们只是将矿业公司告诉它们的事情重复了一遍而已。"阿普里马克的一个农村社区的领导人鲁道夫·阿巴科·奎斯佩（Rodolfo Abaco Quispe）说道。当然，华盛顿金融机构对矿场的支援不仅仅是在新闻发布会上提供道义支持，还有对秘鲁寡头们提供的巨大帮助。

第八章 铜（秘鲁，阿普里马克；智利，阿塔卡马沙漠）

世界银行通过其子公司国际金融公司（The International Financial Corporation）向卡哈马卡的亚纳科查金矿（Yanacocha gold mine）进行了 2 000 万美元的投资。

在另一个利马论坛上，曾参与抗议拉康加矿场的克丘亚农民埃尔默·坎波斯（Elmer Campos）坐在轮椅上讲述了自己的故事："警察开枪射杀我，我的肾脏和肺部都受伤并感染了。我再也不能走路了，但战斗是我的宿命。"拒绝放弃自己位于矿区的房子的马克西玛·阿库尼亚（Máxima Acuña），在卡特彼勒挖掘机将山体铲平之际，独自一人一边哭泣，一边谴责警方给她和她的家人带来的生命威胁。"任何事情都有可能发生，他们每天都在践踏我们的权利，"她告诉我，"警察是不会保护农民的，他们只会保护公司。"

国际货币基金组织的经济学家们，用新自由主义手册中的论点为这些让步进行了辩护。国内生产总值增长的永恒防御，现在受到了新拉加德华盛顿共识（Lagarde Washington Consensus）中保护最弱势群体的承诺的限制。但其他经济学家怀疑采矿业是否是对秘鲁和拉丁美洲社会问题的恰当回应。"这种在尽可能短的时间内攫取所有可用资源的策略是不可持续的。它会导致社会环境冲突，并且非常容易受到价格周期变化的影响。"我们在另类论坛举办期间会面时，乌马拉第一届政府的前环境管理部副部长何塞·埃查夫（José Echave）解释道。在像拉斯班巴斯这样的冲突中，"人们并不是反对矿山本身，他们只是想被征求意见。我们需要的是独立于矿业公司的国家机构"。事实是，尽管秘鲁国内生产总值快速增长，但几乎没有几位总统能连任［艾伦·加西亚（Alan García）是个例外，他最终选择开枪自杀］。原因很简单：受矿业驱动的经济增长并没有惠及大多数人口。

在不耐烦的加尔维斯·皮尼洛斯对安第斯左翼势力的讽刺中，左翼势力似乎只是为了保证穷人的选票才反对采矿的，而最大的讽刺或许是甚至连他的这种讽刺都是错误的。事实上，采矿业对这股热潮起到了推动作用。拉斐尔·科雷亚领导下的厄瓜多尔在勇敢地试图将石油留在地下后，发放了厄瓜多尔丛林中的亚苏尼环境保护区的钻探特许权。甚至以"地球母亲"的名义修改了玻利瓦尔宪法的埃沃·莫拉莱斯也选择了开采天然气、锌、镍、银和锂来拉动国内生产总值的增长。两人都面临着来自让他们掌权的部分土著根据地的反叛。左翼政府和秘鲁等国际货币基金组织追随者之间的区别在于重新分配开采利润的问题。埃查夫说："在拉丁美洲，我们的政府分为新自由主义和更进步的后新自由主义（post-neoliberals）两种。但采掘主义（extractivism）是二者的一个共同因素。"随着两次峰会步入尾声，防暴警察被部署在利马的大街小巷上，就像几天前在阿普里马克一样。

***

就在国际货币基金组织在利马举行的会议获得成功的四年之后，拉加德的新华盛顿共识便在一个与自身哲学最密切相关的国家被炸得粉碎，这个国家就是——智利。

随着对可能发生的破坏行为的担忧加剧，国有铜矿公司智利国家铜业公司（Codelco）取消了对距卡拉马只有 4 英里的巨大的丘基卡马塔矿场的所有访问计划。位于阿塔卡马沙漠①月球地貌中的卡拉马是一座陷入困境的城镇。在由圣地亚哥地铁票价上涨所引发的抗议活动首次爆发后，针对塞巴斯蒂安·皮涅拉（Sebastián Piñera）政府的示威活动，通过安第斯山脉和太平洋之间的一条 200 英里的狭窄走廊蔓延到了整个国家。

在卡拉马——一个由妓院和赌场组成的荒凉采矿小镇上，每天

---

① 阿塔卡马沙漠比普通的沙漠更为干旱，被称为旱极，其地理环境与太空中一些星球的环境（如月球表面）非常相似，因此常常有科学家来到这里进行科学研究。——译者注

第八章　铜（秘鲁，阿普里马克；智利，阿塔卡马沙漠）

晚上都有几伙穿着连帽衫的青少年与宪兵防暴警察发生冲突。一场激战过后，一群街头斗士退到了位于主干道边上的一家不怎么正宗的仿纽约小餐馆中。在店里，他们一边大口大口地吃着加了十余种酱汁的汉堡，一边观看重金属摇滚视频。其中一人穿着印有切·格瓦拉照片的T恤衫，这真的再恰当不过了。因为1952年年初，骑着诺顿摩托车进行拉丁美洲之旅的切·格瓦拉正是在这个地方停下了脚步，并从此改变了他的生活。他将在古巴的马埃斯特腊山脉中结束旅程，并与菲德尔·卡斯特罗并肩作战。

24岁的切·格瓦拉在丘基卡马塔矿场附近的一个避难所中顿悟，当时该矿场为美国跨国公司阿纳坎达（Anaconda）和肯内科特（Kennecott）所有。他在那里与两名失业工人共同度过了一个寒冷的沙漠之夜，这两位工人都是刚刚从监狱中获释的共产党员。当时还年轻的切·格瓦拉是一个出身于舒适的阿根廷中产阶级家庭的孩子，医学学位刚刚读了一半，这个"奇怪的人类物种"便随着夜幕的降临而蜕变为了"全世界无产阶级的鲜活象征"。当黎明最终来临之际，他彻底化身为"照耀了全世界的红色火焰"。所有的这些都是出自由他本人撰写的《摩托日记》(*Motorcycle Diaries*)。后来，沃尔特·塞勒斯将这一幕搬上了大银幕。其中，在丘基卡马塔拍摄的场景可以说是极为逼真，这也许是因为我们在第二章提到过的原因——塞勒斯本人就是位于巴西米纳斯吉拉斯州的世界最大铌矿的共同所有人。

大约七十年后，那场针对阿连德（Allende）①的悲剧性政变已成

---

① 萨尔瓦多·阿连德（Salvador Allende）（1908年7月26日—1973年9月11日），社会主义者，智利总统（1970—1973）。阿连德作为人民团结联盟的领导人，在1970年的智利总统大选中获胜。1973年9月11日，皮诺切特领导智利军队发动了针对阿连德的军事政变，阿连德不明身亡。2011年7月19日，智利法医部门公布了阿连德的开棺验尸报告，确认其为自杀。——译者注

为遥远的记忆,再加上皮诺切特的新自由主义大屠杀,智利人开始在一场引人注目的集体变革需求中崛起反抗。就好像有人,或许是年轻的埃内斯托·"切"①·格瓦拉的幽灵吧,在民主被军方严防死守了几十年之后,终于掀开了一直以来都蒙在这个国家眼前的纱帘。最具颠覆性的是,智利的情况竟然与欧洲和美国的情况惊人的相似。在经历了来自新自由主义教科书的五十年结构改革的洗礼之后,智利在国内生产总值增长方面取得了相对积极的成果,并领先于该地区的其他国家,成功地缩小了与发达国家的收入差距。智利现在是与欧洲周边国家最相似的拉丁美洲国家(按人均国内生产总值计算,它现在比大多数东欧国家更富裕)。这是一个极度不平等的社会,但在 21 世纪,富豪阶级与众多低薪工人之间的鸿沟在拉丁美洲已经见怪不怪了。我在圣地亚哥街头与智利人交谈的过程中,发现他们对根深蒂固的精英阶层、垄断主义和以自由竞争和公共服务私有化为幌子的寡头垄断的愤怒与欧洲遥相呼应。然而,还是有一点不同的,那就是欧洲人与智利人不同,他们一直无法清楚地认识到自由民主已经成为巨大欺诈的罪魁祸首。

在这里,在有毒的采矿沙漠中,圣地亚哥的抗议者们提出了另一套要求。安托法加斯塔地区的议员埃斯特班·贝拉斯克斯(Esteban Velásquez),坐在他位于卡拉马市中心的简陋公寓里说:"在采矿区,新自由主义者发明出来了一个该死的委婉语,他们称之为'外部效应'。举个例子,水用完了,剩下的一小部分中含有砷,这就是一种外部效应。"贝拉斯克斯是智利政坛的怪杰,由于他个人的节俭和坚

---

① "Che"是西班牙语中的感叹词,在阿根廷和南美洲的一些地区被广泛使用,是人们打招呼和表示惊讶的常用语,类似于汉语中的"喂,老兄"。格瓦拉本人很喜欢这个绰号,也经常这样称呼自己,于是这个绰号就这样成了他的代名词。——编者注

第八章　铜（秘鲁，阿普里马克；智利，阿塔卡马沙漠）

定的信念，一些人把他比作乌拉圭的何塞·"佩佩"·穆希卡[①]（José "Pepe" Mujica），而贝拉斯克斯非常了解阿塔卡马抗议活动的根源。"圣地亚哥的精英们对这个地区的理念一直是'沙漠可以容纳一切'。"

位于卡拉马的生产可供出口的铜精矿冶炼厂，是世界上污染最严重地方之一。受火山活动的影响，卡拉马辣眼睛的大气中已经含有危险水平的砷，但直到皮诺切特倒台很久之后，人们才开始对从冶炼厂烟囱中流出的东西进行控制。智利北部和该国大部分地区都严重缺水。再往南，科皮亚波市的淡水已经耗尽，政府被迫出资在海岸边建了一座海水淡化厂，将水从海中抽到干旱的内陆地区。

在这座令人毛骨悚然的露天矿上方蜿蜒的道路上有一个观测点，我站在那里，卡拉马的环境危机尽收眼底。装载着铜矿石的巨型卡车从灰色的土堆上下来，车身在看起来比矿工的住所还要巨大的车轮上摇摆着，下面的轮胎硬得就像岩石。岩石中的铜矿石含量为0.5%，因此，从沙漠里巨大的洞穴中每提取100吨岩石，就会回收1 100磅的铜矿石。这些铜矿石被用数百万加仑的水碾碎，然后运到下面的工厂中，转化成含铜30%的精矿，最后出口到中国。矿场外，橙色的火焰在远处摇曳，黑色的浓烟扭曲着，从垃圾填埋场中升起。

随着气候问题在6 500英尺高的沙漠中进一步加剧，卡拉马的抗议者比大多数人都更清楚2019年抗议活动的核心要求：一个可以设计新宪法的制宪会议。这是因为现行的智利宪法是于1980年在独裁者奥古斯托·皮诺切特的眼皮底下起草的。这部宪法捍卫说水的私有制是一项宪法权利，是独裁政权对跨国公司和国家采矿和农业

[①] 何塞·"佩佩"·穆希卡，全名为何塞·阿尔韦托·穆希卡·科尔达诺，1935年5月20日出生于乌拉圭，乌拉圭政治家，曾是一名自行车运动员，20世纪60年代和70年代参加"图帕马罗斯"游击队，后被军政府逮捕，在监狱中度过了十四年的时光。1985年乌拉圭恢复民主后，获得自由的穆希卡重新活跃在了乌拉圭的政治舞台上。——编者注

综合企业的慷慨馈赠。此外，宪法还保护说，外国公司在不支付任何矿区土地使用费的情况下就可以获得丰厚利润是一项不可剥夺的权利。有了这些保护措施，跨国公司在智利新开了20座矿场一事也就不足为奇了，这些矿场现在占全国铜矿开采量的70%。丘基卡马塔矿场的国有化也并非疏忽，而是因为皮诺切特坚持要将这座矿场10%的收入用于武装部队。

正如加莱亚诺所警告的那样，这座矿场可以很好地说明如果生产仅限于原材料，而且只有演讲稿是精炼过的，那么国有化是远远"不够的"。尽管国际货币基金组织的那些"精炼"过的报告对智利模式表示了赞赏，但这种模式对铜和其他原材料出口的依赖，以及几乎没有任何转型的工业却关闭了本可以减少对低工资、极端不平等、环境破坏和向跨国公司赠送礼物依赖的智利的新发展阶段的大门。

在卡拉马郊区的路障拔地而起时，距机场400码的帕克酒店（Park Hotel）内的矿业高管和工程师的不安情绪显而易见。由于每天有12班大部分由皮涅拉名下的拉坦航空公司（Piñera-owned air carrier Latam）运营的飞往圣地亚哥的航班，他们得以避免在卡拉马住宿。抵达圣地亚哥机场后，一条由欧洲跨国公司运营的收费高速公路将带他们穿过圣克里斯托巴尔隧道，直接到达维塔库拉和该市东部山区的其他富裕地区。在那里，他们可以继续逃避智利实验失败这一不光彩的事实。他们避免了劳资纠纷，因为矿工工会在像生于丘基卡马塔的卡门·拉佐（Carmen Lazo）这样的社会主义领导人的支持下，进行了几十年的斗争之后，最终被国家收编，他们不愿再参与反对皮涅拉的民众起义了。但矿业高管们很清楚起义的危险。

当通过社交网络进行协调的无领导抗议运动呼吁进行全国总罢工时，卡拉马的所有出口道路上都出现了由燃烧的垃圾制成的路障，运送工人到矿场的公交车也无法行驶了。就在一周前，太平洋沿岸

第八章 铜（秘鲁，阿普里马克；智利，阿塔卡马沙漠）

安托法加斯塔港口的工人们参加了第一次罢工运动。数百吨等待卸到大型散货船上，准备运往中国的铜精矿被滞留在铁路货车上。再次停飞的可能性让飞往圣地亚哥的航班血压飙升。"皮涅拉们是时候该好好地担心一下了，"贝拉斯克斯说道，"这是他们的报应。"

***

我目睹了50万身穿内马尔运动衫的巴西人沿着圣保罗的保利斯塔大道举行游行，他们提出的那些令人消沉的、深信私有化和放松管制的建议将消除卢拉时代的罪恶。随后，我终于在2019年11月对智利圣地亚哥的访问中呼吸到了新鲜的空气。

数以万计的智利人每天晚上都在智利首都中心的意大利广场（Plaza de Italia）举行集会，以表达他们对被寡头垄断的自由市场经济的反对。他们呼吁政治上的彻底转弯，甚至要求皮涅拉辞去职务。他们大多是二十多岁的年轻人，显然得到了父母的支持。

在智利，人们十分了解在拉丁美洲最著名的新自由主义实验室中做小白鼠是一种什么感觉。经济在《华尔街日报》（*The Wall Street Journal*）上被不厌其烦地歌颂着，甚至都不需要支付广告费。在投资者的圆桌会议上，那些最不为噩梦般的过去所困扰的赞赏智利的人们，将智利奇迹的起源定位在了皮诺切特于1973年9月发起的政变上。从那个不祥之日起，在诺贝尔经济学奖得主米尔顿·弗里德曼（Milton Friedman）的启发下，臭名昭著的"芝加哥男孩"（Chicago Boys）们便开始应用他们的经济休克疗法（economic shock therapy）①，而皮诺切特臭名昭著的迪纳情报局（DINA intelligence

---

① 经济休克疗法（economic shock therapy）是针对严重失衡的社会总供求状况，从控制社会总需求出发，采取严厉的行政和经济手段，在短时间内强制性地大幅度压缩消费需求和投资需求，使社会总供求达到人为的平衡，以此来遏制恶性通货膨胀，恢复经济秩序。——译者注

agency）则在刑讯室中释放着它自己那货真价实的"惊愕疗法"[①]。

1975年3月，弗里德曼在军政府前的那番话，将为数年乃至数十年来国际货币基金组织对拉丁美洲和其他地区的经济折磨奠定基础，而欧洲周边的国家，尤其是希腊，就是最新的例子。在以《渐进主义与休克疗法》(*Gradualism versus Shock Treatment*)为题发表的演讲中有这样一句令人难忘的台词："把狗尾巴砍掉几英寸没有任何意义。"这一比喻一定会让云集的将军们乐得合不拢嘴。多年后，我在欧元危机期间参加了在里加举行的一次国际货币基金组织活动，拉脱维亚财政部部长一字不差地重复了弗里德曼关于"砍掉狗尾巴"的建议。而拉加德则将波罗的海沿岸各国实施国际货币基金组织的休克疗法描述为一场由拉脱维亚"带路"的"力量之旅"——其最终结果是该地区的工资下降了30%，贫困率上升到40%，10%的人口进行了迁移。

智利是弗里德曼方法的先驱。这种方法今后也将激发撒切尔夫人、里根及叶利钦的灵感，但皮诺切特首演了新的新自由主义模式，其中包括休克疗法、放松管制、私有化、取缔国家养老金、医疗及教育体系，并使国家在整体上处于萎靡状态（除了脑满肠肥的军事预算），而这一模式很快将在世界范围内流行开来。

2002年，也就是弗里德曼去世的四年前，我有机会对他进行了采访。当时弗里德曼正在他那座位于佛罗里达州一个为悠闲的退休者设立的封闭社区中的避暑别墅中度假。"他们做得很好！"他指的是塞尔吉奥·德·卡斯特罗（Sergio de Castro）以及其他曾在他的指导下在芝加哥大学进行学习的智利"芝加哥男孩"们，"但他们不需要通过独裁来达成这一目的。"此时的他已经是90岁高龄的老人了，

---

① 经济休克疗法（economic shock therapy）中的 shock 一词也有"惊愕"的意思，此处作者使用了谐音。——译者注

第八章　铜（秘鲁，阿普里马克；智利，阿塔卡马沙漠）

一次记忆上的衰退让这位货币主义的创始人轻轻松松地忽略了这样一个事实：那就是在 1975 年 3 月，当他访问圣地亚哥时，那里发生了一场针对约 40 000 名持不同政见者的酷刑折磨与清算。其中的很多人被铐在旧矿场铁路上的一截铁轨上，然后被带上直升机扔到了太平洋里，3 000 条生命就那么消失了。

而更具政治敏锐性的新兴市场分析师——那些意识到将经济成功与自由民主联系起来在意识形态上的重要性的人，则将智利奇迹的根源定位在了 1989 年的公投和随后皮诺切特倒台后出现的 20 世纪 90 年代的民主上。然而，就连这些经济学家也暗自感激着这位在玛格丽特·撒切尔的帮助下已经更名改姓的老独裁者，他们认为他是一位面带微笑且慈祥的人民保护者。"芝加哥男孩"们制定的游戏规则已被载入 1980 年宪法，并且几乎原封不动地传入了新民主主义政体。桑坦德银行（Banco Santander）和穆迪公司的分析师表示，这保护了智利模式免受"民粹主义"政府的威胁，并可能会将智利人民做出的所有勇敢牺牲付之一炬。

但是，将弗里德曼主义政策写入智利宪法的基本原则一事，并不是那些将承担后果的智利人的骄傲之源。举个例子来说，80% 的退休人员的养老金将低于每月 400 美元的最低工资标准。由总统的兄弟何塞·皮涅拉（José Piñera）在皮诺切特时代设计的举世闻名的资本化养老金制度，将其作为应对人口定时炸弹的解决方案，并在全球路演中得到了不懈的推广。所有智利人都被迫将收入的 10% 储蓄起来，然后投资于资本市场。但在第一代贡献者达到退休年龄之际，结果至少可以说是十分令人失望的。

亚历杭德罗·基罗加（Alejandro Quiroga）是一名中学教师，他满脸皱纹，蓄着长长的白胡子和满头雪白的长发。他简明扼要地指出了问题的所在："我的养老金不够维持生计，所以我必须在 92 岁时继续工作。"圣地亚哥到处都是有着两三份工作的老年兼职工人。大都会人寿（MetLife）等全球保险公司旗下屈指可数的几家养老基金，管理着价值不低于2 500亿美元的智利强制储蓄金。从矿业公司到食品出口商，再到博索纳罗的财政部部长保罗·格德斯拥有的一个商业集团，庞大的资本池保证了这些智利寡头集团的低成本融资，而智利强制储蓄的投资也使后者的股价飙升。（难怪格德斯会拼命争取在巴西采用类似的系统。）

银行和投资基金从这个系统中获得了可观的利润，但领取养老金的人一贫如洗。教育和健康系统也严重偏袒着有钱的阶层，学生债务飙升，利率也高得惊人。在这个被新自由主义统治下数十年间伤痕累累的世界上，全世界的人们对这些问题都再熟悉不过了。不同之处在于，作为实验室中的第一批小白鼠的智利人已经嗅出了犯罪方，现在他们要求在意大利广场的领导们尽快将广场更名为"Plaza de la Dignidad"，即"尊严广场"。

智利几十年来强劲的国内生产总值的增长，毋庸置疑带来了一些进步。在皮诺切特和弗里德曼时代的头几年，铜在经济爆炸式的增长期间推动了经济的发展。在独裁统治的最后几年，智利的经济增速有所放缓，但得益于铜价飙升以及旨在稳定动荡商品周期影响的明智政策，智利在1990年至2003年的平均增长率达到了5%，随后降到了3.5%。这里不是亚洲，这种增长对拉丁美洲来说是极其罕见。

此外，特别是在米歇尔·巴切莱特（Michelle Bachelet）的社会主义政府领导时期，智利的民主政策在减贫方面也取得了优异的成绩。在十年间，平均月工资从2万美元上升到2.5万美元。但在这片世界上最不平等的大陆上，统计平均数永远都不能代表真实的总体情况。智利有一半的劳动力月收入不足600美元。不平等现象并不像皮诺切特时代那样极端，但在南美洲，智利也仅次于哥伦比亚，位居第二。再者，有明显的迹象表明，收入分配进一步偏向了那些在维塔库拉吃酸橘汁腌鱼的人；而在城市西部，抗议者们正与

第八章 铜（秘鲁，阿普里马克；智利，阿塔卡马沙漠）

宪兵防暴警察进行对峙。根据社会发展部部长发布的数据，2018年，全国收入前10%的人群的工资是10%最贫穷人群的13.6倍；而在2015年米歇尔·巴切莱特掌权期间，这个数字还是11.9倍。

意识到"除非从地基上重新搭建一座房子，否则一切都不会改变"的意大利广场上的年轻抗议者们，要求制定一部新宪法。起初，皮涅拉断然拒绝了这些要求。在提到这些暴力事件，特别是一群无政府主义者在圣地亚哥摧毁了19个地铁站一事时，他宣称："（他）正在与一个强大而无情的敌人作战。"第一夫人塞西莉亚·莫雷尔（Cecilia Morel）则将矛头指向了外部挑衅者，她称这些挑衅者参与了"外来入侵"。这对总统夫妇的阴谋论是受到了美洲国家组织（Organization of American States，缩写为OAS）的乌拉圭秘书长路易斯·阿尔马格罗（Luis Almagro）的启发。他曾在基多和圣地亚哥的抗议活动中指责"玻利瓦尔和古巴独裁政权……正在资助、支持和促进政治和社会冲突"。加莱亚诺对美洲国家组织是一头"永远都不会忘记在哪里吃饲料的驴"的定义依然十分恰当，而阿尔马格罗则在特朗普2.0版本的"冷战"中成了一位俯首帖耳的战士。

当然，这个将一切问题归咎于外部共产主义的阴谋论在圣地亚哥街头遭到了嘲笑，参加抗议活动的人群已经扩大到教师、卫生工作者、出租车司机、养老金领取者以及公共交通和私家车用户……当智利武装部队总司令伊图里亚加将军（General Iturriaga）在回应皮涅拉向示威者宣战的指令时说"我没有与任何人开战"的一刻，总统的判断错误便一目了然了。几天后，当一个拥有1 900万人口的国家中有100多万人涌上街头抗议养老金欺诈时，皮涅拉显然是永远也无法恢复他的信誉了。

计划为处在寡头统治集团中的朋友减税的皮涅拉，试图在新自由主义项目上比以往的民主政府更进一步，而这一举措也带来了最糟糕的一刻。他突然变卦，并以雷霆之势撤回了最近宣布的从公共交通加价到削减公司税等所有措施。皮涅拉还宣告了一场针对新宪法展开的公投，而这一举动将最终葬送了皮诺切特的遗产。

但在圣地亚哥和智利的其他地区，抗议活动仍在继续，数以百万计的涂鸦标语改变了城市景观。其中一句常见的口号：**智利正在醒来**。在近距离橡皮子弹造成大约 30 人死亡、数百人眼部受伤，且很多人因此有一只眼睛失明之后，另一条涂鸦出现了：**军方，我们会把子弹退还给你们！**

新的街头艺术家无法与罗伯托·马塔（Roberto Matta）[①] 的前卫壁画和在阿连德时代粉刷了整座建筑的突击队员们（Brigadistas）的作品相匹敌。但是数百个涂有三四层五彩颜料、装饰着马普切旗帜（Mapuche flags）和防毒面具的官方雕像，看起来像是对 20 世纪 70 年代智利革命波普艺术的致敬。其中一条最具启发性的涂鸦内容：**智利，新自由主义的诞生与消亡之地**。如果这是真的，那么谁将取而代之还不得而知。而另一条涂鸦则坦言道：**需要改变的东西太多了，鬼才知道这里需要什么**。

在意大利广场，每天晚上都有数千名抗议者"乒乒乓乓"地敲打着锅底。但其中最震耳欲聋的当属数百名年轻人，他们用石头、木棍，有时甚至只用拳头击打着广场前的一道用来保护西班牙电信塔（Telefónicatower）的 16 英尺高的金属屏障。那里是西班牙移动之星公司（Movistar）的总部，该公司于 1996 年以折扣价买下了最近被私有化的智利国家电话垄断服务。随着手机行业的繁荣创下了前所未有的利润，国家与智利寡头以及国际投资者之间发生了巨大的财富转移。这是新自由主义方法的完美范例，智利的年轻人终于将它看穿了。他们击打着钢铁屏障，有些人甚至运用技术将噪声放

[①] 罗伯托·马塔（Roberto Matta）（1911—2002），智利最著名的画家之一，也是 20 世纪抽象表现主义和超现实主义艺术的重要人物。——译者注

第八章 铜（秘鲁，阿普里马克；智利，阿塔卡马沙漠）

大。对于二十年前被一些人形容为"第二次西班牙征服"的危机来说，这是一首完美的配乐。

其他西班牙公司也是抗议者的目标，尤其是法罗里奥集团（Ferrovial）和阿伯蒂斯（Abertis）等建筑公司。它们在典型的弗里德曼主义模式下，成功赢得了私人收费公路利润丰厚的特许权。在这种模式下，交通堵塞越严重，收费就越高。这一想法显然是受到了新古典主义供需经济学（neoclassical economics of supply and demand）和市场"看不见的手"的启发。它将有效地重新分配交通，从而避免交通拥堵。但问题是，并没有其他路线可供选择。因此，在通常情况下，司机在支付了高峰时段最高昂的通行费后，仍不得不听天由命，继续堵在那里。在一个为西班牙和其他在业务上有公私合作关系的欧洲跨国公司提供丰厚回报的系统中，不付款的人就会被吊销驾照。

此次爆发的并不是一场民族主义叛乱。智利精英是第一目标，而西班牙跨国公司则紧随其后。事实是，正如参与变革运动的人们所深知的那样，智利寡头和他们的西班牙朋友之间并没有什么太大的区别。智利新自由主义的核心不只是弗里德曼。"芝加哥男孩"和皮诺切特之间的中间人杰米·古兹曼（Jaime Guzmán），是西班牙独裁者弗朗西斯科·弗朗哥（Francisco Franco）的狂热崇拜者。因此，抗议者带着马普切旗帜和钢缆前来拆除了在1554年阿劳科战争（Arauco War）中丧生的佩德罗·德·瓦尔迪维亚（Pedro de Valdivia）和弗朗西斯科·德·阿吉雷（Francisco de Aguirre）等征服者的雕像也就不足为奇了。智利人拆除了殖民主义和种族主义的标志性建筑，而半年后，"黑人人权运动"[①]（Black Lives Matter）的抗议者将在美国

[①] 黑人人权运动，"Black Lives Matter"，缩写为"BLM"，意为"黑人的命也是命"。在美国文化中，反对黑人人权运动的口号是"ALL Lives Matter"，意为"所有的命都是命"。——译者注

蔓延，这些雕像也将在世界各地纷纷倒塌。

采掘主义一直以来都存在于在抗议浪潮中出现的对一种经济议程的辩论中。由社会民主党人里卡多·拉各斯（Ricardo Lagos）和米歇尔·巴切莱特（Michelle Bachelet）管理的反对后皮诺切特共识政策的广泛左翼阵线，捍卫了那些依赖采矿、受污染的鲑鱼养殖场或木材业的替代方案，而这些方案否认了马普切人的历史权利。拉丁美洲环境冲突观察站（the Latin American Observatory of Environmental Conflicts）的主任卢西奥·昆卡（Lucio Cuenca），在圣地亚哥举行的一次自然权利研讨会上说："从养老金到与政府有关的银行和大公司，包括不纳税却拥有我们供水的跨国矿业公司，我感觉所有的这些人都在欺骗我们。"

就连与环保运动关系不大的经济学家们也认为，在超级周期期间，占智利总出口量的 80% 并产生 30% 税收的铜是经济中最薄弱的环节。"皮涅拉有两个致命弱点：他不知道如何纠正不平等，另外他也不知道如何通过加大对研发的投资来从以铜为基础的经济中取得进步。"与约瑟夫·斯蒂格利茨（Joseph Stiglitz）在哥伦比亚大学共事的智利经济学家斯蒂芬尼·格里菲斯-琼斯（Stephany Griffith-Jones）在圣地亚哥大起义期间接受我的采访时说道。

在提高了众多人的期望并帮助将贫困率从 50% 降至 10% 之后，大宗商品超级周期已经走向了终点。铜价的下跌减缓了智利经济的发展，并打破了精英阶层最终会在某一时间点开始分配利润的预期。智利甚至没有组装过汽车，因为"芝加哥男孩"们已经取消了迫使出口公司在圣地亚哥建厂的保护性关税。"智利是拉丁美洲最成功的民主国家，但它存在三个问题：对铜的高度依赖、高度的不平等和腐败的政治制度。"纽约大学的智利社会学家帕特里西奥·纳维亚（Patricio Navia）写道。任何在智利旅行过的人都能看出来这三点是密不可分的。

第八章 铜（秘鲁，阿普里马克；智利，阿塔卡马沙漠）

悲伤的沙漠城市卡拉马是智利觉醒的缩影。"走在街上的感觉是，我们是铜矿之王，但我们出口的铜精矿既没有工业化，也没有什么发展，只是纯粹的采掘主义，我们所做的无非就是搬石头。这么说可能有点夸张，但这就是人们的看法。超级周期和卡拉马已经疲惫不堪了。"曾在卡拉马的一家咨询公司任职的智利国家铜业公司的工程师伊万·瓦伦苏埃拉（Iván Valenzuela）解释说，"我们曾有机会避免重蹈覆辙，却什么也没做。"

卡拉马已然成为拉丁美洲新的"被切开的血管"的完美象征。"卡拉马拥有世界上产量最大的铜矿区。有十几个公有和私有的矿场。换句话说，这里是世界级的铜矿开采区。"瓦伦苏埃拉说，"但睁眼看看卡拉马吧。这鬼地方跟狗屎一样。我们怎么可能在世界上最大的铜矿开采了一个多世纪，价格飙升了十五年之后，还建造不出一座真正的城市呢？"

当我驱车离开帕克酒店时，一名在停车场周围的水资源紧张的花园里工作的玻利维亚移民，恍惚间让我感觉置身于类似年轻的切·格瓦拉在丘基卡马塔与两位共产主义者交谈的那一刻。可能是因为沙漠中毒辣的阳光，也可能是因为他挖掘时释放出的砷和铅，他裹着一层防护服。他将智利的奇迹是一场极大的虚张声势的普遍感觉呈现了出来，他说："我在玻利维亚的母亲很穷，但她得到的养老金是她在这里的三倍！这太不可思议了！"

这一章不仅有助于解释智利对失败的新自由主义模式的反抗，也有助于解释我即将跨越边境目睹的另一个史诗般的事件。就在同一时刻，在阿塔卡马沙漠的另一端，一场针对玻利维亚总统埃沃·莫拉莱斯的政变，正在美国及其地区盟友雅伊尔·博索纳罗的支持下悄然萌芽。

第九章　锂（玻利维亚，波托西）
盐滩上的政变

在出发前往玻利维亚南部巨大的盐滩乌尤尼盐沼之前，我在波托西停留了两天，这里是征服者 16 世纪淘银热的传奇首都。跟二十多岁时的加莱亚诺不同，我在那里海拔 13 000 英尺的高度上气喘吁吁，呼吸困难。我追随着《拉丁美洲被切开的血管》一书作者的脚步，穿过了一条蜿蜒曲折地夹在两侧巴洛克风格教堂之间的陡峭鹅卵石小巷。这片乌拉圭年轻人的象征性废墟现在已经在西班牙发展援助基金（Spanish development aid funds）和欧洲银行的帮助下得到了修复。有一则写着"**银矿之旅**"的英语广告，上面声称该旅游项目是由一位前矿工经营的，并确保游客不会面临武装帮派团伙的威胁。

我追求的是获取我自己的原始材料：为进一步探究加莱亚诺的方法而被快速注入了关于地理心理学的报告文学的珍贵证词。我会为获得像《拉丁美洲被切开的血管》中那位"裹着一英里长的羊驼毛披肩的波托西老太太"将波托西描述为"为世界上付出最多而拥有最少的城市"这样的证词而付出极大的代价。

我试图寻找梅尔乔·佩雷斯·德霍尔金（Melchor Pérez de Holguín）的异端作品。在加莱亚诺眼中，他是拉丁美洲土著人中的埃尔·格列柯①（El Greco），但对于西班牙的大师们来说，他的画作内容太过下流。比如，在婴儿耶稣吮吸着他处女母亲的一侧乳房的同时，她的丈夫约瑟正吸吮着另一个。我多么渴望能够看到这些画作啊！但在波托西似乎没有人知道它们在哪里。

在这座城市的后方，壮观的塞罗里科山（Cerro Rico）巍然耸立在地平线上，它是加莱亚诺所有隐喻中最有力的一个。几个世纪以来，对其银、锌或锡储备接二连三的侵袭改变了这座山的地质状况，它的形状和色调发生了变化。我在黄昏时注视着塞罗里科山，它的颜色随着太阳的落山而交替变换着，从彩虹般的紫色转变为了炸裂的暗红色。最终，随着来自安第斯山脉的寒意开始在波托西狭窄的街道上蔓延，它最终褪为了灰白色。

到 18 世纪末，在西班牙人从山上带走了最后一点银子，"甚至用扫帚清扫了矿层"之际，波托西的塞罗里科山中已有 700 万土著矿工死于非命②。加莱亚诺说，在一连串的白银热潮、掠夺、破坏和狡辩之后，波托西的"'强烈谴责'仍然在耳畔回响"，全世界都应该乞求它的原谅。

随着拉丁美洲新左翼势力在 20 世纪 60 年代至 70 年代的崛起，塞罗里科山成为那些依赖理论和诅咒的有力象征，它使外围经济体尽管拥有了丰富的资源，却陷入了永恒的苦难之中。但波托西遭遇的不仅仅是征服者的掠夺。"游客和教区居民已经把教堂里能带走的东西都掏空了。"加莱亚诺如是说。

在 18 世纪，居住在波托西这座银城的人口比整个阿根廷的都要多，而当 1971 年《拉丁美洲被切开的血管》出版之际，波托西的

---

① 埃尔·格列柯（1541—1614），西班牙文艺复兴时期著名的幻想风格主义画家。——译者注
② 因此，塞罗里科山被人称为"世界上是恐怖的山"。关于该山有许多恐怖的传说，因此当地人大多对它敬而远之。——编者注

人口仍然只有18世纪的1/3。"富人先离开了，穷人紧随其后。"那位披着披肩的老太太对加莱亚诺说出了另一段令人艳羡的引言。不过在我到访时，人口外流发生了逆转。在21世纪国际大宗商品超级周期期间金属价格暴涨之后，随着全球气候变暖席卷玻利维亚高原，塞罗里科山再次回荡起数千名非正规矿工的金属敲击声。其中大多数是非法的矿工们为了寻找残存的锡或镍而劈砍着岩石的声音。由安第斯山脉气候变化引发的农业危机——南部山脉干旱、北部地区洪水，将农村的移民重新赶回了新世界的旧中心。

"农民已经到矿场工作了，波托西的车轮依然是在采矿业的推动下旋转。"当我们爬上山时，波托西人胡安·科尔克（Juan Colque）说道，他沙哑的呼吸声让我不禁联想起他在锌矿的日子。突然，塞罗里科山上响起了一阵烟花的噼啪声。穿着蓝色波莱拉长裙、头戴脏兮兮的白色宽边克丘亚帽的两个女孩和她们的母亲爬下了山坡，去查看为什么有人会选择在这么晚的时候去一个那么荒凉的地方。他们是一个非常贫穷的矿工家庭，奉命巡逻并发射火箭弹以警告像我们这样的陌生人。

在从波托西到乌尤尼五个小时的巴士旅程中，悬挂式电视机一直以震耳欲聋的音量播放着劳拉·克罗夫特（Lara Croft）的电影。在这种环境中，重读加莱亚诺的著作成为一项能让人分散注意力的必要消遣。不仅如此，这种重读也是对埃沃·莫拉莱斯的计划进行评估的完美准备。这一次，这位玻利维亚的艾马拉人总统的想法既负责任又契合"地球母亲"的权利——他计划开采蕴藏在盐滩之下的世界最大锂矿床。然而，恰如在圣路易斯波托西——这个悲惨的玻利维亚白银与掠夺之都的墨西哥孪生兄弟，锂矿给"美好生活"带来的影响问题必须被暂时放在一边。故事中突然出现了一种新的形而上学的窘境。每年，有70 000名全球各地的游客慕名前来，他们不顾一切，只为能在乌尤尼盐沼上来一张完美的自拍照，然后发

第九章　锂（玻利维亚，波托西）

布到社交软件的照片墙上。试问，有谁的"美好生活"能与这些人共存呢？

***

每年，涌向乌尤尼盐沼的游客数量比去往北部300英里外的"的的喀喀湖"的人要多。一旦这片盐滩被圈进马丘比丘—库斯科的全球营销赛道，游客的数量将进一步增加。在雨季伊始的2月，乘坐越野车从乌尤尼小机场来此的游客几乎全部都是亚裔。"亚洲人喜欢雨季，欧洲人喜欢旱季。"萨拉达酒店（the Hotel De Sal Luna Salada）的前台接待员略显烦躁地说道，这是一家豪华精品酒店（每晚300~400美元），尽管它是用大块盐砖建造而成的。

这种东西方之间有趣的差异显然是由审美导致的。欧洲人选择在5月至9月来访，那时，他们可以尽情凝望巨大的白色盐壳，并在钠之沙漠的海市蜃楼中迷失自我。也许是因为迷失过头了，他们有时会撞向对方的吉普车队。相比之下，亚洲人则更钟爱1月和4月，届时，降雨会将盐沼变为一个巨大的湖泊，像冰山般隆起的一座座盐岛完美地倒映在浅浅的水面上。他们会掏出华为或者苹果手机，从其中的某座盐岛上抓拍一张他们本人和其湖中倒影呈对称状的照片，然后轻轻松松地发送到脸书（Facebook）上。在小机场中，有一则布满了一朵朵完美的棉花云图片的广告，正如其中所宣称的那样：**乌尤尼盐沼——映射出世界之美的地方。**

上午10点左右，一支四驱车车队从酒店出发并穿过盐沼。他们停在了一座岛上，二十年前，第一座盐砖酒店就是在这里非法建造的。在酒店直接将粪便与废物排入盐沼的行为被当局发现后，这家酒店便关闭了。随后，游客们穿着及膝的惠灵顿靴子或巴西哈瓦那橡胶拖鞋涉水进入湖中，并在镜头前摆出造型。据说像传说中的鹳一样单腿站立时，反射效果是最棒的。身体要向前倾斜，同时伸出手臂和食指指向地平线。佛塔式姿势也是一个选择，拍照时，双手要呈尖顶状压在头上。为了优化镜面效果，两名日本女性选择身穿鲜红色的裙子，其他人则手持一串串五颜六色的气球，拍摄着一些可能会为上海某家购物中心的缪缪（Miu Miu）广告增色不少的时尚大片。很明显，这段令人精疲力竭的旅程在开始之前就已经在东京或北京被精心策划过了。从亚洲飞往利马大约需要 20 个小时，再飞 2 个小时到库斯科，再飞 1 个小时到拉巴斯（La Paz），最后 1 个小时乘飞机到达乌尤尼。别忘了，在从机场到酒店的盐碱路上还有 1 个小时的车程。"他们来寻找世界上最大的镜子。他们喜欢在日出或日落甚至夜晚进行参观，因为那能给人一种被星星包围的感觉，就像身在太空中一样。"我们的克丘亚导游何塞·路易斯·瓦拉尼（José Luis Huayllani）说道，这位导游不厌其烦地建议我尝试一下最简单的姿势——双臂抬起，双腿分开，让身体呈"X"状。这样一来，当脚部和湖中的倒影相接时，看上去就像是两个连起来的"X"。水深 10 厘米时，反射出的效果是最上镜的，因为照片的明暗对比效果不仅需要如玻璃般的水面的反射，还需要水下白色盐床的陪衬。而只有在这种精确的深度之下，盐床才能透过湖水的过滤显现出来。"随着气候的变化，降雨量减少了，我们的水深达不到 10 厘米了。"瓦拉尼一脸担忧地说道。

  当我们回到萨拉达酒店时，一对身穿白色礼服的中国夫妇正在为能拍出理想中的夜景照片而进行着彩排。下午 5 点时，他们跟着第二支车队出发了。穿过了湖面的一段浅滩后，他们来到了一个盐码头，那里的游客们正像等待当天战利品的渔民般翘首企盼着。当落日开始与雪白的钠地平线相交融时，他们不约而同地将相机或手机举到半空中，按下了快门。有些人选择了"香槟套餐"，并用一杯"凯歌香槟"（Veuve Clicquot）来庆祝这一时刻。在全球社交媒体照片墙（Instagram）上最受欢迎的日落仅仅持续了 8 分钟。然后大家都回到了吉普车上，伴随着一阵机器的轰鸣声和一股汽油味，吉普

第九章　锂（玻利维亚，波托西）

车穿过盐沼返回其他酒店，水没过了引擎盖。

回程中，大多数游客都盯着自己的手机相册，为数不多的几位看向窗外的人可能会注意到一张贴在废弃建筑墙壁上的破损海报：**锂，工业化使生活更加美好！**坐落在盐沼另一边的是一座新工厂，玻利维亚碳酸锂新工业的首批原型样本就是在那里诞生的。

工厂是由玻利维亚政府在中德两国工程师和资金的帮助下建立的，这是莫拉莱斯政府最雄心勃勃的尝试，目的是让本土社会主义革命服务电池和电动汽车的新低碳经济。这一举措将最终证明玻利维亚，尤其是拥有乌尤尼盐沼的波托西省，是可以摆脱对主要出口到巴西的天然气，以及出售到国际市场的锡和镍等金属原材料的依赖的。

正如在拉丁美洲的其他地区一样，商品超级周期的结束现在威胁到了莫拉莱斯执政的这十几年所取得的卓越的经济成果。得益于采掘业的国有化，天然气和矿产在减贫方面创下了不容小觑的成就，并使极端贫困人口（每天生活费不到 1 美元的人）的比例从 2000 年的 45% 下降到了 2018 年的 15%，这要归功于工资增长、对贫困家庭的补贴以及更慷慨的养老金制度，改善劳动权利就更不用说了。但是，这些并没有为经济创造出太多的附加价值。

而"锂"会有所不同。根据政府的计划，从在盐沼下提取原材料到电池制造，整个生产过程都将位于玻利维亚境内。看起来，在玻利维亚发展电动汽车制造业甚至也成为可能。但在执政十三年后，莫拉莱斯的人气正在下滑，尤其是在城市中产阶级和年轻人中。这一方面是由基督教极端保守主义运动中的原教旨主义者（fundamentalist）造成的，另一方面则是在城市中，尤其是在圣克鲁斯，出现了激烈的新自由主义。这些人的使命（有些人称为"长期斗争"）是将这个艾马拉人赶出总统府，并降下代表玻利维亚 39 个土著民族的多彩"维帕拉"（wiphala）旗帜，让三色国旗取而代之，飘扬在旗杆上。

由于与大宗商品出口国的务实联盟，莫拉莱斯也失去了部分左翼势力的支持，而右翼势力的反对运动则在华盛顿和迈阿密的鼓励下更进一步了。而且出乎所有人意料的是，作为"土著人与内外部劫掠者进行斗争"的历史象征标志的波托西市，竟然会给莫拉莱斯带来致命一击。在游客们欣赏着他们映在盐湖之镜中的倒影的同时，乌尤尼盐沼及其巨大的锂矿藏也即将成为最新拉丁美洲政变的一个关键因素。

***

这片占地 5 000 平方英里的盐滩是 40 000 年前一片被困在山脉之间的海洋在一系列远古地壳运动后所留下的遗迹。据估计，在上镜的盐层之下蕴藏有 900 万吨的锂，按 2019 年的价格计算，其价值约有 1 600 亿美元。在莫拉莱斯试图以国家主导的工业化来取代历史上开采和掠夺的波托西模式的一系列努力中，为了玻利维亚的利益而采掘这些天然宝藏是他最雄心勃勃的计划。气候变化加剧了安第斯高原上的农业危机，但至少电动汽车的时代将会在玻利维亚引发前所未有的锂电池生产需求。

毕竟，锂已经告别了被涅槃乐队（Nirvana）的科特·柯本（Kurt Cobain）悲伤地神化为情绪稳定剂的时代①，它已经发展为希望之矿，并成了新绿色经济中最受欢迎的原材料之一。在自然状态下，它是一种溶解在阿根廷、智利和玻利维亚盐滩的地下湖中的银白色粉末。若要提取这种矿物质，只需将盐水泵入大型地表水池，水分蒸发后便会留下碳酸锂。

尽管从未有人认为从玻利维亚矿藏中提取锂并去除杂质是一项

---

① 此处指涅槃乐队的主唱兼吉他手，词曲创作人科特·柯本曾创作过一首名为《锂》（Lithium）的悲情歌曲。值得一提的是，科劳·柯本最终死于自杀。——译者注

第九章 锂（玻利维亚，波托西）

可行的方案，但那里的乌尤尼的确是南美洲最大的盐沼。为了亲自为这片盐沼拍上一张照片，数十家跨国矿业公司的高管人员和工程师以及汽车行业的代表们，登上了同一架从拉巴斯飞往乌尤尼的航班。但莫拉莱斯在将天然气、石油、电力和水资源国有化后，至少在最初阶段是拒绝让所有的私营部门都可以自由加入的。"在未来，锂的地位等同于汽油，而玻利维亚拥有世界上最大储量的锂。"美洲开发银行的玻利维亚行长、莫拉莱斯的前规划和发展部部长埃尔南多·拉拉扎巴尔（Hernando Larrazábal），在国际货币基金组织年会召开之前于华盛顿举办的一次午餐会上解释道："我们应该更早开展与锂相关的业务。智利已经开采了三十年的锂，阿根廷也开采了二十年。但在这些国家中，跨国公司是唯一的参与者。它们还没有超越单纯提取和出口原材料的阶段。"玻利维亚计划开始研发开采碳酸锂的技术。根据 2005 年莫拉莱斯在第一次历史性选举胜利后修订的多民族宪法的要求，第一阶段的工作将交由玻利维亚政府负责。宪法声明："国家将对所有地下矿产资源负责（……）包括盐滩、卤水、蒸发岩、硫黄等对我国具有战略意义的非金属自然资源（……）国家将控制整个采矿生产链。"在这之后，外国私营公司也将受到邀请，但只能作为玻利维亚国有锂矿公司（Yacimientos de Litio Bolivianos，缩写为YLB）的少数合伙人参与其中。这并不是一份类似于智利交给私营矿业公司（其中一家为皮诺切特家族所有）以允许它们从阿塔卡马沙漠中提取锂的全权委托，后者是智利送给私营公司的一份"礼物"。在其他诸多不公正行为中，这份"礼物"脱颖而出，并引发了 2019 年 10 月的智利民众叛乱。

莫拉莱斯打算在波托西建造一座电池厂，工厂一旦落成，将与臭名昭著的塞罗里科山形成完美的对比。由于锂的价格在过去十年间，从每吨 4 000 美元涨到了 18 000 美元，该项目似乎愈发可行了。此外，随着汽车游说团体（automobile lobbies）最终接受了内燃机时代已经结束这一事实，碳酸锂的需求也预计将在未来二十年内翻两番。

但是，拉巴斯的政治局势对于玻利维亚新锂产业计划的继续推进是有害无利的。反对莫拉莱斯连任的声音已经变成了公开的叛乱，他曾提议修改宪法以允许自己连续第四次竞选总统，但他在公投中失败了。此后，最高法院基于一项内容为"竞选总统是普遍的人权"的可疑原则对他的候选人资格表示了支持。十年前，反对新当选总统的抗议活动仅限于极端保守的圣克鲁斯市。在那里，政变被伪装成了地方主义者试图从新的玻利维亚多民族国家中脱离出来的努力尝试。但由于反贫困计划、提高最低工资上涨以及改善养老金和公共服务，莫拉莱斯还是在该国的大部分地区赢得了广泛的支持。

然而这一次，尽管大多数农村和土著居民仍然支持莫拉莱斯，但反对莫拉莱斯运动已经蔓延到了所有城市，坚持让他掌权绝非易事。但在一次抗议活动中，当我听到了一群愤怒的中产阶级反对莫拉莱斯抗议者的发言后，我决定做出努力。"农民们想要肆意践踏我们。他们听不进去话又蛮横无理，过去可不是这样的。"带着两个女儿一起参加抗议活动的香水销售商吉梅娜·马奇科（Jimena Machico）说道。很明显，"农民"指的是真正的艾马拉人或克丘亚人。现在的情况与在21世纪初的土著起义前夕一样，人们再一次接受了公开的种族主义。其他的抗议者是二十多岁的学生，他们指责总统的教育水平低下，但他们正是得益于莫拉莱斯时代所取得的经济成就才有幸能读大学的。许多中产阶级的愤怒也在加剧，而他们中的很多人近期才刚刚因莫拉莱斯的社会政策而摆脱了贫困。

在2018年2月的同一天，在拉巴斯街头正在进行政变彩排之际，我采访了负责乌尤尼锂项目的技术部副部长路易斯·阿尔贝托·埃查苏（Luis Alberto Echazú）。他竭尽全力地为总统再执政四年的决定进行辩解。"尽管教育水平不高，但莫拉莱斯非常聪明。很难再找到像他这样的人了，我们有非常重要的项目要完成。"他告诉我。政

第九章　锂（玻利维亚，波托西）

府和莫拉莱斯的政党社会主义运动（the Movement for Socialism，缩写为 MAS）都不希望让发展项目面临风险，更不用说它们的王牌计划：锂的工业化了。选举失败将致使反对派政客上台，而这些人将向跨国公司开放盐沼。埃查苏暗示说，在围绕自然资源展开的新冷战中，如果莫拉莱斯不掌权，那么玻利维亚任何一点软弱的迹象都会被唐纳德·特朗普的帝国所利用。"莫拉莱斯就像卢拉一样独一无二。"他总结道。领导能力至关重要，因为玻利维亚有一个不太能在全球权力中心顺利进行的计划。"从长远来看，我们希望利用我们的锂生产量来达成对国际市场价格的控制。我们将与其他生产国进行协调。"毫无疑问的是，在电动汽车时代，一个锂的欧佩克（石油输出国组织）会使华盛顿感到毛骨悚然。至此，这位艾马拉人总统开始为竞选第四任总统而做准备了，这意味着他将在总统府中任职十七个年头。

尽管其他原材料，尤其是天然气和金属价格的暴跌导致了预算问题，但莫拉莱斯还是决定通过总统令的方式踩下这部关于锂的加速器。政府与特斯拉公司（Tesla）的电池供应商之一、德国小型公司"ACI 系统"（ACI Systems）签署了一份从乌尤尼盐沼开采的矿物中生产氢氧化锂（lithium hydroxide）并为欧洲市场制造锂离子电池的合同。而中国公司特变电工（TBEA）也将在亚洲展开相同的业务。这两家公司都将成为国有企业玻利维亚国有锂矿公司的合伙人。

据政府估计，玻利维亚将在五年内生产 15 万吨的锂，占世界锂产量的 20%。根据中国规划者的预测，到 2025 年，仅在中国，新型电动汽车行业每年就可能产生 80 万吨的锂需求，而玻利维亚将成为中国的主要供应商。在这个中美两国因关键矿产资源日益减少而引发的地缘政治紧张局势日益加剧的时代中，锂的需求量预计将以每年 20% 的速度增长。看起来，这一金属或将成为未来的"白金"。为了完善国家主导的全国供应链，波托西地区将收取 3% 的矿区土地使用费，玻利维亚国有锂矿公司也与电动汽车制造商固态电池初创公司（QuantumScape）签署了一份合同，它们要在科恰班巴修建一座工厂。

这是一项肯定会使每个玻利维亚人都引以为傲的国家发展计划。但是莫拉莱斯低估了玻利维亚新右翼势力和它们的动员能力，它们发动城市中产阶级对莫拉莱斯所提出的一切想法都进行抵抗。莫拉莱斯还犯下了另一个错误，在遭受了500年的掠夺之后，波托西地区从巨大的心理创伤中滋生出了深刻的历史怨恨，而莫拉莱斯却低估了这些怨恨。正如加莱亚诺指出的那样，枯竭的塞罗里科山是"坠入真空"的"杰出代表"。在接下来的几周里，锂将和几个世纪以来在波托西开采的所有其他矿物一样，成为这位拉丁美洲唯一的土著总统的噩梦。

38岁的马可·普马里（Marco Pumari）是埃沃·莫拉莱斯在波托西的死敌。他是一名矿工的儿子，肤色和他的克丘亚人母亲一样黝黑。然而，普马里并不认为自己是土著人，他从骨子里认为自己是一个玻利维亚人，一个忠于《圣经》而不是"地球母亲"的波托西人。作为"波托西主义公民委员会"（Potosínista Civic Committee）的主席，他雄心勃勃且信奉机会主义。他试图将极端保守的路易斯·费尔南多·卡马乔（Luis Fernando Camacho）——这位自诩为"马乔·卡马乔"（Macho Camacho）[①]的玻利维亚的博索纳罗——在圣克鲁斯市取得的成功复制一遍。为了对抗莫拉莱斯，卡马乔曾在圣克鲁斯全市范围内发起了一系列的"帕罗斯"（paros）行动，即瘫痪城市的恐吓性道路封锁。波托西比圣克鲁斯贫穷得多，也更加具有本土气息，这意味着在这里动员工薪阶层和中产阶级反对莫拉莱斯将是一项更艰巨的挑战。但在2019年10月的选举活动开始的三

[①] 西班牙语意为"充满男子气概的卡马乔"。——译者注

第九章 锂（玻利维亚，波托西）

周前，普马里想出了一个完美的方案。他对波托西人的历史怨恨了如指掌：他们很害怕从这片土地中攫取的财富不会为波托西带来任何好处，只是造福他人。普马里决定要利用这一怨恨。

针对莫拉莱斯提出的建立"从锂盐沼到固态电池初创电动车公司"的工业化供应链计划的可行性，人们进行了一些合情合理的提问。环境保护主义者想知道，如何才能在不导致盐壳下沉的情况下从盐沼下面抽水并进行蒸发，因为这关乎100万游客的自拍环境，以及周边地区数千名藜麦生产者的生计。皮诺切特的女婿是坐落在智利边境的智利化工矿业公司（Soquimich）的大股东。由于在阿塔卡马沙漠运营期间制造了污染并浪费了大量水资源，这家公司已经成为智利抗议活动的目标之一。人们不希望同样的一幕也在玻利维亚上演。其他人则指出，与处于海平面高度的干旱的阿塔卡马沙漠相比，乌尤尼盐水中锂的浓度较低，其产量是智利的盐湖的1/7，而且由于湿度较高，并处在海拔13 000英尺的高度上，因此蒸发过程极为缓慢。与此同时，财政保守派对迄今为止投资于该项目的100亿美元是否得到了合理利用一事也产生了怀疑。总的来说，在安第斯山脉制造汽车的想法即使不说是一场空想，也看似过于乐观了。莫拉莱斯的首位驻联合国大使帕布罗·索隆（Pablo Solón）曾因农业综合企业和采矿项目问题与总统决裂。他想知道为什么要与一家只有二十名员工、几乎没有锂提取经验的德国小公司签署一份为期七十年的合同。"他们应该使用自己的国家资金去制造氢氧化锂，而非寻求合作伙伴。"索隆说。

这些批评的声音都是合理的，但很难想象莫拉莱斯会因为推行了一项无可否认的国家工业发展计划而被贴上叛国的标签。然而，普马里深知植根于波托西人脑海里的受迫害意识是何等强烈。这位年轻的波托西人已经成为一场玻利维亚身份认同政治新变种的领导者，一些社会学家和记者称之为一场"宁古诺人"（ninguno）（西班牙语意为"一个也没有/什么也不是"），即"无名之辈"的叛乱。那些既不是土著人也不是白种人的玻利维亚人，感到没有任何事物可以代表自己。和其他国家一样，种族主义深深埋藏于民族心理之中，这些"无名之辈"成了玻利维亚新右翼势力的炮灰。也许是由于自身也是其中的一员，因此普马里十分善于引导这些人发泄出心中的怨恨。他攻击道，那位土著总统出售了乌尤尼盐沼的资源，却没有惠及波托西。他在一次会议上咆哮道："本届政府坚持将波托西的自然资源移交给跨国公司。"他抗议说，与卡马乔和圣克鲁斯的公民运动从东部地区提取的石油中取得11%的收益相比，3%的矿区土地使用费简直是一种侮辱。他对政府锂项目愤怒的长篇大论赢得了心怀不满的波托西左翼和右翼分子的支持。此外，他还赢得了波托西和其他地区许多自主矿工的支持，这些矿工反对莫拉莱斯试图将该行业进行国有化和正规化。[2016 年，一群思想保守的个体经营矿工在拉巴斯附近的一个矿区内对副总统鲁道夫·伊拉内斯（Rodolfo Illanes）进行了殴打并致其死亡。]

普马里将"宁古诺人"和自主矿工与波托西的专业中产阶级联合起来，捏造出了一种地区主义身份（regionalist identity）。他四处游说，争取从土著左翼势力占主导地位的拉巴斯获得更多的自主权。在此过程中，他加入了圣克鲁斯市，因为这是一座每当左翼势力在拉巴斯执政时便会秉承分离主义（secessionist）的城市。波托西公民委员会（Potosínista Civic Committee）有时会在全市范围内组织暴力封锁和示威活动。普马里将卡马乔的反本土基督教原教旨主义与对波托西自然资源的主权保护相结合，组建了一个强大的反政府联盟。他甚至进行绝食抗议，声称要在这场锂的盛宴中为波托西争取到更大的一杯羹。

最后，莫拉莱斯屈服了，并如普马里所要求的那样，解除了与德国"ACI 系统"公司签署的合同。总统承诺将在波托西市投资一

第九章 锂（玻利维亚，波托西）

家电池厂，并将玻利维亚国有锂矿公司总部从拉巴斯迁至位于盐沼中的混乱城市——乌尤尼。莫拉莱斯甚至提议说，波托西的矿区土地使用费可以再协商。但一切都晚了。反对政府锂项目的波托西运动已经演变为一场反对莫拉莱斯的政变。普马里在2019年10月宣布："我们已经赢得了（锂）之战，但很不幸，如果埃沃·莫拉莱斯继续掌权，我们的斗争将毫无意义。"

总统在第一轮选举中虽然是以微弱的优势获胜，但也足以避免进行第二轮投票了。然而，选举当局不明原因地暂停计票却引起了人们的怀疑。在前所未有的漫长等待过后，当审计结果最终出炉时，由路易斯·阿尔马格罗（Luis Almagro）带领的亲华盛顿美洲国家组织的观察员们，不出所料地谴责这场选举具有舞弊性质的嫌疑。阿尔马格罗敦促莫拉莱斯举行第二轮投票，而莫拉莱斯看起来也想这样做。但是，普马里和卡马乔现在却想要给总统带来致命一击。

波托西和圣克鲁斯的封锁进一步升级。公共建筑以及部长和政党社会主义运动领导人的住宅遭到袭击。一群暴徒强行闯入了总统位于科恰班巴的住所，其他暴力反对派团伙还烧毁了莫拉莱斯姐姐的房子。作为回应，莫拉莱斯的支持者对反对派领导人展开了攻击。普马里与卡马乔正在发动一场对抗"异教徒"总统的新"十字军东征"。"他们必须把上帝的话语权交还到政府的大殿之上！消灭异端邪说！"这位波托西年轻人在洛矶永加斯（Los Yungas）举办的一次集会上咆哮道。

几个小时后，警方在圣克鲁斯和其他地区发动了针对总统的兵变。卡马乔和普马里从各自的城市出发前往拉巴斯，他们在数十名叛变警察和大批愤怒的反对派支持者的护送下抵达了总统府。但他们却扑了个空，莫拉莱斯已经离开了总统府，因为眼下的场景使他想起了另一位左翼总统瓜尔博托·维拉罗（Gualberto Villarroel）的命运——1946年，那位总统被暴徒捅刺并殴打致死，尸体被吊在

183

了灯柱上。刚一踏入总统府，普马里和卡马乔便跪了下来，他们宣布"上帝已经回到了大殿"，并在玻利维亚国旗上放了一本《圣经》，然后背诵了主祷文。他们还留下了一封自己起草的总统辞职信，供莫拉莱斯签署。2019年11月10日，周日，莫拉莱斯在军方的压力下提交了辞呈，并在获得了墨西哥总统安德烈斯·曼努埃尔·洛佩斯·奥布拉多（Andrés Manuel López Obrador）的政治庇护后，于次日飞往了墨西哥城。

普马里"用他（莫拉莱斯）自己的论点击败了莫拉莱斯"，他指责莫拉莱斯"将国宝交给外国人和跨国公司"，并暗示"外国人要从我们这里进行偷窃"。政变后不久，拉巴斯天主教大学的经济学家冈萨洛·查韦斯（Gonzalo Chávez）在我采访他时解释道："所有玻利维亚人都是民族主义者，尤其是波托西人，他们无一不相信自然资源会拯救我们。而普马里出色地利用了这一点。"当然，这已经不是法西斯主义第一次劫持左翼势力的话语权了。

莫拉莱斯的辞职似乎标志着马可·普马里的新波托西的城市叛乱取得了胜利。然而，在波托西省的农村市镇，政权的更迭并没有像在首都那样为人们带来喜悦。"农村人支持莫拉莱斯，但城里人不会。"一名克丘亚妇女说，在政变后的两天，她正好与我乘坐同一辆汽车，从智利出发越过边境前往乌尤尼。此外，尽管普马里言辞激烈，但这群如今掌握了玻利维亚大权的极端右翼分子，对创建一个全国性的锂产业的兴趣似乎远不如埃沃·莫拉莱斯那样高。莫拉莱斯的支持者开始指出，那些处处针对总统的行动有可能与盐沼之间存在着某种联系。

莫拉莱斯辞职的三天后，一名艾马拉抗议者在拉巴斯城穆里约广场（Plaza Murillo）附近的抗议集会上说："这次政变是因为美国想要我们的锂。"当天，艾马拉反政变抗议者封锁了通往市中心的道路。为了让自己有更强的力量进行抵抗，他们口中咀嚼着古柯叶。

第九章 锂（玻利维亚，波托西）

防暴警察和军队在新临时总统、前参议员珍妮·阿涅斯（Jeanine Añez）发布的新行政命令的庇护下各就各位。该命令免除了他们在致使抗议者死亡时的刑事责任。在不到一周的时间里，大约有 20 人被枪杀，事件首先发生在由萨卡巴（Sacaba）的古柯种植者发起的亲埃沃游行上，然后是在位于安第斯山脉的艾马拉城市埃尔阿尔托（El Alto）中，因为那里的反政变运动阻断了向海拔 3 000 英尺以下的拉巴斯提供补给。在圣卡塔（Senkata）——埃尔阿尔托的一个燃料库中，至少有 11 名示威者和当地居民被枪杀。虽然阿涅斯部长否认子弹是由安全部队的武器射出的，但埃尔阿尔托的目击者在大屠杀后的次日告诉我，他们亲眼看到了士兵开枪。几个月后，哈佛国际人权诊所（Harvard International Human Rights Clinic）经过详尽的研究后发表了一份报告，在标题中，他们引用了另一名证人的证词："他们像射杀动物一样向我们开枪。"

唐纳德·特朗普称莫拉莱斯的离开是"西半球民主的重要时刻"。在宣布自己就任总统的第二天，阿涅斯手里拿着一本巨大的皮面《圣经》，宣称她已与委内瑞拉的胡安·瓜伊多建立了外交关系，玻利维亚将退出南美洲国家联盟（UNASUR）和玻利瓦尔美洲人民联盟，这二者是由拉丁美洲左翼政府于十年前创建的组织，用于作为美洲国家组织的区域替代方案。华盛顿在 48 小时内成功地将其地缘政治议程强加给了拉巴斯，而位于墨西哥的莫拉莱斯团队警告说，特朗普将很快将其企业支持者的商业议程也强加给拉巴斯，尤其是强加给一个对通用汽车公司和特斯拉公司有着莫大吸引力的行业。

莫拉莱斯的副总统阿尔瓦罗·加西亚·莱内拉（Álvaro García Linera）宣称："我没有证据，但这场政变极有可能与全球锂争端有所关联。"目前，他正与前总统一起流亡墨西哥。当发展部临时部长威尔弗雷多·罗霍（Wilfredo Rojo）被问及将如何处理国有企业时，他回答说："有很多种选择。可以将它们出租、利用私人资本进行资本化、出售或关闭。"至于该议程是否会同样应用于玻利维亚国有锂矿公司，目前尚无定论，但特斯拉公司的创始人埃隆·马斯克（Elon Musk）几个月后在推特上发布的一条推文，加深了人们对他就是这场锂政变幕后黑手的怀疑。他写道："我们想让谁发动政变就让谁发动政变。"

在反莫拉莱斯政变的阴暗故事中，没有什么是不可能的。但马斯克的言论似乎更像是这位亿万富翁企业家那不合时宜的幽默感的一个佐证，而非意在说明特斯拉公司支持推翻莫拉莱斯。就像博索纳罗位于狐阳丘地的铌矿一样，玻利维亚的锂项目背后隐藏着一个残酷的讽刺。由于乌尤尼盐矿的浓度较低，而且生产成本高，因此与我交谈的所有分析师都向我保证说，乌尤尼的矿藏绝不会是华盛顿或北京关注的重点。相较之下，澳大利亚、智利以及在超级大国直接管制区域内的锂矿床［西藏的扎布耶湖（Lake Zabuye）和内华达州沙漠的克莱顿谷（Clayton Valley）］更为重要。美国对玻利维亚政变的支持似乎更多的是与意识形态有关，而不是为了抢夺锂。具体来说，它们是想要在拉丁美洲21世纪社会主义意识形态的残余中占有一席之地，并对莫拉莱斯下台给委内瑞拉造成的损失加以利用。对于委内瑞拉这个国家来说，石油的确是一种值得为之发起政变的资源。

同理，在普马里和波托西主张政变的运动中，那些由于与德国和中国私下签订协议而激发出的地方主义愤怒，实际上也是毫无根据的。在对乌尤尼盐沼进行了可行性分析后，锂行业的大多数领先的跨国公司并没有表现出多大的热情。就连特斯拉公司这样的电动汽车制造商也是一样。莫拉莱斯别无选择，他只能与"ACI系统"公司等进行合作，因为几乎没有任何其他公司对此感兴趣了。愤怒的玻利维亚"宁古诺人"年轻领导者和埃沃·莫拉莱斯都高估了乌尤尼盐沼的矿产价值。锂在这场反对莫拉莱斯的政变中似乎更具有

第九章 锂（玻利维亚，波托西）

象征价值，而非实际意义。这是一种对波托西因其矿产财富被掠夺而产生的历史怨恨加以利用的手段。正如马可·普马里凭借直觉所领悟到的那样，在这片被塞罗里科山所占据的土地上，若是有哪位政客准备对拉丁美洲"被切开的血管"的复杂心理情结进行利用，那他早晚都会有机可乘的。

***

拉丁美洲的左翼势力像多米诺骨牌一般接连倒下，随着左翼最后一股势力的崩塌，埃沃·莫拉莱斯试图将国内生产总值增长与"地球母亲"及"和谐生存"对美好生活的愿景进行调和的失败故事似乎已经告终。但在政变发生的一年后，我因报道总统选举而回到了玻利维亚。因为愈发被鄙视的阿涅斯政府在华盛顿的支持下迟迟不肯放权，所以这场选举一再被推迟。而现在，由于它们已经取缔了政党社会主义运动的反对派，并将所有领导人都一一定了罪，选举才终于得以进行。然而这一次，得益于政党社会主义运动在玻利维亚土著运动和工会中的深厚根基，曾在巴西和厄瓜多尔使用过的对进步领袖进行定罪的法律策略并未取得成功。

玻利维亚高原上的克丘亚人和艾马拉人的直接民主终将显现其强大的复原能力。莫拉莱斯的前经济部部长路易斯·阿尔塞（Luis Arce）与土著领袖戴维·乔克万卡（David Choquehuanca）联手参选总统，并以巨大的优势赢得了 2020 年 10 月的选举：他们赢得了 55% 的选票；而与之最接近的对手、中间派的卡洛斯·梅萨（Carlos Messa）的选票率仅为 30%。极右翼联盟克里莫斯（Creemos）的总统和副总统候选人卡马乔和普马里惨败，他们仅获得了 14% 的选票。事实证明，普马里在波托西的表现非常令人失望。在塞罗里科市的一次政党社会主义运动压倒性的投票中，他只获得了 3% 的选票。我曾对圣克鲁斯秘密法西斯青年运动（Santa Cruz cryptofascist youth movement）中的一位身着黑色衬衫的领导人进行了一场紧张的采访，他问道："如果政党社会主义运动在被美洲国家组织谴责欺诈时只赢得了42%的选票，那么当选举结果被视作正当的时候，他们又怎么能得到53%的选票呢？"他的这一发问也在无意中进一步削弱了美洲国家组织关于2019年10月选举舞弊报告的可信性。

阿尔塞是一位受人尊敬的经济学家，他曾受训于英国华威大学，得益于在莫拉莱斯时代的宏观经济管理能力，即使在正统的圈子里他也大受赞扬。他承诺，随着玻利维亚的经济从新冠病毒大流行中缓慢复苏，他将帮助其恢复增长。他还宣布了一项新的锂战略，这项战略将坚定地遵循由国家主导的工业化原则。但这一次，合作伙伴的选择将变得更加精明。"国有企业是可以在锂业务上顺利取得成功的。事实上，私营部门在此前取得的成果是极为糟糕的。"在取得这场历史性胜利的几天后，曾为阿尔塞团队提供建议的英国锂专家安迪·莱兰德（Andy Leyland）在与我交谈时说道："玻利维亚需要引进技术专长，但阿尔塞不会重蹈与'ACI系统公司'协议的覆辙。"阿尔塞还热衷使用玻利维亚的锂和镍来推动国家向可再生能源的过渡，在可再生能源领域，"储能"现在是应对未来挑战的关键。有消息称，直接提取锂的尖端技术中包含了一种不需要使用蒸发池的化学过程，从而避免了从盐沼下方抽水的需要，这也进一步证实了结局将十分圆满。玻利维亚得以在将生态影响降至最低的情况下，在世界锂市场中占据一席之地。"路易斯敏锐地意识到了保护盐沼生态旅游的重要性。"莱兰德说道。总算是能庆祝一下了，或许我也可以来一张盐沼倒影自拍照，然后将其发到自己的社交媒体上。

第十章　藜麦（玻利维亚，乌尤尼）
神奇谷物的兴衰

埃沃·莫拉莱斯在人们震惊的目光中辞去职务并于2019年11月逃亡墨西哥，这个消息传到了圣奥古斯汀，整件事就如同从横亘于西部地平线之上的壮观的奥亚圭火山中喷涌出的熔岩，在这座位于乌尤尼和智利边境之间的城市中蔓延开来。与玻利维亚大部分的农村地区一样，莫拉莱斯政府资助的发展投资浪潮和扶贫行动使该地区发生了改观，而议员们则对该地区社会项目的未来发展感到担忧。

最让人担心的是一座新藜麦加工厂的未来，拉巴斯政府已经在该厂投资了400万玻利维亚诺（bolivianos）①（约50万美元）。"我们曾以为这座工厂的未来十分安全，因为我们已经拥有了所需的全部资金，然而现在一切都变得不确定了。"圣奥古斯汀的经济管理总监埃米利奥·穆拉尼亚·万卡（Emilio Muraña Huanca）说。这座城市虽小，却是玻利维亚最重要的藜麦种植区之一。"我们面临的最大挑战就是藜麦。"市长胡安·托马斯卡图尔（Juan Tomás Catur）用带有克丘亚元音腔调的西班牙语彬彬有礼地附和道，"您能帮我们找到买

---

① 玻利维亚诺（Bolivian Boliviano 标准符号：BOB）是玻利维亚的流通货币。——译者注

家吗？"毕竟，圣奥古斯汀的藜麦不仅仅是一种古老的克丘亚谷物，它还有着"皇家藜麦"之称，是这种世界上最流行的谷物中最受欢迎的品种。至少，圣奥古斯汀的议员和农民们希望它是。

彼时，藜麦掀起了一股全球热潮，并成为发达国家注重健康的消费者眼中的超级谷物。在这些国家中，对麸质的强烈抗拒心理正改变着数百万吃氯漂白工业切片面包长大的人的饮食习惯。藜麦因其数不尽的有益健康的特性而被视作超级食品，备受推崇。这种谷物的蛋白质含量是大米或大麦的两倍，也是钙、镁、磷、钾、钠以及维生素 B 和维生素 E 的极佳来源，而且其中不含有任何的麸质。

在消费者对全球化"大食品"的巨大反抗中，这种克丘亚的超级谷物也有着比其竞争对手更佳的路人缘。对于地处安第斯高原的克丘亚和艾马拉社会来说，这是一种至关重要的粮食。它与马铃薯一样，都是高海拔地区伟大的前哥伦布文明时期人口持续增长的食物基础。21 世纪初，随着土著运动最终在玻利维亚和厄瓜多尔掌权，许多人认为，这种具有强大生命力的作物不仅有益于身体健康，甚至还将对文化，甚至政治上的承诺有所帮助。

全球对藜麦需求的激增，再加上埃沃·莫拉莱斯执政初期的兴奋情绪，为波托西南部讲克丘亚语的农村社区播下了希望的种子。曾几何时，气候变化、露天矿场以及经济孤立使这些社区正面临威胁。具有讽刺意味的是，人们认为正是高原上那夜间低于 0℉（约 -18℃），白天升至 70℉（约 21℃）的极端气候成就了这种超级谷物。严峻的生存挑战加强了藜麦在达尔文主张的进化过程中的基因构成，这引起了西方超市中心灰意冷的购物者们的高度重视。这些人正苦苦探寻着通往克丘亚的"美好生活"之路。高原干旱的高温和强烈的太阳辐射也帮助藜麦成长为真正的超级食物。当然，数代土著农民们那先进的农业种植技术也功不可没。南部高原的火山

第十章　藜麦（玻利维亚，乌尤尼）

土壤中蕴含着营养丰富的肥料，一些科学家甚至坚称，正是附近的乌尤尼盐沼造就了这种"皇家藜麦"，该地区独特的光合作用过程使这种藜麦成为一种更强大的谷物。

克丘亚农学家、藜麦种植者和乌尤尼盐沼的权威人士雨果·鲍蒂斯塔（Hugo Bautista）认为，当地的藜麦在质量上优于其他品种。他解释说："乌尤尼盐沼上几乎什么也种植不了，但几英里之外的'皇家藜麦'种植区却有着罕见且优越的小气候（microclimate）。"说话间，他正驾驶着一辆大型皮卡车在乌尤尼到圣奥古斯汀的土路上行驶，并不时停下来给成群的美洲驼让路。高处的沙漠山谷在雨季被洪水淹没，数百只粉红色的火烈鸟正啄食着水中的微生物。不知为何，这些微生物竟然能够在一个短暂且富含盐分的湖中繁衍生息。

这里的土地是克丘亚人的共同财富，也是美洲驼自由奔跑的牧场。拥有数百年历史的土著当局——一个与圣安东尼奥市议会和波托西省部门共存的平行管理部门——根据其所感知到的克丘亚人和艾马拉人的需求，将土地面积进行了分配。"两个月后，当收获期临近时，所有这些土地都将被渲染成红色、紫色、赭石色和粉色。"鲍蒂斯塔一边说，一边将手臂划向山谷，他指的是届时将会在那里盛开的五颜六色的藜麦花，"我们拥有独特的市场定位，世界上再没有第二个地方能生产出跟我们一样的'皇家藜麦'了。"

过去，如大多数安第斯土著文化元素一样，藜麦，甚至是五星级的"皇家藜麦"，都被玻利维亚社会的广大民众所轻视，就连克丘亚人和艾马拉人自己也为他们的主食感到羞愧。这是"穷人的食物"，或者说得更糟一点，这是"印第安人的食物"。但在21世纪的土著革命中，人们对这种谷物的看法发生了翻天覆地的变化。这场变革始于欧洲和美国的时尚餐厅，然后蔓延到了西方的健康商店和全球超市的美食货架上。而在此之后，安第斯国家的城市中产阶级们才意识到他们的农民竟然赢得了如此高的文化声望。在玻利维亚，那些从缺氧的 13 000 英尺高峰上俯瞰拉巴斯的土著社区，尤其是艾马拉和埃尔阿尔托社区，500 年来第一次在一定程度上享受到了文化上的自尊。这些文化化身为奢华时装 T 台上的艾马拉波莱拉长裙和小羊驼披肩，走进了大众的视野。

与此同时，藜麦的繁荣使圣奥古斯汀农业社区的生活条件开始有所改善。现在在纽约和伦敦的早午餐菜单上，藜麦与含羞草或恺撒沙拉一样流行。藜麦的价格从 2005 年的每公担[①]40 美元上涨到 2013 年的 350 美元，涨幅达 800%。那一年，由于莫拉莱斯和时任秘鲁总统的土著同行奥兰塔·乌马拉（Ollanta Humala），通过积极的全球营销活动组织了国际藜麦年，藜麦的需求量进一步激增。这是一场令人叹为观止的巨大成功，世界藜麦的出口量在五年内增加了七倍之多。

然而，莫拉莱斯对藜麦深思熟虑的投资只是其精神分裂式的农业政策中的一个侧面，就像拉丁美洲进步的"粉红浪潮"的其他政府一样，莫拉莱斯试图使"地球母亲"与全球大宗商品市场达成和解。

在对小型藜麦生产商施以援手的同时，这位玻利维亚总统还效仿位于东北边境另一侧的卢拉和迪尔玛，与主要为圣克鲁斯和东部热带低地的牧场主和大豆生产商这样的大型农业组织进行结盟。这一举动带来了灾难性的后果。在 2019 年旱季，由于牧场主们纵火毁林，玻利维亚东部近 6 000 平方英里的森林被无法控制的大火吞噬殆尽了。

"政府实施了我们本打算埋葬掉的农业综合企业项目。"莫拉莱斯的昔日好友兼部长帕布罗·索隆解释道，我们曾在上一章中提到

---

① 1 公担 =100 公斤。——编者注

过他。索隆根据一种新的替代发展模式设计出了第一个"和谐生存"项目，该项目将采矿和以出口为驱动的农业综合企业拒之门外。凭借着这项改革计划，莫拉莱斯领导着一个包括土著人、古柯种植户、城市工人、矿工和学生在内的联盟，并赢得了2006年的选举。但建立低增长、小规模美好生活的努力只持续了不到两年的时间，与之一起走向终结的还有莫拉莱斯与帕布罗·索隆之间的友情。

莫拉莱斯下台一周后，我在位于拉巴斯市中心的破旧基金会办公室中见到了索隆。虽然令人难以信服，但关于莫拉莱斯的倒台，索隆（一位看起来悲痛万分的老同志）坚持将其定义为对莫拉莱斯专制主义滥用职权的报应，而非一场政变。士兵们在拉巴斯市中心巡逻，那天，人们为在埃尔阿尔托的圣卡塔燃料库被枪杀的亲莫拉莱斯的农民举行了葬礼游行。防暴警察向游行队伍投掷了催泪瓦斯，扶柩者们喘不过气来，只得将棺材遗弃在街上。但索隆对被罢黜的总统及其追随者们却并未抱有多少同情。

"我们最初的项目体现了'和谐生存'哲学，它代表着采掘主义的终结，"他解释道，"我们正迈向一个尊重'地球母亲'的工业化进程。我们想要摆脱对出口原材料的依赖。我们在2006年的选举计划中就是这样说的。"但莫拉莱斯和索隆获胜后不久，几次未遂政变中的第一场发生了。与其余的几场相同，这场政变也被设计在了圣克鲁斯和热带东部富裕保守低地的所谓"半月地区"（Half Moon region）中。这场政变计划采取由圣克鲁斯的农企寡头以及极右翼领导人卡马乔设计出的分离主义诉求形式。莫拉莱斯成功挫败了"半月地区"的阴谋家，并从恐怖分子的手中逃了出来。但是从那一刻起，"莫拉莱斯的政治立场发生了根本性的变化，"索隆说，"他不再考虑如何实施美好生活的计划，而是开始考虑如何让自己能够继续掌权……而权力则意味着与圣克鲁斯的农企寡头们达成协议。"

当然，索隆对莫拉莱斯想继续掌权的乌托邦式批评忽略掉了一个棘手的事实——若没有权力，就什么事情都谈不上，更不用说美好的生活了。莫拉莱斯的实用主义或许是推进玻利维亚有史以来实施的最激进的收入分配计划，以及开始向多数土著人偿还历史债务的必要条件。在21世纪初的革命之前，这些土著一直都被剥夺了真正的公民身份。但不可否认的是，实施这种圣克鲁斯寡头统治的权宜之计，需要对跨国农业综合企业做出让步，政府被迫放弃了禁止种植转基因作物的承诺，在土著运动中也恢复了使用被认为将对粮食安全产生威胁的生物燃料。同时，莫拉莱斯也为通过热带森林走向巴西的单一种植经济作物开了绿灯。索隆说，所有的这一切"意味着超过5 000公顷的森林被烧毁，以便为牛、大豆以及生产乙醇的甘蔗开辟道路"。

与圣克鲁斯寡头达成的协议，外加天然气和矿产资源的出口，为莫拉莱斯提供了必要的政治稳定和经济活力，并将玻利维亚的国内生产总值年增长率推高至惊人的5%，创下了地区的最高水平，从而为他的减贫和发展计划提供了资金。然而，这位艾马拉人总统却失去了土著运动的关键部门以及像索隆这样的左翼环保人士盟友们的支持。

"天然气出口繁荣所带来的收入并没有被用来改造生产设备和实现经济多样化。投资被用在了能够赢得选票的政策上，比如在小城镇修建足球场、铺路、发放补贴以帮助最贫穷的人。"索隆接着说，"当2014年危机袭来，天然气价格下跌之际，莫拉莱斯试图通过放任采矿、水电、农业和畜牧业生产等行业来弥补其犯下的依赖天然气采掘业的错误。"

这是来自莫拉莱斯的前同志的一次谴责，莫拉莱斯可能会回答说，失去选票就意味着失去权力，若是没有采掘经济带来的外汇收入，那么藜麦加工厂和锂电池厂也将终究只是一场幻想。

无论如何，藜麦证明了莫拉莱斯尽管与圣克鲁斯寡头政治集团

第十章 藜麦（玻利维亚，乌尤尼）

结成了务实的联盟，但他也没有将波托西高地和老家奥鲁罗的小农场主们抛诸脑后，这些地区的藜麦虽不是五星级的"皇家藜麦"，但也是一种主要作物。他的想法是遵循联合国粮食及农业组织（FAO）的建议，将传统小农生产的粮食在国际市场上出口，以此作为帮助其摆脱贫困且不会破坏千年文化或破坏粮食安全的途径。但如果说人们可以从拉丁美洲被"切开的新旧血管"中吸取任何教训的话，那就是当一种产品进入全球大宗商品市场后，再要对其产生的后果进行控制就没那么简单了。

藜麦热潮不久便席卷了数十个国家。欧洲和美国开始种植这种克丘亚—艾马拉谷物，而在玻利维亚的邻国秘鲁，藜麦的产量仅在一年内就增加了3倍。令人担忧的是，这些增长大部分并非发生在秘鲁的高原地带。那里的土著农民和他们的玻利维亚同行一样，早在皮萨罗绞死阿塔瓦尔帕[①]（Atahuallpa）之前就开始种植这种超级谷物了。

秘鲁沿海地带，特别是富裕的阿雷基帕地区，这里的大型农业综合企业在数千公顷的土地上种植藜麦。由于气候温暖，加上使用工业杀虫剂和化肥来防治瘟疫，沿海的秘鲁人可以做到让藜麦一年两熟——这对于寒冷高原上的克丘亚种植者来说，是无法想象的。其结果就是藜麦陷入了生产过剩和繁荣与萧条的循环。用爱德华多·加莱亚诺的话来说，这是一个宿命的讽刺。藜麦的价格在达到每公担360美元左右的峰值后，暴跌至了40美元。如同旅游车队穿过乌尤尼盐沼时一样，全球对于真实体验的探求和对克丘亚"和谐生存"哲学的期待，有可能会给其所渴望的目标带来毁灭性的威胁。

[①] 阿塔瓦尔帕（克丘亚语：Atawallpa；西班牙语：Atahualpa；约1500—1533），印加帝国第十三代皇帝，也是西班牙殖民征服之前的最后一代皇帝。他于1532年至1533年在位。1533年，被皮萨罗在卡哈马卡绞死，印加帝国至此灭亡。——译者注

藜麦的身价一飞冲天又跌入谷底的经历，给圣奥古斯汀的小型农业社区带来了毁灭性的打击。"2016 年，藜麦每公担的价格上涨到 2 400 玻利维亚诺，这对我们来说是个喜讯。然后价格下降到了 300 玻利维亚诺，接下来又是一波回升。现在的价格是 750 玻利维亚诺（约合 100 美元）。"市长带着一脸困惑又无奈的表情说道。

繁荣与萧条的商品经济中的价格波动只是问题的冰山一角。克丘亚农民运用古老的农业技术将藜麦变成了超级食品，然而在国际市场上每公担 100 美元的价格中，他们只获得了 7 美元的收益。市长的语气变得愈发绝望："完成种植后，我们就可以在这里清洗和加工藜麦了，我们计划实施工业化，用藜麦生产饼干和其他食品。但我们担心的是没有市场。"

在附近的一所学校，年轻的克丘亚学生和企业家展示了他们设计的藜麦零食，其中的一些远比薯片更加诱人。"这是一个实验室。我们首创了一门研究'本地产食品产业转型'的高中课程。"站在这群年轻的藜麦创意者们身边的豪尔赫·奎斯佩（Jorge Quispe）教授声称，"我们的美食由红色、白色和黑色藜麦制作而成。这些饼干、蛋糕和能量棒中没有添加任何防腐剂或化学物质。"但他们也担心该如何扩大生产规模，并与新的全球藜麦零食业务竞争。例如，百事公司旗下的菲多利公司就推出了全新的蒜味藜麦片系列产品。

困难还远不止这些。乌尤尼盐沼地区未能获得作为"皇家藜麦"唯一粮仓的独家专有权。鲍蒂斯塔抱怨说，从纽约的全食超市（Whole Foods）到巴塞罗那的公平贸易合作社，购物者都不知道他们如此认真选购的藜麦是在哪里种植的。"人们把甜藜麦当作'皇家藜麦'来购买。我们没有机会会对人们解释这其中的差异。"他们甚至无法让出口商在藜麦的外包装上贴上带有"玻利维亚产"字样的标签。

鲍蒂斯塔曾经尝试过自行制作原产地证书。但他解释说："（政府

第十章 藜麦（玻利维亚，乌尤尼）

工作人员）非但没有支持，反而设置了障碍。他们说，只有把奥鲁罗这一地区也囊括进来，我们才能得到他们的帮助并拿到证书，因为那里是莫拉莱斯的出生地。"由于没有安第斯共同体（CAN）的推荐信就无法获得原产地证书，所以他们必须向玻利维亚外交部提交申请，以让其审理这一请求。鲍蒂斯塔说："他们没有努力支持藜麦，而是做出了一个政治上的决定。事情总是会变成这样。埃沃·莫拉莱斯的身边都是些只关心政治而不关心专业知识的人，这就是他下台的原因。"鲍蒂斯塔和帕布罗·索隆一样，指责莫拉莱斯利用赞助制度来维持他的支持率。

但莫拉莱斯的困境很容易理解。把奥鲁罗生产商归入认证体系，不仅仅是为了争取获得他们手中的选票，此举还可以帮助和保护那里的小生产者们，使他们得以应对来自秘鲁农业综合企业的竞争。事实上，玻利维亚藜麦产量的50%并非来自波托西南部的乌尤尼地区。此外，科学观点也存在着分歧。一部分人认为，乌尤尼盐沼生产的"皇家藜麦"是独一无二的（具有更多蛋白质和更多有益健康的特性），而其余的专家则认为甜藜麦和"皇家藜麦"并无任何区别。

同理，莫拉莱斯对东部农业综合企业的承诺，就如同在巴西发生的事情一样。在超级周期的高价格时期带来了惊人的收入增长，而在管理这笔意外之财方面，莫拉莱斯要比卢拉和迪尔玛高明得多。在该区域的大部分地区陷入经济停滞之际，玻利维亚的经济仍在以强劲的势头增长，尽管这些增长目前是由不断上升的预算赤字换来的。莫拉莱斯通过提取原材料来创造外汇，然后通过分配租金的手段使赤贫（每天收入不到1美元）的人口数量从39%减少到了15%。随着路易斯·阿尔塞的社会主义运动准备重掌大权，莫拉莱斯也在流亡墨西哥和阿根廷一年后重新返回了玻利维亚，这场辩论仍在继续进行着。

也许未来气候的变化将有助于解决阿尔塞等支持增长的采掘发展主义者和索隆等对经济增长持怀疑态度的环保主义者之间的争端。向圣奥古斯汀的山谷遥遥望去，除了一片片藜麦园，还能看见成群的美洲驼和火烈鸟，经济增长和环境保护之间的艰难抉择似乎充满了学术性。在盐沼上方蔚蓝天空的映衬下，呈完美三角形的烟灰色巨大火山巍然耸立在大地上。有些火山喷发出了一股白烟，表明那是一座活火山。但是这些火山上却看不见一丝一毫的雪痕。"十年前，每到这个季节，山峰上都会有一层积雪，但现在没有了。"鲍蒂斯塔说。如同在普诺和阿普里马克一样，气候的变化正在将这场关于发展模式的史诗般的辩论变成一种不必要的奢侈行为。

9月份播种的藜麦种子已经从干燥的安第斯土壤中探出嫩芽。但仔细观察就会发现，植株浓密的绿叶上有一些小洞。"这是飞蛾留下的。一切看似安然无恙，但一不留神，用不了几天你就会失去全部的庄稼。"亲手耕种了两公顷土地的克丘亚农民豪尔赫·鲍蒂斯塔·万卡（Jorge Bautista Huanca）哀叹道。就像在温度越来越高的秘鲁高原上摧毁了储存中的马铃薯一样，这群飞蛾也几次摧毁了玻利维亚南部的藜麦收成。"过去是不会发生这种事的。气温已经上升了。"鲍蒂斯塔说。

除了炎热的天气和水资源短缺，新高原天气模式的随机性也是一个问题。鲍蒂斯塔所描述的种植这些藜麦的真正秘诀——独特的气候条件——现如今已经不再可靠了。"这一周可能会下雨，而下周又将重回冬季，谁知道呢。我们从前是可以预知霜冻会在何时到来的，但现在不能了。"他坚韧地补充说，经过岁月的磨炼，他和他所种植的藜麦一样变得日益顽强。但现在，他们似乎都开始变得脆弱。"我们需要1月和2月的降雨，希望3月或4月不要下雨。但是气候变了，如果霜冻来得迟一些，那么一切都将毁于一旦。"

回到拉巴斯后，我决定在谷斯图（Gustu）餐厅品尝一些新的高

第十章 藜麦（玻利维亚，乌尤尼）

级藜麦菜肴，这是一家由丹麦厨师克劳斯·迈耶（Claus Meyer）开设在玻利维亚首都富裕的南部地区的餐厅。迈耶是哥本哈根的米其林二星餐厅"诺玛"（Noma）的老板，他认为要获得美食佳肴就应该支持小农场主，同时他也是乌尤尼藜麦的首批国际推广者之一。这种安第斯超级谷物的蓬勃发展，在一定程度上要归功于诺玛等餐厅在烹饪界的威望，然而那天晚上，谷斯图餐厅的菜单上却连一道藜麦菜品都没有。"现在我们基本不提供藜麦菜品了，因为它在玻利维亚乃至全世界都被广泛使用了。它沦为了一种大众食品。"谷斯图餐厅的玻利维亚人总厨师长玛西亚·塔哈（Marsia Taha）解释说，"玻利维亚不再是藜麦产量最高的国家，现在大生产商都在美国和欧洲，所以我们想在玻利维亚高原推广其他知名度不高的谷物。大家都在谈论藜麦，但安第斯山脉还有另外 10~15 种谷物。"这是对全球化的单一种植以及超级食品行业一时的风靡和狂热行为做出的勇敢反击。不过，谷斯图是一家小众精品餐厅，店里只有 7 张桌子。

第十一章　银（墨西哥，圣路易斯波托西）
"赛车手"与第四次转型

"下午好。我叫马西亚诺·拉·克鲁兹（Marciano La Cruz）。我来自哈利斯科州梅斯基蒂克市的圣卡塔里纳社区。我是一名'Wixárica'，但鉴于大家不知道'Wixárica'这个词应该怎么读，所以我们自称为'回乔尔人'。"马西亚诺对着数码录像机录下了这段辞职发言。当时正值一个为期三天的假期，那是一个为举办二月份的圣烛节狂欢庆典而休的短假。在那期间，我终于探访了他的店铺。店面位于雷亚尔卡托尔塞镇①中心的一条狭窄街道上，那里是19世纪墨西哥白银热时期用花岗岩打造的殖民地首府。一进店门，映入眼帘的是各式各样、色彩鲜艳的纺织品。在这里，我想要挖掘的资料是有关一件往事的第一手证词。这个故事也许是老生常谈了，但我希望它仍然能具有吸引力。在本章关于掠夺和本土抗争的特别报道中，我们将聚焦佩奥特的致幻仙人掌。当21世纪的白银热潮席卷了干燥的马德雷山脉之际，"白银与佩奥特仙人掌"看起来是一个再完美不过的标题了。

---

① 雷亚尔卡托尔塞镇（Real de Catorce）是位于墨西哥圣路易斯波托西州北部山脉上的一个小村镇，海拔超过 2 700 米。小镇曾因墨西哥白银热而繁荣兴盛，但在采矿结束后被遗弃，现在这里是墨西哥最有名的"鬼城"。——译者注

第十一章 银(墨西哥,圣路易斯波托西)

回乔尔人每年春天都要踏上一场马拉松式的朝圣之旅,他们从哈利斯科州出发,穿越墨西哥中部300多英里的山地沙漠,去往圣路易斯波托西州。"火烧山"是一座距雷亚尔卡托尔塞镇有半小时车程的干旱山峰,峰顶盘踞着一圈标志性的巨石。在那里,回乔尔人会服下那种致幻仙人掌。为了提高墨西哥受阻的经济增长率,安立奎·潘尼亚托(Enrique PeñaNieto)的改革派政府不顾一切地试图吸引外国投资。它们在占地7 000公顷的山脉间将22处特许权授予了加拿大矿业公司首伟银矿(First Majestic Silver),其中就包含这处圣地。首伟银矿公司想要将一处旧银矿重新开放。这处矿场距离"火烧山"有几英里远,最初由西班牙商人格雷戈里奥·德拉马萨(Gregorio de la Masa)在19世纪末开办。但为了保护回乔尔文化,包括这座山在内的大部分山脉都受到圣路易斯波托西州法律的保护,并得到了墨西哥宪法的支持。

为了遵守美国规定的贸易和投资规则,墨西哥联邦政府实施的诸如此类与1917年墨西哥革命后的宪法保障相冲突的例子并不少见。但令多伦多的高管人士和股东们恼火的是,在特许权到手的八年后,首伟银矿公司仍然未能开始采矿。在进行了一次孤注一掷的公关活动之后,这家公司在圣安娜矿场开设了一家博物馆。这是一座位于拉卢兹的古老矿场,沿雷亚尔卡托尔塞镇的蜿蜒山路前行3英里便可以达到。在博物馆中,首伟银矿公司开设了探访那些幽闭恐怖隧道的参观项目。在第一次银矿热期间,矿工们就是在那里埋头苦干并死于非命的。博物馆中还有宽敞的舞厅,在那里,装扮成西班牙天主教国王费尔南多(Fernando)和伊莎贝尔(Isabel)的演员们,重现着接待革命前独裁者波菲里奥·迪亚斯(Porfirio Díaz)来访的一幕。我们那位居住在拉卢兹的博物馆向导达利拉·阿奎莱拉(Dalila Aguilera),热情洋溢地为新的采矿项目辩护说:"我可以百分百确信地告诉你们,住在拉卢兹的大多数人都希望这座矿场能够开放。"她说这句话时,我们正端详着那座 50 英尺高的仿文艺复兴风格的钟楼。可笑的是,这座钟楼小到根本就装不下钟。它是由格雷戈里奥·德拉马萨(Gregorio de la Masa)建造的,用于在每次轮班开始时对矿工们发出提醒。阿奎莱拉坚持说:"这个小镇以采矿传统为傲,但回乔尔人想阻止我们的发展。"

拉·克鲁兹是一位身材高大、举止安详的回乔尔人,他身着回乔尔传统服饰:蓝绿色束腰外衣和白色棉质长裤。不过他没有像街边的回乔尔小贩们那样头戴一顶缀满五颜六色垂饰的宽檐帽,而是选择了一顶棒球帽。他说着一口带有"咝"擦音的卡斯蒂利亚语,口音中丝毫没有征服者们的那种双元音腔调。他说:"我们并不是要和矿场作对,但我们不希望它开在'火烧山'的中心地带,因为我们要在那里进行献祭并取走佩奥特仙人掌。如果他们污染了仙人掌,我们会生不如死的。"他从塑料袋中取出了几株乌羽玉仙人掌标本,这是一种富含精神药物"龙舌兰碱"的传奇植物,至少对于那些在青少年时期受到过卡洛斯·卡斯塔尼达①(Carlos Castaneda)的《唐望的教诲》(The Teachings of Don Juan)或超现实主义游吟诗人安托南·阿尔托②(Antonin Artaud)的《佩奥特之舞》(the Peyote Dance)的深奥教诲影响的人来说是这样的。这种光滑的球茎状植物看起来与在布鲁克林的圣帕特里克节③(Saint Patrick's Day)上流行的绿色百吉圈很相似。但不同的是,这株植物的中间钻出了一朵花,花瓣

---

① 卡洛斯·卡斯塔尼达(Carlos Castaneda),生于南美洲,年幼时随父母移居美国,是一位重点研究印第安药用植物的人类学家。他的"唐望系列"书籍是基于一位被称为"望先生(Don Juan)"的印第安巫师的亲身经历,以理性的态度详细地记录下巫术过程的著作。——译者注
② 安托南·阿尔托(Antonin Artaud),1896—1948 年,法国戏剧理论家、演员、诗人,法国反戏剧理论的创始人。——译者注
③ 圣帕特里克节为每年的 3 月 17 日,是为了纪念爱尔兰守护神圣帕特里克而设立的节日。起源于 5 世纪末期的爱尔兰,如今已成为爱尔兰的国庆节。——译者注

第十一章　银（墨西哥，圣路易斯波托西）

呈现出浓烈的紫色，即使是对于那些像我这样担心在这场回乔尔阴暗之旅中再难回头的人来说，这也无疑充满了迷幻性。相比之下，拉·克鲁兹在谈到这些经历的时候则显得稀松平常，语气就好像是在描述一次去健身房练普拉提的经历一样。"对我们来说，佩奥特仙人掌是一种神圣的植物。它能够洗涤思想，净化灵魂。通过它，我们可以获得神的启示，并与大自然、植物、动物及群星产生联结。"

我认为，墨西哥的革命者埃米利阿诺·萨帕塔（Emiliano Zapata）和潘乔·维拉（Pancho Villa）绝非常人。即使距离战胜迪亚斯（Díaz）和他的美国支持者们已有一个世纪之久，但最新一批意欲摧毁回乔尔乌托邦的北方入侵者的道路却依旧被宪法封锁着。然而其他一些比首伟银矿公司的推土机更不易察觉的威胁也悄然出现了。拉·克鲁兹像是神经过敏般地将关于如何采集佩奥特仙人掌的步骤讲述得事无巨细。"拔的时候你务必要离根部远一些，然后剥掉外壳，将其清洗干净。上面的毛会对你不利，记得要去掉。在这之后你就可以咀嚼它了，但重要的是一定要将根部保留下来。尽管根部很小，但必须保留。许多人会连根拔起，但是由于佩奥特仙人掌需要15~20年才能长大，所以保留根部是很有必要的。"我很快意识到，这些拯救根部的呼吁是针对我的读者发出的，就像保罗·塞鲁克斯（Paul Theroux）的小说《致盲之光》（*Blinding Light*）中徒步穿越厄瓜多尔丛林寻找致幻藤蔓的欧洲游客们一样，他们可能也会选择在雷亚尔卡托尔塞镇预订一场佩奥特仙人掌之旅。

拉·克鲁兹说话间，百缸发动机的轰鸣声响彻了店外的街道，白色的光束照亮了墙上挂着的带有鹰、乌龟和盘绕的蛇的形象的彩色编织物。"赛车手"们抵达了目的地，这是一支沙漠越野车队。他们的车辆由摩托车改制而成，车身配备有一组炫目的聚光灯，并采用了华丽的镀铬和不锈钢作为材料。他们从圣路易斯波托西穿越沙漠而来，这群四十来岁的男人们披上了或许是跟世界摩托车越野赛冠军费尔南多·阿隆索（Fernando Alonso）同款的套装，决意与他们的中年危机展开殊死搏斗。在拥挤的街道上，与他们混杂在一起的还有身穿回乔尔斗篷的欧美游客，他们正期待着有哪位萨满能带他们去沙漠进行一番超凡的体验。我的这个关于野蛮入侵者的故事可能恰好有了新的主角。

***

发源于纳亚里特和哈利斯科，后迁到圣路易斯波托西以西的回乔尔人的历史中充满了对入侵者顽强而激烈的抵抗。即使是对在《墨西哥梦》（The Mexican Dream）中记录了诸多墨西哥土著叛乱的让－马里·古斯塔夫·勒克莱齐奥（J.M.G.Le Clézio）来说，"好战"的回乔尔人也使人尤为印象深刻。他们的弓箭技巧足以与征服者的步枪和大炮相匹敌，但这种英勇无畏的抵抗绝不仅仅是因为他们的那些沾有毒药、会使人瞬间毙命的黑曜石箭矢。采集佩奥特仙人掌不只是一种使人心灵升华的方式，也是一种通往极致勇敢的途径："佩奥特仙人掌、曼陀罗、致幻蘑菇……增强了印第安人的力量。这让他们产生了一种自己无坚不摧的信念，这种信念使他们处于兴奋状态，并抚慰着他们的内心。这种行为与在阿拉伯战争中给士兵吸食大麻一样……（他们）在不朽的幻觉中寻找到了力量，并和敌人展开了一场没有胜算的战斗。"

那家来自加拿大的矿业公司无疑遇到了一个强劲的对手。也许多亏了佩奥特仙人掌中那些鼓舞人心的精神药物，即使在21世纪初，回乔尔人仍被认为是墨西哥50个土著民族中组织性最好的一个。如今，新一代接受过墨西哥甚至美国大学教育的回乔尔人，更习惯炫耀他们的笔记本电脑而非弓箭。为了捍卫自己的语言、艺术和文学，他们通常会选择学习语言学。首伟银矿公司显然并没有准备好与这些拥有研究生学位的印第安人打交道。

但在墨西哥的岩石沙漠和热带森林中还蕴藏着许多其他矿脉。

得益于潘尼亚托和他的前任,这些矿业公司获得了有效期长达一百年的开采特许权,而特许权使用费却接近于零。首伟银矿的投资只是加拿大矿业资本在整个拉丁美洲入侵行为的冰山一角,它们的资金来源于多伦多股市的大量投机资本。这些资本甚至为经纪商口中的"年轻人"提供了风险资本,从而使这些专门从事勘探的小公司疯狂地在拉丁美洲的地下寻找金、银、铜、铂、锌和其他隐藏的宝藏。加拿大的跨国公司在墨西哥投资了约 200 亿美元,占外国直接投资总额的 70% 以上。曾向大毒枭宣战并以失败告终的潘尼亚托的前任总统费利佩·卡尔德龙(Felipe Calderón),慷慨地向主要为加拿大所有的少数跨国公司提供了覆盖墨西哥 2 000 万公顷土地且利润丰厚的特许经营权。而潘尼亚托则在他的六年任期(2012—2018)内为另外 65 个新的采矿项目颁发了许可证,这其中大部分是露天矿场。即使是在"被切开血管"的古典时代,当波菲里奥·迪亚斯(Porfirio Díaz)将墨西哥的地下资源尽心尽力地交付给那些殖民大国时,也未曾有过将这么大面积的土地转让给外国利益集团的事情发生。

墨西哥左翼势力的新任总统和历史性领袖安德烈斯·曼努埃尔·洛佩斯·奥布拉多(Andrés Manuel López Obrador),于 2018 年以 63 岁的高龄当选。他们这一代人在年轻时曾如饥似渴地阅读过初版的《拉丁美洲被切开的血管》,并发誓要让血液不再流失。他恢复了发展主义中部分原则的计划,是受到了来自联合国拉丁美洲和加勒比经济委员会中非正统经济学家的启发,我们曾在前文巴西的铁矿故事中提到过这个组织。

作为他所谓的第四次转型项目的一部分(前三次分别是 1821 年的墨西哥独立、1855—1861 年的自由改革时期,以及 1910 年开始的革命),奥布拉多捍卫了墨西哥的再工业化。他出手取缔了以原油为主的未经加工的原材料的出口,并且叫停了将从欧洲和亚洲进口的零件进行重新组装，随后出口到美国制造基地的"墨西哥美资加工厂"的失败模式。这些美资加工厂已经从华雷斯和蒂华纳的边境城镇，向南扩展到了瓜纳华托、阿瓜斯卡连特斯，甚至是圣路易斯波托西等地，现在这些地方已经有了自己的商业园区和装配厂。但这也使墨西哥变成了一个既没有经济增长也没有未来发展的全球组装平台。墨西哥的经济停滞不前，工人的工资也随之原地踏步。而奥布拉多发誓要改变这一模式，他决计提高墨西哥制造商品的价值，并通过内部需求来推动增长，而不仅仅是依靠组装出口。美资加工厂和未精炼原油等原材料的出口都将被工业化所取代。这位年轻时曾在墨西哥东南部沼泽地与琼塔尔人（Chontal）[①]一起生活过的新总统，也是土著权利的热情捍卫者。2018年7月，在墨西哥城中央广场（Zocalo Square）上举行的一场感人至深的仪式上，他在超过50万追随者的面前向墨西哥的原住民们发表了他的胜利演说。

尽管如此，他还是对加拿大各阶层的人共同寻找一种过渡方案一事表示支持。"我们必须促进与加拿大的双边协议并……从加拿大矿业跨国公司那里获得更多的投资，不过现在我们需要有公平的工资和环境保护措施。"他曾在竞选期间这样表示道。奥布拉多确实宣布，自潘尼亚托对跨国公司慷慨解囊之后，墨西哥联邦政府将不再授予任何采矿特许权，也有许多人问他为何不将现存的许可证也一并撤销。圣路易斯波托西和扎卡特卡斯位于墨西哥中部沙漠地带，这里是与殖民地采矿业关系最为密切的两个州，也是《拉丁美洲被切开的血管》最初几章中被重点提及的地区。这两个地方要同时兼顾环境保护、土著权利、工资公平、以石油为驱动的增长及采矿业等诸多问题，它们的任务似乎过于艰巨了。

[①] 琼塔尔人，Chontal，墨西哥瓦哈卡州（Oaxaca）和塔巴斯科州（Tabasco）的玛雅印第安人，在语言和文化上与回乔尔人相似。——译者注

第十一章 银（墨西哥，圣路易斯波托西）

正如巴西的迪尔玛·罗塞夫、厄瓜多尔的拉斐尔·科雷亚，甚至玻利维亚的埃沃·莫拉莱斯所发现的那样，在拉丁美洲左翼势力的两股大潮流中，以及在21世纪初日益壮大的国际进步运动中，想要保持团结是极其困难的。其中一些人坚决想要建立一个干涉主义的中央集权国家。为了创造就业机会并减少贫困，他们致力于通过能源、农业综合企业和矿业等大型基础设施项目来实现经济的加速增长。虽然这种学派内部对原材料出口在多大程度上可以成为再工业化项目的一部分一事存有意见分歧，但这些左翼人士对高国内生产总值增长的重要性几乎毫不怀疑。而另一些人则是小农经济、土著文化以及与环境保护联系更为紧密的社会运动的支持者，他们对国内生产总值增长是"战胜贫困的灵丹妙药"这一说法持怀疑态度。他们坚持认为，农民社区应该在一个以粮食和能源安全为基础的小规模经济系统中生产供内部消费的粮食，并且应使用"美好生活"等本土理念作为经济福利的替代性指标。

基于这种情况，在2018年选举中大获全胜后，奥布拉多努力试图调和这两种极端派别的主张。他实施了各种支持农民的举措，例如在"播种生命"计划中，作为种植果树的回报，他向农民社区支付了补贴。同时，他也支持了对石油行业的大规模投资，并希望将年均国内生产总值增长率提高到4%或更高水平。

"奥布拉多曾和塔巴斯科州的琼塔尔人一起生活，并坚决捍卫他们的生活习惯和民俗传统，但他的基本目标是提高他们的生活水平。因此，他希望在墨西哥实现强劲增长。"当我问及关于经济增长与保护环境之间进退两难的窘境时，曾和墨西哥城政府合作过总统友人何塞·阿古斯丁·奥尔蒂斯·平切蒂（José Agustín Ortiz Pinchetti）这样说道。一些支持奥布拉多运动的活动家们想知道，这位新总统为什么在墨西哥可以迅速过渡到发展可再生能源时却选择了捍卫采矿和石油主权。这个导致了左翼势力分裂的问题是雷亚尔卡托尔塞镇未来发展的关键所在。一方面，作为墨西哥最干旱地区之一，人们十分担心这里的地下水会受到污染；但另一方面，拉卢兹的失业和贫困问题也不容小觑，在当地，首伟银矿的矿场得到了相当一部分人的支持。

事实上，在扎卡特卡斯和圣路易斯波托西，任何一项受采矿业驱动的经济增长带来的问题，都要比解决方案多得多。这不仅是因为它对环境造成了影响，以及对当地经济几乎毫无裨益，还因为有迹象表明，非法军事组织和黑帮团伙正在对反对采矿项目的小农场主使用暴力手段，并对南部的格雷罗州和恰帕斯州的矿工进行恐吓。这些矿业跨国公司尝到了哈佛商学院闭口不谈的协同效应的甜头，它们与专门从事最可怕的暴力活动的帮派达成了默契，并让这些帮派帮助它们镇压反对派。据撰写《他们对我们隐瞒的战争》(La guerra que nos ocultan)的记者称，甚至还有一些迹象表明，那起在2015年震惊了全墨西哥，并为潘尼亚托的倒台埋下伏笔的"格雷罗州阿约特兹纳帕村庄43名学生失踪事件"可能与该地区存在金矿一事有关。此前，弗兰克·朱斯特拉的加拿大黄金公司赢得了在该地区的采矿特许权。

这些学生全都来自农村家庭，他们反对在家乡的土地上进行采掘活动。"我们很清楚，当矿业公司向社区支付报酬时，毒贩分子们也会分得一杯羹。我甚至可以说，这些公司的员工和有组织犯罪团伙的头目之间有过危险的勾当，因此没有人敢对采矿说不。"当我们在这个用首次白银热期间赚取的财富而建造的令人惊叹的巴洛克式的城市中心会面时，扎卡特卡斯自治大学的采矿专家塞尔吉奥·乌里韦（Sergio Uribe）说道。无论跨国公司的直接参与程度究竟如何，一份罗列着无数个遭遇谋杀的环境领袖、小农领袖、土著活动家、工会领袖和批评记者的名单，都使人们更加确信这样一个事实，即有组织犯罪团伙正在为加拿大矿业公司扫清障碍。

第十一章 银（墨西哥，圣路易斯波托西）

***

若想避免在回乔尔人的圣地挖一个巨坑，用汞和氰化物毒化他们的地下泉水或是对杀人犯视而不见，那么旅游业或许是一个可行的出路。

"我们已经艰难地挣扎了很多年，只是因为我们的顽强抵抗才让矿场至今仍然保持关闭。"皇家酒店的老板科妮莉亚·鲁斯·拉姆赛尔（Cornelia Ruth Ramseier）说道。这家酒店位于雷亚尔卡托尔塞镇历史悠久的城市中心，虽然同样是拍摄于这个古老的采矿小镇，但酒店选择了约翰·休斯敦（John Huston）的《马德雷山脉的宝藏》（*Treasure of the Sierra Madre*）中的剧照，而非将《墨西哥人》（*The Mexican*）中的布拉德·皮特（Brad Pitt）和朱莉娅·罗伯茨（Julia Roberts）的照片作为装饰画挂在墙壁上。这也彰显出了老板非凡的艺术品位。反采矿的非政府组织还提出将旅游业作为替代方案的发展模式。毕竟，如果没有文化旅游需求的话，回乔尔艺术中那令人难以置信的迷幻文化可能就会面临消失的风险。

在佩奥特仙人掌致幻作用的启发下，安东尼奥·洛佩斯·皮内多（Antonio López Pinedo）创作了《回乔尔世界的日月食》（*Eclipse of the Huichol World*），胡斯托·贝尼特斯（Justo Benítez）创作了《火神的骷髅》（*The Skeleton of Tatewari*），这种介于让·米歇尔·巴斯奎特（Jean-Michel Basquiat）和凯斯·哈林（Keith Haring）之间风格的宏伟作品诞生了。也正多亏了这些外国佬，回乔尔文化才有了市场。

因此，雷亚尔卡托尔塞镇上的回乔尔人完全没有理由回避与全球文化的接触。但那些接踵而至的四驱皮卡车、长途汽车和赛车手，成群结队的来自圣路易斯波托西、萨尔提略和蒙特雷的一日游旅客，以及前往拉斯玛格丽塔斯埃吉多农场（Las Margaritas ejido farm）进行沙漠之旅的"二战"时代的威利吉普车则是另一回事了。这些游客似乎不是安托南·阿尔托的精神继承人，这位诗人被驱逐出了超现实主义圈子，因为人们认为通过服用致幻药物来获得超现实主义意识实在太过容易了。21世纪的佩奥特仙人掌之旅是一种更加完整的体验，是另一种对透彻理解后的颠覆，其间还发生了与秘鲁亚马孙致幻藤蔓之旅中相同的反常事件。在那里，曾有一位迷上了致幻酒酿的加拿大旅行者射杀了他的萨满向导。

圣路易斯波托西大学的环境工程师佩德罗·梅德林（Pedro Medellín）说："现在，从这里向坎昆旅游区贩运佩奥特仙人掌成了一桩生意。"尽管处在癌症晚期，但他还是参加了当年的回乔尔仙人掌朝圣活动。"现在，这里的人们开始称之为'仙人掌掠夺'了。"

第三部 消耗

PART3

第十二章　牛油果（墨西哥，米却肯州）
热狗配牛油果酱

在神圣的帕茨夸罗湖畔，坐落于平缓起伏的山丘之上的牛油果园，用郁郁葱葱的灌木给大地铺上了一层绿色的绒毯。远在埃尔南·科尔特斯（Hernán Cortés）从阿兹特克首府派出的第一批使者浩浩荡荡地抵达东部之前，在这片土地之上的伟大的普雷佩查文明，就已经开始播种玉米、苋菜、西葫芦、可可、棉花、番茄、豆类以及十几种辣椒等诸多农作物了。如今，整个墨西哥米却肯州都已经被牛油果热潮带来的单调"绿色黄金"所占领了。当这般整齐划一的景象赫然出现在眼前时，我才惊觉这场灾难的起因竟然是那场美国的爱国狂欢——全美橄榄球联盟超级碗赛事。

这场耗资数百万美元的体育赛事，每年都会在播出期间奉上一系列以墨西哥牛油果为题材的创意广告。这些通常会聘请好莱坞明星担当演员的广告片，依照惯例会收获比宝马、百威、可口可乐、德芙、梅赛德斯－奔驰、士力架或维多利亚的秘密的广告片更多的人气。"你的生活很糟糕吗？"在2019年的赛事现场，喜剧演员克里斯·埃利奥特（Chris Elliott）问道，"你值得拥有更好的生活！在所有食物上都抹点牛油果酱①吧！"在他身后的背景中，比萨、汉堡、鸡肉和培根三明治上面无一例外都被涂了一层厚厚的、如奶油般细腻的牛油果酱。

牛油果酱现在已经成为观看超级碗赛事的数亿美国人的必备小吃。2017年2月，在赛事前夕，在这个与500万无证留美墨西哥人的关系老实说有点分裂的国家中，竟然售出了2.78亿个牛油果，这其中的大部分都产自墨西哥的米却肯州。

也许，那愈发脆弱的美国身份认同感、前所未有的西班牙裔人数，以及与日俱增的排外情绪无一不需要黏糊糊的牛油果来将它们重新黏结起来。超级碗开赛的前几天，美国女星玛莎·斯图尔特（Martha Stewart）在因内幕交易服刑五个月后刚刚出狱。为了迎合新英格兰爱国者队（New England Patriots）的喜好，她在社交网络上发布了她最新研制的玉米片配牛油果酱的食谱。随后不久，这个新配方就被格温妮丝·帕特洛（Gwyneth Paltrow）采纳了。

在《北美自由贸易协议》（NAFTA）时代，牛油果已经成为墨西哥食物中的明星，而这项协议也很快将被更名为《美国—墨西哥—加拿大协定》（USMCA）。自1994年比尔·克林顿（Bill Clinton）、卡洛斯·萨利纳斯·德·戈塔里（Carlos Salinas de Gortari）和让·克雷蒂安（Jean Chrétien）签署《北美自由贸易协议》以来，墨西哥对美国的蔬菜和水果的出口额从30亿美元激增到了200亿美元。目前，美国消费的牛油果有6成来自墨西哥。与以前曾占主导地位的加利福尼亚州种植者相比，墨西哥农民的牛油果产量高出了16倍。这种水果（或者说是蔬菜）甚至可以被视为一种跨境文化融合的象征。墨西哥侨民现在已经遍布蒙大拿州的落基山脉和密西西比沼泽

---

① 牛油果酱是一种墨西哥特制酱料，用碾碎的牛油果加洋葱、番茄、辣椒等食材调制而成。——译者注

第十二章 牛油果（墨西哥，米却肯州）

地区，那些驱车穿越美国内陆的人很快就会明白，沿途的那些贩卖带有番石榴、酸橙和洋葱的牛油果酱开胃菜的墨西哥玉米薄饼快餐店，是他们除去全球快餐连锁店之外唯一的休息站了。那是沙漠中唯一且真正的灵魂。

牛油果虽然富含营养脂肪，却不会引发心脏疾病。恰恰相反，它还可以改善冠状动脉的健康状况。因为这个神奇的特性，牛油果也被列为"超级食物"。它含有维生素B、维生素C、维生素E和维生素K，而最后一种维生素是预防骨质疏松症的关键。新鲜牛油果肉中的纤维、天然他汀类药物和β-谷甾醇可以降低血液中的胆固醇水平，而其中富含的玉米黄质则可以解决眼部问题。此外，牛油果酱还对结肠癌、胃癌和胰腺癌有预防作用。为了证明牛油果是"最超级食物"这一说法，还有几项研究表明食用牛油果可以缓解抑郁症。于是，牛油果的销售额不仅在美国飙升，在欧洲和亚洲也是如此。

牛油果并非历来都是这般受人喜爱的。在20世纪50年代，牛油果因其坚硬、起皱的外皮而被人们无情地称为"鳄梨"。在1997年之前，墨西哥一直被禁止出口这种水果，因为据称，其中携带的来自可怕的南部热带地区的寄生虫十分危险。在那些日子里，没有人会想到要买两磅牛油果来庆祝全美橄榄球联盟决赛这样一个真真正正的美国赛事。但在那些价值百万美元的广告与一场场鼓舞人心的营销活动中，橄榄球明星们纷纷赞助了不同的牛油果酱食谱。自那以后，美国人便开始深深地爱上了这种鳄梨。

越来越多的米却肯州生产商抓住这个机会，设法通过了进入美国市场所需的卫生测试。当2007年美国的牛油果进口被完全放开时，米却肯州早已成了加利福尼亚州牛油果种植者们无法匹敌的竞争对手。同时，墨西哥的生产商也专注于生产哈斯（Hass）品种的牛油果。与普雷佩查的人们千年来默默食用的那些果子相比，这个品种的牛油果长有更多的果肉,而且在被装进冷藏集装箱卡车长途运输至埃尔帕索或蒂华纳,然后运往美国的大型消费市场期间,其质地坚硬的果皮也可以起到保护作用。自带纯天然弹性外包装的哈斯牛油果十分适合被搬到国际市场,并被吹捧成"超级食物",需求和产量都上升到了前所未有的水平。而米却肯州,这片因其晶莹剔透的湖泊而在塔拉斯科的土著语中获得"鱼乡"(land of fish)美誉的土地,却再也无法恢复其本来的面貌了。

到 2020 年,美国消费的牛油果中有 80% 都来自米却肯州。而在失落的普雷佩查王国,另一场采掘热潮也明显有迹可循。或许是出于对财富的渴望,西班牙人在 16 世纪将宏伟的阿兹特克首都特诺奇提特兰洗劫一空后,又以基督和黄金的名义将其舍弃,随即马不停蹄地来到了米却肯州。在 21 世纪的今天,在乌鲁阿潘这个狂热的牛油果之都,农业综合企业的新经济在一片起伏而茂密的牛油果灌木丛中被孕育成形,并在午后阳光的照射下闪烁着绿莹莹的光。

再往西至帕茨夸罗,虽说这里的景观尚未全部被这种单一种植作物所占据,但牛油果的发展似乎也是势不可挡的。"老实说,几乎这里的每一个人都渴望有一座牛油果园。一开始有一个人改种了牛油果,并且发展得很不错。其他人见状便说:'我也要改种牛油果!'而剩下的人看到他们的成功,也跟着改变了种植方向。"土著社区的居民弗朗西斯科·弗洛雷斯·鲍蒂斯塔(Francisco Flores Bautista)解释说。

四十年来,鲍蒂斯塔一直在墨西哥首都从事建筑工作,而当阔别家乡已久的他重返帕茨夸罗湖时,那里环境被破坏的程度使他深感震惊。"他们一点一点地从湖中抽水来灌溉牛油果园,湖泊正在萎缩。这是劫掠!你看吧!湖水曾经能达到路面的高度,而现在水位一直在下降,再也不会升高了。"当我们穿过干枯的芦苇丛时,他悲叹道。

第十二章　牛油果（墨西哥，米却肯州）

水位的下降加上贪婪的水中捕食者罗非鱼的引入，致使所有的本土鱼类几乎绝迹。在众多的普雷佩查城市赖以生存的水生生物聚宝盆中，仅有一种名为"银汉鱼"①的银色小鱼得以幸存。米却肯州的其他大型淡水河床也遭遇了同样的情况，幸免的只有位于南方 15 英里处的齐拉胡恩湖，那里没有出现污染和水位下降的现象。茂密的松树和冬青栎林与漂浮在青绿色水面上的白睡莲的邂逅，造就了湖畔的普雷佩查社区中的美景。然而，正如他们的祖先曾焦急地等待科尔特斯一样，他们正准备着迎接一群被称为"阿瓜塔罗斯"的牛油果生产者的到来。许多人选择跳入米却肯州的湖中结束了自己的生命。现在，鲍蒂斯塔选择了另一种策略。他在贾拉夸罗社区建立了一家微型企业，专门用沙子和砾石制成的过滤器对井水进行净化，然后将其卖给越来越担心水质的湖区居民。

牛油果在米却肯州无法遏制的发展势头可能是《米却肯的关系》（*Relación de Michoacán*）一书未完成的章节。这是一部由弗雷·杰罗尼莫·德·阿尔卡拉（Fray Jerónimo de Alcalá）于 1539 年至 1541 年撰写的关于普雷佩查文明毁灭的令人心碎的编年史。这位进步的方济各会修道士曾抵达墨西哥，并对帕茨夸罗湖畔的金字塔留下了匆匆一瞥。

在普雷佩查的多神论社会中，一种深刻或几近狂热的宗教信仰模糊了外部现实和内部神话之间的界限。在这个神话体系中，植物和动物与人类神奇地融合在了一起，世界由一个长着美洲豹的头和南瓜身体的杂交生物的白日梦所支配。普雷佩查人所栖息的这个拥有无限生物多样性的世界让他们产生了无穷无尽的想象力。事实上，由前西班牙裔的墨西哥人所培育出的植物种类，比除中国园艺以外

---

① "银汉鱼"学名为"蔡氏卡颏银汉鱼"（Chirostoma charaari）。因体形瘦小，在墨西哥方言中也有"骨瘦如柴"之意。——译者注

的任何其他当代园艺学中的都要多。米却肯州拥有肥沃的火山土壤和丰富的水源，是墨西哥国内盛产最多自然果实的地区之一。

该地区的海拔高度在 1 000~10 000 英尺不等，使这里形成了一系列的小气候，而每种小气候都能孕育出不同的作物。牛油果——阿兹特克语中的"āhuacatl"，普雷佩查语中的"kupanda"——只是普雷佩查人想象力的一种再现，是自然财富的又一个元素而已。几千年来，这种原产于中美洲的果实一直被人们当作野果食用。不过，从历史文献来看，它在众多的普雷佩查水果中并不出众，更谈不上是什么"超级食物"。特雷莎·罗哈斯·拉比拉（Teresa Rojas Rabiela）在她对前哥伦布时期的农业和14世纪土著食物的详尽调查《昨日的农作物》（Las siembras de aye）一书中并没有提到过牛油果。

五百年后，牛油果成为当地唯一重要的农作物。为满足得克萨斯或洛杉矶超市的需求，一座座新的牛油果种植园拔地而起，农作物的多样性被消灭了。当西班牙征服者弗朗西斯科·德蒙塔尼奥（Francisco de Montaño）于1522年抵达帕茨夸罗湖畔时，普雷佩查的神圣统治者宣称："他们为什么如此渴望黄金呢？那是因为这些神必须吃黄金，这就是原因所在。"五百年后，这种20世纪的"绿色黄金"不是被吃掉的，它们是被吞掉的。牛油果种植园在不断萎缩的湖泊周围无情地向前推进着，而这一行业的最大参与者则积累了巨额的财富。"他们摧毁了松林，摧毁了一切，但这里的记者是不会讲述事情原委的。"奥斯玛（Osmar）低声说道。他是位于帕茨夸罗老城中心的一家名为卡拉霍（Carajo）的梅斯卡尔酒吧的侍者，我们约好了于闭店时间在巴洛克大教堂的阴影下秘密会合。

鲍蒂斯塔的双亲——两位普雷佩查农民，带着玉米棒子疲惫地从果园里回来了。他们头戴大草帽，肩上披着羊毛斗篷。一场淅淅沥沥而轻柔的细雨此时恰好从贾拉夸罗的上空洒落下来。我们停下来，载了他们一程。他们讲塔拉斯科语，那是一种濒临灭绝的语言。

第十二章 牛油果（墨西哥，米却肯州）

这位母亲解释说:"小孩子们都羞于讲这种语言,而且学校里也不教。"她接着说道,因为普雷佩查的年轻人选择购买现成的产品,因此制作墨西哥玉米薄饼的古老习俗也正在消失。

听到了普雷佩查的古老语言后,我决定试着再做一次对味觉感知的临时语言测试,就像我曾对普诺的艾马拉马铃薯种植者进行过的测试一样。我问道:"你知不知道有什么是在塔拉斯科语中存在,但在西班牙语中没有的关于味道的形容词呢?"这位母亲回答说:"鱼汤的味道是'Churipu',辣椒的味道是'jawas'。""那牛油果的味道呢?""Chamahuelhatipua。"她面无表情地答道。虽然不知道拼写得对不对,但我在笔记本上记下了这样一个词语。然后她用西班牙语补充道:"牛油果耗尽了所有的水资源。"土生土长的牛油果现在被视为普雷佩查社区的生存威胁。他们做梦也没想到过一种小小的普雷佩查水果会垄断全世界的味蕾。毕竟,无论是在被西班牙征服之前还是之后,那些果园中都有着数不尽的牛油果。也正是这种水果将"鱼乡"与安达卢西亚（Andalusia）、番石榴与石榴、菠萝与葡萄结合在了一起。

奇怪的是,尽管数千年来普雷佩查人积累了很多关于自然环境和个人健康方面的知识,但他们对牛油果那神奇的增强健康的特性几乎毫无兴趣。从纽约到墨西哥城,生活杂志上那些热火朝天的讨论令他们作呕。然而,其他人却着实很感兴趣。住在帕茨夸罗湖对岸的俗气豪宅中的牛油果暴发户,是这些超级食物指南的忠实读者。米却肯州的其他牛油果大亨也是读者之一。他们不太容易被认出来,但现在都是该行业的大人物。甚至还有毒贩和其他犯罪团伙也一头扎进了这个号称"绿色黄金"的新产业。

随着牛油果酱成为十亿个美国热狗和布法罗辣鸡翅的完美配菜,并作为味道寡淡的黄油替代品被涂抹在数万亿片的学生吐司上,米却肯州的牛油果热潮被新一代有组织（或者更确切地说,无组织）

犯罪团伙盯上了。截至目前，与此相关的犯罪已经可以和旧日的墨西哥贩毒垄断集团相匹敌了。他们在贩卖毒品的同时，可以将牛油果作为极佳的补充品。很快，他们就会将惯用的勒索、酷刑和谋杀等手段应用到全球的牛油果贸易中去。

米却肯州传统的牛油果种植户是敲诈和绑架罪行的受害者，他们被迫以低价将果园卖给毒品贩子。"他们用枪指着你的头，让你在公证人面前签署契约。土地转让协议就是用这样的方式签成的。"莫雷里亚的圣尼古拉斯日伊达尔戈大学的社会学家吉列尔莫·巴尔加斯（Guillermo Vargas）解释说。当时我们正在米却肯州首府那壮观的巴洛克大教堂中散步，这座曾是旅游景点的大教堂现如今已成为谋杀率飙升的禁区。

同样的，种植者们每耕种一公顷或出口一吨的牛油果，就要向"圣殿骑士团"（Knights Templar）和维亚格拉团伙（Viagras）支付一笔保护费。要是拒绝付钱的话，那最终的下场可能会和倒在牛油果园中的7名工人一样，被发现时，他们的脖子已被子弹打了好几个洞。牛油果真是一种诱人的奖品，以至于帮派团伙平均每天都要劫持4辆满载牛油果的卡车。一些牛油果种植户效仿组织了自卫队的医生何塞·曼努埃尔·米雷莱斯（José Manuel Mireles），试图通过建立自卫组织来将罪犯驱逐出他们的土地。但是现在，牛油果酱的吸引力太过强大了，一个团伙刚被赶出了城镇，另一个带着更强大武器和更暴虐枪手的团伙就接踵而至了。

与此同时，大型出口商和牛油果经纪商——其中一些是像德尔蒙特（Del Monte）这样的国际品牌——正通过以极低的价格从生产商那里进行收购，然后再通过以极具吸引力的价格转售给美国连锁超市的方式来获取利益。巴尔加斯说："在这里，他们以每千克1美元的价格收购牛油果，然后将其在明尼苏达州的一家沃尔玛超市中以8美元的价格售出。"

第十二章 牛油果（墨西哥，米却肯州）

"为了不浪费这样一个可靠的利润来源，像扎卡特卡斯州的加拿大矿业公司这样的跨国公司会给毒贩支付勒索金。"他继续说道。拥有壮观的殖民建筑和革命时期壁画的米却肯州、传奇的墨西哥总统拉萨罗·卡德纳斯（Lázaro Cárdenas）的家乡，如今已经成为一个饱受地方性暴力困扰的贩毒之邦。或者说，这里是"牛油果之邦"。

在世界牛油果之都乌鲁阿潘，遇难者家属在寻找超过 37 000 名失踪墨西哥人的遗体时发现了第一个万人坑，这一切并非巧合。2019 年夏天，人们在乌鲁阿潘的一座桥上发现了 9 具尸体，旁边悬挂着的标志牌上写着**"亲爱的人们，请继续你们的日常生活"**，这也不是巧合。警方得出结论，这是镇上的新贩毒垄断集团——"哈利斯科新时代"（Jalisco New Generation）给出的下马威。他们从临近的州及其首府瓜达拉哈拉来到这里，声称牛油果贸易也该有他们的份儿。

***

从帕茨夸罗到乌鲁阿潘的公路末端是一处陡峭而危险的下坡，道路的尽头有一个封闭的减速出口，这样可以使满载牛油果的卡车在刹车失灵时避免受到激烈的碰撞。标志牌上神秘兮兮地写着**"请给刹车失灵的车辆让路"**。这一信息似乎是为乌鲁阿潘的牛油果热潮量身打造的，这场混乱的投资热潮现在势不可挡，但注定要走向毁灭。再往下的地方，一辆载着蜂箱的卡车翻倒在地，一群昆虫在酷热中嗡嗡作响。

在城市周围和缓的山丘上，成千上万排呈几何状生长的牛油果灌木丛像一支前进的军队般起起伏伏。在这里，人们能买到牛油果苗圃与小块田地，购买者可以在 36 个月内分期无息支付。城市入口处有一座用灰色混凝土建造的监狱，后面是一个长条形的购物中心，里面有"超级鸡"炸鸡特许经销店、花哨的海鲜餐厅、一家名为"塔奎拉地狱"（Taquería El Infierno）的墨西哥卷饼店，以及有小时房的汽车旅馆。最重要的是，墨西哥牛油果生产商、包装商和出口商协会（APEAM）以及三家美国经纪商公司的总部也都位于乌鲁阿潘。其中，后者十分擅长利用支付给生产商和零售商的价格差获利。根据米却肯大学的经济学家卡洛斯·帕尼亚瓜（Carlos Paniagua）的说法，出口商和包装商从牛油果供应链中获得了35%的收入，而生产商则获得了20%的收入，他们中的大部分人都拥有大型牛油果农场。"冒最大风险的人得到的反而最少。"帕尼亚瓜说。

20世纪60年代，第一批商业化的牛油果被种植在了米却肯州乌鲁阿潘周围已经开垦的山谷中。1988年至1994年，卡洛斯·萨利纳斯·德戈塔里（Carlos Salinas de Gortari）总统任期内的土地自由化政策，使牛油果园得以向坦西塔罗火山攀登，然后向西推进。牛油果园的种植面积从20世纪60年代的3 000公顷增加到了21世纪初的18万公顷。似乎只有最高山脉上终日被积雪覆盖的顶峰才能让牛油果止步。就连拥有壮观火山的塔拉斯坎高原山区也即将沦为牛油果的殖民地，其原因部分是因为气温上升和气候变化正在将墨西哥北部变成沙漠，并破坏了降雨分布的稳定性。

尽管如此，米却肯州的未来却似乎一片光明。在这样一个农村极度贫困的州，牛油果将成为其发展的动力。墨西哥国立自治大学（UNA）的生物学家玛拉·埃琳娜·加维托（Mayra Elena Gavito）在办公室里说："尽管存在诸多问题，但牛油果确实创造了大量的就业机会，许多小生产者能够通过牛油果园来摆脱贫困。"由于失业和地方性贫困是有组织犯罪的温床，因此一些人认为牛油果的生产可以为墨西哥可怕的暴力问题提供解决方案。加维托还认为，如果昔日将牛油果与其他作物相结合的种植方法能够得以恢复，那么牛油果的破坏性可能会比玉米等其他单一作物要小一些。"牛油果不一定是要单一种植的。"她坚持说。但从总部位于加利福尼亚州的跨国公司，到米却肯州或哈利斯科的犯罪团伙，牛油果行业内几乎没有流

第十二章　牛油果（墨西哥，米却肯州）

露出半点改变方向的意愿。正如弗朗西斯科·鲍蒂斯塔和他的父母所担心的那样，帕茨夸罗湖水位的下降是一场环境灾难的初期预警。

***

我与阿尔贝托·戈梅斯·塔格尔（Alberto Gómez Tagle）取得了联系。他是一位资深的环境专家，他花了十余年时间研究牛油果热潮对乌鲁阿潘地区供水的影响。也许是为了让我对米却肯州和墨西哥正在酝酿着的未来有所警觉，他建议我们在位于莫雷里亚乏味郊区的一家名为"贵宾"（Vips）的自助餐厅①中见面。这是这家跨国连锁餐厅的特许经营店，它们与星巴克、汉堡王和多米诺比萨（Domino's Pizza）结成了联盟，其中后者制造的平淡无味的牛油果酱现在已经遍及全世界了。隔壁就是沃尔玛超市，这是一家为美国阿肯色州的沃尔顿家族所有的超级折扣商店。沃尔顿家族是美国最富有的家族之一，他们为自己是美国低工资经济的象征而感到骄傲。这种自豪感支撑着他们越过边境来到墨西哥，而那里的最低工资每天才不到8美元。

戈梅斯·塔格尔专攻水生态学，他向我解释了他是如何监测乌鲁阿潘郊区的一眼名为"魔鬼之膝"（La Rodilla del Diablo）的地下泉水的流量的。在20世纪60年代，这个泉眼每分钟能流出4 224升水。到2015年，这一数字下降到724升，减少了80%。戈梅斯·塔格尔派出了一个技术小组进行调查，他们发现最有可能的原因是乌鲁阿潘地区的牛油果产量激增导致井水被抽取。

牛油果的扩张导致米却肯州当地的松树和冬青橡树被大规模砍伐。由于每公顷牛油果每个月将消耗2.6万加仑的水，耗水量是原本松树林的11倍，因此牛油果热潮对环境来说并不是什么好事。根据

---

① "贵宾"是一家知名的西班牙餐饮品牌，西班牙与葡萄牙的星巴克等都是其旗下品牌。——译者注

戈梅斯·塔格尔的研究，牛油果树的蒸腾（因蒸发而失去水分）速度是松树的 8 倍。他告诉我："松树是将雨水输送至大地的完美漏斗，但现在有数千公顷的牛油果在吸收和蒸发水分。"大面积的砍伐也使那些小而孤立的森林更容易受到昆虫和瘟疫的侵袭，同时也威胁着数百万只帝王蝶的栖息地。每到年末，这些蝴蝶闪耀着的充满活力的金色色调都会成为米却肯州的一道美丽风景。

在"贵宾"餐厅中，邻桌那丝毫不像苗条的米却肯人的一家子点了一份正宗的美式早餐（加鲜奶油和枫糖浆的煎饼）。这时，戈梅斯·塔格尔向我描述了有关"绿色黄金"的残酷现实："我们正面临着极其可怕的对环境的破坏，而这种毁灭行为不止发生在米却肯州。牛油果正在向哈利斯科蔓延，而且不会就此止步。"

它也不会止步于墨西哥边境。哥伦比亚已经宣布计划将 6 200 万公顷的土地用于牛油果种植。智利也正在扩大自己的生产规模。这就是美国牛油果酱热潮和世界超级食物市场的吸引力。虽然超级碗赛事的营销将美国的牛油果消费量提高到了难以想象的程度，但在米却肯州，跨境一体化的另一面也正在逐渐浮现。"现在有越来越多的原住民在沃尔玛购物。"当我们离开"贵宾"餐厅时，塔格尔说道。的确，他们就在那里。普雷佩查人的大家族从街对面的沃尔顿家族商店中走了出来，手里提着一袋袋几乎可以肯定是用美国小麦制成的预制玉米饼。然而，他们的沃尔玛手推车里却并没有牛油果的影子。在墨西哥，牛油果现在贵得令人望而却步。

***

白色的闪电在依华特齐奥（Ihuatzio）大金字塔背后不祥的黑暗天空中一闪而过，坐落于帕祖罗（Pátzuaro）湖岸的依华特齐奥是普雷佩查的第三座城市，这里曾是军事训练的礼仪中心。悬浮在地平线上的紫色云层饱含水汽，此时若有一位普雷佩查萨满，说不定他会看到一个怀孕的女神即将诞下一只巨大的青蛙。导游何塞·索科

第十二章 牛油果（墨西哥，米却肯州）

罗·卡斯蒂略（José Socorro Castillo）说："那是一道闪电叉。马上就要下雨了。"卡斯蒂略的轮廓映衬在仍然完好的金字塔墙壁上，他满脸皱纹，眼中饱含笑意，口中的牙齿已经掉光，他看上去就很像一位先知或萨满。成千上万只鸣叫的蟋蟀散布在草坪上，草坪像一张活地毯般铺在曾经的大广场上。昔日，普雷佩查的勇士们就是在这里为参加充满戏剧化但兼具致命性的战斗而接受训练的，并通常在火焰中用曲棍球式的棍棒和橡胶球进行比赛。"普雷佩查人吃蟋蟀，但我们这里的人不吃。我们现在不吃。'草蜢'（chapulines，指墨西哥城的当地人）们真的会吃的。是啊，没错，他们那里什么都不剩了！我们把这些我们剩下的送给他们。"当第一声惊雷在远处炸响时，他放声大笑道。金字塔上的台阶太高了，高到看起来与人类不相称，尤其是又矮又壮的普雷佩查人。

索科罗莫名其妙地独自念叨着："普雷佩查人要比我们更加先进。他们是天文学家，他们了解自己的宇宙。现在，所有的技术都来自日本，而且受到了原子弹的污染。"雨像温水组成的帘子一般落下，我们从废墟中出来，向出口跑去。"对普雷佩查人来说，他们吃下的每一种东西都是神明。当然了，牛油果也不例外！"先知索科罗继续说道，"他们吃蛇、吃犰狳，吃被他们献祭出去的人类。太美味了！"他惊声呼喊道，紧接着，响亮的笑声又一次响彻了古城的废墟。

有了何塞·索科罗作我们的向导，这场对普雷佩查失落之城的探访之旅似乎成为对米却肯州牛油果故事灾难性结局的完美印证。阿尔卡拉修道士曾在《米却肯的关系》中说，在西班牙人到来的前几周，在湖周围居住的人们谈到了他们梦中出现的奇怪景象，这些征兆预示着普雷佩查王国的终结：幼小的树苗在长到足以承受果实的重量之前就被果子压弯了腰；少女在进入青春期前怀了孕；老妇人们生出了装饰着代表世界四个地区颜色的燧石匕首。时间即将走到尽头。现在，在米却肯州，在这没有鱼的湖边，人们在一次又一次的采访中吐露出了与那时相同的对于灾难的预感。

结束了在大教堂周围的散步之后,吉列尔莫·巴尔加斯说:"如同所有的中美洲社会一样,普雷佩查人在卡斯蒂利亚人到来之前就已经开发出了一套不会对米却肯州的肥沃火山土壤造成破坏的可持续系统。"他解释说,所谓的"水之丘"(altepetl)是普雷佩查地理学中的基本单位。他们人生哲学的关键目标就是要维持高地、湖泊和地下蓄水层之间的平衡。"十分了不起的是,他们将这种平衡成功地维持了七千年。即使是在卡斯蒂利亚农民和牧羊人到来之后,他们也还在继续。但现在,时间已经来到了下半场。宇宙的自然世界观不复存在,'水之丘'也被摧毁了。我们的牛油果产量即将到达顶峰,但水也马上会被耗尽,随之而来的将会是一场灭顶之灾。"他说话的语气让人不禁感到是爱德华多·加莱亚诺的幽灵又回到了莫雷利亚的巴洛克中心。巴尔加斯接着补充道:"当灾难发生时,那些美国人会猝不及防地留下一句'再见',然后拍拍屁股走人。"

第十三章 大豆（巴西，帕拉；巴西，巴伊亚）
嘉吉与地球末日之战

那天下午，圣塔伦的天气酷热难耐，甚至连下游亚马孙河与塔帕霍斯河交汇处的海港都没有足够的空气可供呼吸。顶级重型渡船正启程前往玛瑙斯或贝伦，在甲板屋顶悬挂的一排吊床上，本地人已经昏昏欲睡了，而游客们则睁大眼睛凝视着这条像大海一样的河流，脑海中幻想着沃纳·赫尔佐格①（Werner Herzog）和他的菲茨卡勒迪亚冒险。

但是在不起眼的角落，亚马孙的新现实正在逐渐显现。一艘悬挂着巴哈马国旗的散装货船，从美国商品巨头嘉吉公司（Cargill）运营的私有化港口的一个巨大谷物码头出发了，船上装载有数千吨的大豆。船只将在那个午后驶向南欧，在那里，这些大豆将被加工制成猪和鸡的饲料，然后这些动物会被包装成支持环境可持续发展的肉类进行出售。这座于 2003 年建成的嘉吉码头在建造之前并没有进行过任何法定的环境影响评估。也许是亚马孙酷热的天气给人们狂热的想象力添了一把火的缘故，这座码头的外观看起来跟赫伯

---

① 沃纳·赫尔佐格（Werner Herzog）德国导演，1942 年生于德国巴伐利亚州慕尼黑。文中的"菲茨卡勒迪亚冒险"指的是其导演的作品《陆上行舟》（*Fitzcarraldo*）中的冒险情节。——译者注

特·乔治·威尔斯（H. G. Wells）和史蒂文·斯皮尔伯格（Steven Spielberg）的电影中那些面貌可怖的外星侵略者竟有几分相似。在圣塔伦，眼下正在进行的是一场地球的未来之战。

这座可储存11.4万吨大豆或玉米的码头改变了亚马孙地区粮食业务的物流模式。当公路建成后，它将为BR163公路周边以及塔帕霍斯河沿岸每年收获的500万吨大豆提供去处。这些大豆的种植地位于广阔的马托格罗索州（Mato Grosso）下游1 000英里处的巴西农业综合企业新前沿。那里的大豆种植园沿地平线铺展开来，形成的景观就像一幅绿灰相间的画作。这颗星球上最具活力的生物多样性景观曾经在这片土地上呈现出欣欣向荣之态，但如今，单一种植使这里看上去一片悲凉。

每个季度的收获过后，嘉吉公司都会从马托格罗索州的大豆大亨那里购买数百万吨的大豆。在巴西亚马孙流域新采掘物流的另一个战略枢纽、农业综合企业的新兴城市波多韦柳中，大豆被装载到船身涂有鲜亮的白绿色颜料的巨型驳船上。到达圣塔伦之后，这些大豆将被转移到长途散装货船上，然后沿着河流向下游500英里处的贝伦进发，最后驶向大西洋。

其他可容纳5.5万吨大豆的船只正排着队等候连接起重机、皮带和管道系统，商人们要让与食品行业全球化最密切相关的商品——大豆——填满他们的货舱。正如嘉吉公司的马尔萨斯主义①公关团队在企业新闻稿中不断重复的那样，这种神奇的谷物将是人类对抗全球饥荒的唯一希望。

位于大洋彼岸目的地之一的是昔日强大的利物浦港，嘉吉公司的两个欧洲大豆压榨厂之一就坐落在那里。一个半世纪前，在"被

---

① 马尔萨斯主义是以英国经济学家马尔萨斯为代表的学说，产生于18世纪。该学说认为人类必须控制人口的增长，否则贫穷将是人类不可改变的命运。——译者注

切开的血管"的古典时代，从巴西运来的糖、咖啡和锡就是被存放在大英帝国最大港口那朴素的维多利亚仓库里的，而购买于西非并被运往新大陆的奴隶则共同构成了完整的三角贸易。现在，在圣塔伦的大豆的帮助下，沉寂了一个世纪之久的利物浦又重新复苏了。但在21世纪，统治的帝国是嘉吉公司。这个世界上最大的非上市公司之一，拥有17万名员工，在全球的营业额达1 000亿美元。

该公司最初的总部设在了位于美国明尼阿波利斯郊区的一座拙劣的仿巴黎城堡的建筑内，那里曾是全球农业综合企业第一阶段的神经中枢，并使美国中西部成为世界的粮仓。嘉吉公司抛弃了艾奥瓦州那群表情呆滞的农民，它们选择了将大豆"热带化"，并使这种谷物适应了赤道上的亚马孙地区的气候和土壤环境。巴西、阿根廷及其邻国现在是世界上最大的大豆生产国，其出口量占全球出口总量的近60%，嘉吉公司绝不会错过这个将业务扩展到亚马孙的机会。该公司的年营业额已经是其主要竞争对手——美国的阿彻丹尼尔斯米德兰公司（ADM）的两倍。后者的总部位于伊利诺伊州边境，那里每天都有大量的投机活动，人们在商品交易所中进行着大豆、小麦、玉米和猪肚的"期货"买卖。在该公司内部，基本食品已经演变为了金融衍生品。

这两个美国巨头与另外两个经纪商公司——法国的路易达孚公司（Louis Dreyfus）和另一家美国公司邦吉（Bunge）——一起主导了全球的谷物市场。邦吉也积极活跃在巴西亚马孙河流域，并在圣塔伦下游90英里处的伊泰图巴拥有一个货运码头，那里是丛林采掘主义的混乱大都市。在所谓的"弹性作物"中，大豆是最为重要的。它可以被用作人类的食物、动物的饲料和柴油车的燃料，甚至还曾有人尝试将其作为汽车工业的原材料。亨利·福特一度试过用大豆来制造塑料，并计划在密歇根州的一个大豆农场中"种植"他的汽车零部件。这也许是一个灵感迸发的构想，但这位汽车大亨曾妄想在塔帕霍斯河岸上建造一个中西部小镇复制品的"福特之城"项目，如今已然成为一片废墟。那些将其淹没的丛林对所有想要调和自然与化石燃料工业的人类发出了警告。

尽管嘉吉公司发表了那些标题为《供养世界》(Feed the World)的新闻公报，但实际上，直接用于供人类食用的大豆只占了总产量的6%，其余的则在它们从机械饲养场到工业屠宰场的短途旅程中养肥了数十亿只动物。大豆是破坏性供应链中的第一个环节，其最后一个环节是一包冷冻鸡翅，或是一个上面放着香脆培根的超大号汉堡。当然，这种商业模式完全与大幅度减少全球碳排放量的迫切需要背道而驰。但气候变化的挑战对嘉吉公司来说是次要的，2018年，嘉吉公司的全球利润飙升了47%，达到了32亿美元。这家大型经纪商公司作为"大豆之王"的无与伦比的地位与其价值数十亿美元的"层架式鸡笼养鸡"(battery chickens)业务产生了出色的协同效应，而后者也被誉为21世纪全球食品行业最佳的"蛋白质平台"(protein platform)。嘉吉公司在美国的牛肉生产行业中已经占据了主导地位，而作为补充，它们还（当猪肚销量在芝加哥再创新高之际）伺机增加其在养猪行业中的影响力。

这家企业巨头在英国和法国的工厂里加工处理了150万只鸡，而作为鸡饲料的大豆就是从圣塔伦进口的。这些大豆中的高蛋白质含量有助于在极短的时间内将家禽催肥，随后，工人们会对这些家禽进行可控的缺氧致晕和屠宰。在某些情况下，它们也会被送进工厂，然后被加工成麦当劳的麦乐鸡块。

与此同时，西班牙现在已成为世界第三大猪肉生产国，挤在噩梦般的工厂化农场中的生猪超过了5 000万头，比西班牙的人口还要多。来自圣塔伦码头的大豆将在位于巴塞罗那的另一家嘉吉公司工厂内进行加工，并用作养猪场的饲料。这一切都是为了生产如今风靡全球的工业化西班牙辣味香肠，或是在马德里周边新兴购物中心的家乐福或阿尔迪（Aldi）超市中出售的加工火腿，那些光滑的火腿表面总是裹着一层抠不开的塑料包装膜。如出一辙的流程将最发达的经济连锁超市与巴西的大豆生产商联系了起来。从马托格罗索州的大豆种植园到全世界无处不在的肯德基店面，主导着这条横跨大陆6 000英里的供应链的嘉吉公司是全球化"大食品"的关键参与者。

当然，巴西大豆的最大市场是亚洲。尽管大部分对中国的出口并非通过圣塔伦，而是通过巴西南部的桑托斯和巴拉那瓜港口。在这两个地方，森林砍伐自20世纪初就已成为既成事实。由于千年以来的美食被全球化的快餐所取代，大豆实际上并没有拯救世界免于饥饿，而是满足了亚洲对肉类日益增长的需求，这对公共健康造成了灾难性的后果。巴西已经是世界第二大的大豆生产国，且得益于中国的需求，夺得第一名似乎也只是个时间问题。巴西农业综合企业借鉴了嘉吉公司的肉类包装模式，也使用大豆来喂养自己的"笼养鸡"。全巴西牛肉冠军企业"JBS"已成为世界上最大的冷冻禽类出口商，它们那逊于英国的屠宰卫生条件引发了一系列的食品卫生恐慌和潜在流行病的传播。

2004年至2012年，大豆的价格从每蒲式耳8美元飙升至17美元。七年后，在中国的经济增长于全球金融危机第二阶段逐步放缓后，价格回落至9美元。但随着中美之间贸易局势的日益紧张，巴西的大豆产量开始继续上升并加速增长，这威胁到了美国的出口，并推动了价格的回升。

为嘉吉公司的热带大豆提供支持的是巴西国家农业机构"巴西农业研究公司"（EMBRAPA）。该公司由军政府于1973年创建，并在对单一栽培至关重要的肥料、杀虫剂和除草剂方面取得了一系列的科学进展。在巴西版的绿色革命中，巴西农业研究公司是巴西农业政策的载体，它与世界最大的公共开发银行"巴西国家开发银行"一起，将巴西农业综合企业打造成了美国的竞争对手。由国家驱动的发展主义取得了令人瞩目的成就。

但作为发展中国家的巴西也创造出了一个"科学怪人"。巴西不久后就在"在农业综合企业中使用有毒化学品"方面拔得了头筹,该国批准了生产转基因大豆和使用保护它们所需的草甘膦农药,而这种致癌物质已经被检测到存在于马托格罗索州女性的母乳中。提供了农药的嘉吉公司也即将认识到,马托格罗索州的这片开阔且现在已没有树木的土地,简直就像美国中西部的大平原一样招人喜爱。

嘉吉码头在圣塔伦建成一年之后,帕拉州北部和西部的森林砍伐率翻了一番,从 1.5 万公顷增加到了 2.8 万公顷。嘉吉公司到来的时候正好是自 1995 年创下纪录以来,整个亚马孙地区森林砍伐最为严重的两年。遭到毁坏的森林面积相当于 5 万个足球场大小,这并不意外。嘉吉公司为大豆种植者们提供了稳定的需求保障,并为在该地区的种植提供了贷款。来自巴西南部的巴拉那和南大河州的数千名"法赞代罗"(fazendeiro)[①]农场主,北上前往圣塔伦地区种植大豆。巴西利亚大学的可持续发展专家莱萨·马塞多·拉塞达·奥索里奥(Raissa Macedo Lacerda Osório)在她的博士论文中总结道:"嘉吉公司在该地区的行动是促使生产者迁移到帕拉州西部并定居的主要因素。"当然,她所说的"迁移并定居"也意味着对森林的砍伐。

这也将给明尼苏达州的巨型公司带来困扰。在消费者开始因气候变化而失眠之际,大豆也正在威胁着第一届卢拉政府在打击亚马孙森林砍伐方面取得的成就。目前,巴西的大豆只有 10% 产于亚马孙地区,其余大部分则是产于马托格罗索州。"绿色和平组织"在 2006 年发布的一份名为《吃掉亚马孙》(*Eating Up the Amazon*)的开创性报告中警告说:"一个强大的新来者(正在)开始对亚马孙的前

[①] "法赞代罗"(fazendeiro)是当地对于"农人""农场主"的称呼。——译者注

沿造成毁坏，它就是'大豆产业'。"这个全球非政府组织鼓励消费者对用亚马孙森林砍伐地区种植的大豆制成的食品进行抵制。应对气候变化的斗争已经动员了欧洲和美国的数百万人，其中的许多人不到 30 岁，是消费品牌的关键人群。从麦当劳等快餐帝国，到沃尔玛、乐购（Tesco）或利德尔（Lidl）等超市和折扣店，对这些大型大宗商品经纪商最重要的客户们来说极为关键的企业形象正变得岌岌可危。

"绿色和平组织"和其他非政府组织很快意识到，它们可以通过获取大型消费品牌的支持来撼动嘉吉公司。在此之前，这家有着悠久的劳动、人权和环境侵犯历史的公司一直是一个成功的企业违法者，但它们很少关注自己的品牌形象。圣塔伦是反对毁林种大豆运动的绝佳展示案例。2005 年，一队来自"绿色和平组织"的活动家爬上了嘉吉谷物码头的起重机和桥梁，并展示了标有**"将嘉吉公司告上法庭"**（fora cargill）和**"停止砍伐森林"**（stop deforestation）的横幅。有 80% 的大豆都是由圣塔伦港口出发被运往嘉吉码头的，他们谴责圣塔伦港不仅助长了马托格罗索州大豆种植前沿的森林砍伐势头，而且还摧毁了处于亚马孙丛林中心地带的圣塔伦周围的森林。

航运码头的影响不仅体现在日益扩大的森林砍伐区域上，还体现在圣塔伦市区的人口数量大爆发中。十年间，其人口数量从 6.3 万增长到近 35 万，增长了 5 倍之多。大规模的人口迁移使森林中没有了居民，也没有了树。

"十五年前，在圣塔伦地区，农业主要是家庭经营的，而且高度多样化。我们那时什么都生产：大米、豆类、咖啡、红薯、番茄、可可和红木。"伊布·塞尔斯（Ib Sales）解释道，他是圣塔伦的一位环境活动家，我在一次抗议塔帕霍斯大坝建设的活动中遇到了他。"但是当嘉吉和邦吉公司在镇上成立之后，大多数小农场主都以极低的价格将土地卖给了大豆种植户。成千上万的种植户涌入镇中，结果就是一片混乱。"

2万名失去土地的农民因大豆的种植而流离失所,他们在城市郊区搭建起了临时棚屋。这些背井离乡、没有土地的工人和农民是全球大豆经济中被遗忘的受害者。随着千年雨林及其动物群逐渐向有着开放式下水道的棚户区逼近,贫民窟成为犯罪和潜在传染性疾病的温床。方济各教会的牧师埃迪尔贝托·塞纳总结道:"现在农村空无一人,而城市人满为患。"

"乡下人会什么呢?虽然他们知道怎么种地、收割、捕鱼……但如果他们来到城市,他们能做什么呢?没错,他们只会在街上卖糖果,或者拿些'家庭补助金'。"亵渎神灵的牧师埃塞纳在谈及反贫困补贴时这样说道,这项补贴是卢拉社会政策的重要组成部分。塞纳曾是乡村左翼势力中的激进分子,他曾不知疲倦地对劳工党的采掘主义和社会转移模式提出批评。他抱怨道:"那些坏蛋先是破坏了农民的经济,然后再向受害者支付补贴。"

在一宗"于地狱般的美国屠宰场中被工业化肢解的动物产出了有毒肉类"的案件发生之后,嘉吉公司的企业形象已经一落千丈。麦当劳在进行机会主义的生态品牌重塑期间,将其标志从红色改为了绿色,并要求其主要供应商将来自森林砍伐区的大豆从其供应链中移除。其他全球品牌也纷纷效仿。2006年,嘉吉公司和其他经纪商都签署了历史性的亚马孙大豆禁令,不再在森林砍伐区生产大豆。其结果令人惊叹:2006年至2008年,由新种植大豆导致的森林砍伐率从30%降至1%。威斯康星大学的一项研究得出结论,十年后,这项禁令已经将与大豆直接相关的亚马孙森林砍伐现象完全消除了。

这样的结果对嘉吉公司及其竞争对手来说甚至是更加乐观了。由于生产力的提高和对已经砍伐森林的土地的利用,尽管有一纸禁令,但亚马孙地区的大豆产量仍在大幅度增长。非政府组织"浩瀚地球"(Mighty Earth)的首席执行官格伦·霍洛维茨(Glen

第十三章　大豆（巴西，帕拉；巴西，巴伊亚）

Horowitz）解释说："禁令表明，有数百万公顷已经被砍伐的土地是可以用来种植大豆的，生产者的收入并不会受到影响。"该组织由前美国国会议员亨利·韦克斯曼（Henry Waxman）建立，他们专门设立了一个办公室，负责监视明尼阿波利斯的嘉吉公司。当然，像"JBS"这样的巨型肉类包装商，以及它在巴西牛肉业务中的主要竞争对手巴西全球食品公司（Marfrig）并没有签署禁令。大规模的由牲畜业驱动的森林砍伐往往是大豆到来的先兆，而这些问题需要它们的支持才能得以控制。但毫无疑问的是，此项禁令是保护亚马孙森林的一项历史性成就。

*　*　*

在签署了亚马孙禁令之后，大豆行业（尤其是嘉吉公司）得到了人们的宽恕，并免于承担砍伐森林的罪责。人类的敌人不再是大豆生产企业，而是牧场主、伐木工人和"加林皮罗"矿工们。嘉吉公司的营销人员使出的这一招假动作简直可以和内马尔媲美。在巴西亚马孙的南部和东南部，有一片被称为塞拉多（Cerrado）的广阔稀树草原生态系统。尽管鲜少被《国家地理》的纪录片提及，但这片区域不仅生物的多样性惊人，而且还作为碳库发挥着至关重要的作用。在这样一片土地上，神奇的商品正在悄然吞噬着大片的森林。

贯穿南部的马托格罗索州与东部的巴伊亚州、总面积超过墨西哥的塞拉多地区的森林正在以使人瞠目结舌的速度消失。自1985年以来，遭遇毁坏的森林面积达到了令人震惊的2800万公顷，当地植被也减少了一半。所有这些都是为了给单一种植铺平道路，其作物包括棉花和玉米，但主要是大豆。而令人难以置信的是，这些砍伐森林的行为竟然大部分都是合法的。根据巴西的森林法规，在亚马孙地区只有20%的私有土地可以被砍伐。但是在塞拉多这个拥有全球5%的动植物物种、其中有4 800种为该地区所独有的地区，地表上的原生植被十有八九都被那些心不在焉的"法赞代罗"地主们破坏掉了。

与亚马孙地区那些百来英尺高的、长有遮天蔽日的茂密树冠与粗壮枝干的树木不同，塞拉多的森林中长满了低矮的灌木和乔木——金匙树和佩罗巴树。然而，这些植物根系的深度却和亚马孙丛林中树木的高度相当。它们的根深深地扎向地下百余英尺处，一直延伸到为亚马孙地区的河流提供水源的巨大地下蓄水层中，对整个地区的环境平衡至关重要。

2019年8月，我在对巴伊亚州西部的一次访问中，驱车穿过了一片与现已遭砍伐的马托格罗索塞拉多相似的景观区，那里辽阔的平原上种植着大片的大豆和棉花。但在巴伊亚州，桌状高原上葱茏的植被尚未受到农业综合企业的影响。这明显是在提醒人们，在下方的平坦平原之上，单一种植并不是唯一的选择。当我驱车向北驶往亚马孙时，公路两侧交替闪现的"大食品"作物和当地的塞拉多景观，最终汇聚成了一幅长达百英里的炼狱景象。一道道火墙横亘在大地之上，烟柱从大豆田里残存的森林孤岛中升起。在雅伊尔·博索纳罗掌权的前七个月内，巴西记录在案的火灾数量增加了200%。在那之后，塞拉多的数以百万计的茂密灌木丛变成了如今这般怪诞的焦黑骨架。与亚马孙流域不同的是，塞拉多生物群系在自然情况下也会发生火灾，但规模不会像现在这么大。有些火可能是由小农户在烧荒季节为了清理森林而点燃的，他们有可能是受了博索纳罗的怂恿。满载大豆的卡车车队避开了大火，向位于巴雷拉斯的嘉吉和邦吉公司的加工厂驶去，巴雷拉斯是一个有着"大豆之都"之称的小镇。在一片焦黑的环境中，一只可能是美洲豹或长毛狼的孤独哺乳动物，像世界末日的唯一幸存者一般漫无目的地徘徊着。

嘉吉公司和其他跨国大宗商品经纪商为"绿色和平组织"和它们自己成功实施了亚马孙大豆禁令而慷慨庆贺，并在全球媒体上投

第十三章 大豆（巴西，帕拉；巴西，巴伊亚）

放了自助广告。但它们斩钉截铁地拒绝了在塞拉多地区执行类似的约定。"嘉吉公司致力于消除其供应链中的森林砍伐，"当我提出塞拉多的问题时，这家美国公司在圣保罗的公关经理回答道，"但将供应商从塞拉多的供应链中移除并不能解决问题，这样做只会将问题转移给其他公司。"当然，邦吉公司的发言人也会这么说，其他经纪商也是一样。很明显，亚马孙禁令成功的诀窍是让各方都签署协议，没有人可以搭便车，而这些公司本可以在塞拉多也这样做。那些在亚马孙地区羞辱了经纪商的消费者品牌，却在塞拉多的未来岌岌可危之际保持了沉默。

总的来说，在"大食品"行业，似乎没有人对制止塞拉多地区的森林砍伐特别感兴趣。目前，巴西50%以上的大豆都产自该地区。这一次，肇事者并非美国，因为美国大多数的大豆都是在本国生产的。此外，尽管中国是巴西大豆的主要进口国，但那些大豆大多产自巴西南部寒冷的已经被砍伐的地区。尽管持有绿色资质，但这次的罪魁祸首还是欧洲。据发表在《科学》杂志上的研究称，2020年，出口到旧大陆的巴西大豆有20%产自毁林地区，其中大部分来自塞拉多。欧洲大豆消费的碳足迹是中国的6倍。

最终，由于消费者愈发意识到"大食品"及其特大型超市经销商正在将人类推向悬崖的边缘。英国超市率先发出警告说，如果再不采取行动阻止毁林，那么它们可能会对巴西大豆发起抵制。这其中包括像乐购、森斯伯瑞（Sainsbury's）[1]和当时在沃尔玛旗下的艾思达（Asda）[2]这样的连锁超市。企业在履行社会责任方面摆出了一副塞拉多救世主的姿态，但人们有理由怀疑事实是否真的如此。因

---

[1] 森斯伯瑞超市集团公司（Sainsbury's）是英国最大的食品零售商，为世界500强企业。——译者注
[2] 艾思达（Asda）指英国的艾思达公司，该公司于1949年成立，1999年被沃尔玛收购。——译者注

为在一封致巴西国会的反毁林信件中，签署人之一正是汉堡王的英国子公司。

***

抵达巴雷拉斯小机场的游客们立刻就意识到了巴西塞拉多农业综合企业的扩张意味着什么。从荧光绿色的长尾鹦鹉，到头部深红色的红衣凤头鸟，数十种展现着不同色彩的鸟儿在一棵无花果树周遭盘旋。但在机场进场道路之外，大片收割后的大豆田却泛着混凝土一样的灰色，向地平线延伸过去。正如加州大学洛杉矶环境与可持续发展研究所的教授苏珊娜·赫特（Susanna Hecht）在谈及巴西大豆时所描述的那样，这确实是"一种对'新自然'的构建"。这些死气沉沉的田块很快就会被播种下嘉吉、道琼斯或拜耳公司的专利种子，并喷洒上同一公司的杀虫剂。所谓的"大豆粮仓计划"（MATOPIBA program）保证了联邦政府对亚马孙河沿岸的四个州：马拉尼昂州、托坎廷斯州、皮奥伊州和巴伊亚州的农业综合企业的支持。该计划鼓励人们在塞拉多地区进行森林砍伐，并大量使用化肥来对抗地球的酸性。

随着大宗商品泡沫的膨胀，大豆的交易价格变得越来越高，塞拉多地区成为一块能够吸引国家和全球投资者的磁石。土地所有者不再只是过去的大豆大亨，在从巴西这种受赞助者支配的政治制度中榨取利益方面，这些人可以称得上专家。现在，"塞拉多大豆带"是一项跨境业务，并成为在圣保罗和华尔街等金融中心出售的投资组合中的多元化资产。来自贝莱德（BlackRock）等美国投资基金中的专门从事资产剥离和房地产投机的经理人，从五湖四海赶至巴伊亚州西部，以寻求在美国无法获得的双倍回报。哈佛大学备受争议的捐赠基金经理们买下了土地，并砍光了上面的树木。

奥地利牧师马丁·迈尔（Martin Mayr）说："对于农业综合企业来说，塞拉多是一个非常理想的地区。这里气候温和，有能使用最

第十三章 大豆（巴西，帕拉；巴西，巴伊亚）

大型机器的广阔平原，还有廉价的自然灌溉土地。"马丁·迈尔已经在巴雷拉斯居住了三十年，他帮助小农场主们抵制大豆和来自南方的大"法赞代罗"地主。"但对我们来说，塞拉多之所以是一个理想的地区，是因为它是一个至关重要的水库。这就是我们和他们的不同之处。"他喝了一小口啤酒，一边吸着烟一边补充道。与圣塔伦的埃迪尔贝托·塞纳一样，迈尔也不是一位正统的神职人员，而且他也和塞纳一样，对农业企业游说团体坚持认为大豆是解决巴西和世界饥饿问题的方法（卢拉和迪尔玛有时会重复这一点）一说持怀疑态度。"我同意阿玛蒂亚·森（Amartya Sen）的观点，问题不在于食物的数量，而在于食物的分配方式。"他指的是那位印度经济学家和诺贝尔奖获得者。

在新冠病毒疫情大流行使巴西经济进一步下滑之际，巴西饥饿问题的死灰复燃最大程度上证明了迈尔的观点。到2020年年中，中美贸易的紧张局势和有竞争力的雷亚尔使大豆的出口量创下历史新高。在一次民意调查中，1 000万巴西人无法确定自己是否有足够的粮食度过这一周。这些人有10%位于巴西北部，在那里，新大豆种植前沿正在吞噬着传统农业。

在大豆的无情推进面前，倒下的不仅仅是塞拉多的森林。在巴雷拉斯，我遇到了安德烈·盖德斯·德·苏扎（André Guedes de Souza）和费尔南多·费雷拉（Fernando Ferreira），这两名来自农业社区的年轻非洲裔巴西人曾经落入过巨大的埃斯特隆多大豆庄园（Fazenda Estrondo）周围的陷阱中。这两位在巴雷拉斯西部被称为"吉拉泽罗"的独立小农场主是活生生的例子，他们证明了在这场大豆的征服过程中，首先登场的是电锯，随之而来的便是子弹。

"我们当时骑着骡子和一匹名叫费尔南多的马去收我们的奶牛，放在以前，我们是可以在那片区域自由活动的。"曾前往巴雷拉斯，在州检察官面前作证的23岁青年苏扎解释说，"一辆来自指南星安保公司（Estrela Guia）的越野车与两名武装警卫向我们靠过来，他们是庄园里的雇员。他们让我们出示证件。他们说那周围是严禁走动的，还禁止我们再回到牧场去。我们见状便开始争论，然后警卫就拔出了一把枪。我们跑了，但费雷拉中了枪。"两名"吉拉泽罗"中较年轻的一位脱下裤子，给我看了他右大腿上的枪伤。这是半年内第二次在埃斯特隆多庄园占用的土地上有安保人员对小农场主开枪。

埃斯特隆多庄园位于巴伊亚州西部的里约普雷托福尔摩沙（Formosa do Rio Preto）地区，这个占据了塞拉多约20万公顷土地的庄园是巴西大豆扩张的新前沿。作为圣弗朗西斯科河（San Francisco River）众多支流的源头，塞拉多有着巨大的环境价值。1993年至2004年间，埃斯特隆多庄园内的10万公顷（该区域地表面积的50%）林区被砍伐，并主要被大豆所取代。在里约热内卢臭名昭著的银行家——房地产大亨罗纳德·吉马莱斯·莱文松（Ronald Guimarães Levinsohn）——的授意下，庄园的管理层已发出请求，想得到授权再清理额外的2.5万公顷林地。但7名"吉拉泽罗"挫败了投资者的计划。

被埃斯特隆多庄园占据的土地上只居住有47户人家，但他们扎在巴伊亚西部的根与那些塞拉多灌木丛的一样深。他们在1896年参加了卡努杜斯起义（Canudos rebellion）①后，于19世纪末抵达西巴伊亚。读过马里奥·巴尔加斯·略萨（Mario Vargas LLOSA）的小说《世界末日之战》（The War of The End of The World）的人可能还记得，卡努杜斯（Canudos）成为巴西东北部人民悲惨英雄主义和救世主信仰的象征。在一位被称为"劝世者"的末日先知的领导下，一个由小农场主、逃亡奴隶和土著部落居民组成的团体在巴西联邦

---

① 巴西卡努杜斯起义是19世纪末巴西东北部巴伊亚州腹地农牧民为争取土地而进行的武装斗争。——译者注

军队的围攻下足足抵抗了两年,镇子上最后几乎什么都不剩了。巴尔加斯·略萨描述了抵抗运动失败后的最后一幕:"当他们沿着了无生机的石坡路走下去的时候……他们才意识到那是成千上万只秃鹫拍打翅膀和啄喙的声音……那些四肢、头部、脊椎、内脏,无论是炸药、子弹,抑或是火焰都无法将这些东西化为尘埃……这些贪婪的生物如今正被碾为碎片,身首异处,被撕扯,被吞噬……(这就是)卡努杜斯应有的结局。"

但并非所有的卡努杜斯革命者都被秃鹫所吞食了。一些人逃到西部的里约普雷托福尔摩沙,并在同名河流的岸边建立了新的农业社区,那是雄浑的圣弗朗西斯科河的一条支流。他们自给自足,饲养家畜,种植豆类和木薯等传统作物,并使用巴西北部常见的一种特殊的植物作为材料,将古老的"黄金草编织手艺"(capim dourado)延续了下来。他们与塞拉多森林和谐共处了近一个世纪。

但在20世纪90年代,莱文森(Levinsohn)出现了。在总部位于里约热内卢的银行倒闭后,数千名毫无戒心的储户的储蓄全部付之东流。据称,这位金融家在巴西臭名昭著,并在专门伪造产权的"掠地者"们的帮助下,侵占了卡努杜斯幸存者的土地。根据巴西法律规定,"吉拉泽罗"们已经在这块土地上生活了一个多世纪,因此拥有事实上的财产权。"吉拉泽罗"对此进行了回应,并索要43 000公顷土地用于放牧。与大牧场主的情况一样,这不会破坏塞拉多的森林,因为"吉拉泽罗"的牧群很小,他们的牧场可以自我修复。

面对卡努杜斯革命者后裔的抵抗,莱文森和他在埃斯特隆多庄园的商业伙伴首先尝试了"胡萝卜战略"。苏扎说:"他们出现在镇上,并组织了聚会和烟花表演,但没有人把土地卖给他们。"然后,在一系列自相矛盾的法庭判决之后,"大棒"出场了。庄园的员工竖起了带刺的铁丝网,挖了10英尺深的壕沟,并建造了岗亭。岗亭上设有守卫塔,由指南星安保公司的武装警卫人员负责把守。"吉拉泽罗"们过去从社区间通行的土路被封锁了。

"我们现在几乎被围困住了。大豆带来了很多问题：武装岗亭、用栅栏围起来的土地，还有下雨时河里的毒药。"苏扎在一段视频中解释道。当时这两名"吉拉泽罗"正逗留在巴雷拉斯的一家教堂名下的文化中心花园中，这段视频就是我用手机在那时录制的。费雷拉终于鼓起勇气开始讲话，他的言辞十分生动。他举起拐杖对着镜头严肃地说道："我们生活在持枪歹徒中，等待着拖拉机来摧毁我们的家园。"但"吉拉泽罗"们绝不会妥协。

目光回到里约热内卢，埃斯特隆多庄园的管理层反驳说，他们所做的一切都是光明正大的。"没有任何公路被封锁，设置武装警卫是因为'吉拉泽罗'们摧毁了岗亭，偷走了机器。"在里约热内卢市中心的莱文森公关机构（Levinsohn's PR agency）的办公室里，行政官丹尼尔·费拉兹（Daniel Ferraz）说道。对费雷拉开枪的指南星警卫声称这两名年轻的"吉拉泽罗"当时也携带有武器，但二人坚决否认了这一指控。面对埃斯特隆多庄园发生非法毁林事件的指控，费拉兹回复说他们已经满足了保留20%受保护土地的法律要求。但这是一个似是而非的论点。莱文森和他的合作伙伴打算通过迁移原住民的方式将可以登记的土地腾空，以此来满足20%的保护要求。马丁·迈尔说："我们这里有一种'环境正确驱逐政策'。"即使是在2019年莱文森去世后，这场"吉拉泽罗"土地权的斗争也仍在继续。

当然，嘉吉公司对埃斯特隆多庄园并不会感到陌生。在包围着大片大豆田的铁丝栅栏外，矗立着两个大豆仓库。一个为嘉吉公司所有，另一个为邦吉公司所有。卡车离开埃斯特隆多庄园，驶向嘉吉公司的加工厂，一个位于向北40英里处，另一个则位于向南100英里的巴雷拉斯。显然，若没有嘉吉公司和邦吉公司提供的加工和出口基础设施，埃斯特隆多庄园是无法继续运营的。跨国经纪商只需施加的最小压力就足以保障"吉拉泽罗"们的权利，但在圣保罗和明尼苏达州的嘉吉公司总部，它们对我的质询表现得完全漠不关心。"嘉吉公司没有参与冲突。"该公司的公关团队在书面回复中表示道，"我们正在努力寻找解决方案，保护森林、帮助社区和农民获得幸福生活、养育世界，这三个需求之间需要取得平衡，而我们正在努力寻找解决方案。"

第十四章 牛肉（巴西，帕拉）
公牛之都

将在 9 月于巴西亚马孙河流域一处茂密的林区举行的辛瓜拉（Xinguara）年度农业展销会的筹备工作正在顺利地进行着。这片土地从前曾是美洲豹、树懒和蜘蛛猴的栖息地，现在则是牛肉生产区域的中心，这里有着数百万头牛和三个工业屠宰场。**辛瓜拉：欢迎来到公牛之都**，城镇入口处的标志牌上宣告道。

这是帕拉州近十年来森林火灾最为严重的一年，一场环境灾难上了全球新闻的头条，并引发了巴西与法国总统马克龙（Emmanuel Macron）之间的外交争端，而这一切看起来与雅伊尔·博索纳罗在巴西利亚总统府就任的九个月脱不了干系。浓浓的灰色烟雾笼罩在辛瓜拉周围残存的森林上空，成群的瘤牛化作一片焦黑中的白色斑点，哀怨地啃食着稀稀拉拉的绿芽。

大牧场主们很快就会从圣保罗、里约热内卢、巴西利亚或贝洛奥里藏特飞过来参加展销会。来自圣保罗的夸利亚托兄弟（Quagliato brothers）是位于辛瓜拉以南 20 英里处的里奥维梅尔霍庄园（Fazenda Rio Vermelho）的大农场主，那里有超过 15 万头牛在葱茏的亚马孙牧场上吃草。尽管来自巴西利亚或贝伦的司法命令会不时地出现在夸利亚托的邮箱中，指控他们非法砍伐森林，甚至使用奴隶劳工，但这个家族现在是巴西最大的牧场主。这样推算起来，他们在世界上也是无人能出其右了。毕竟，拥有 8 500 万头牛的巴西刚刚超过美国和澳大利亚，成为全球领先的牛肉生产国。

20 世纪 70 年代，作为亚马孙殖民项目的一部分，夸利亚托家族以低廉的价格从军政府手中买下了他们在辛瓜拉的地产，该项目的口号是"将无主的土地分给无土地的人"（Terra sem homens para homens sem Terra）。在这句话中，超过百万亚马孙土著居民以及整个巴西的女性人口都被从历史上抹去了。对于穿制服的人来说，一支庞大的踩着蹄子的公牛步兵队将是征服大自然最狂野地带，同时确保巴西亚马孙流域边界——一片占地面积 150 万平方英里（相当于整个欧盟大小），拥有南美洲亚马孙流域 60% 生物群落的区域——安全的理想工具。

丹尼尔·丹塔斯（Daniel Dantas）是一位里约热内卢的银行家，也是圣塔芭芭拉农业（Agro Santa Barbara）集团的总裁。该集团的亚马孙庄园占据了西帕拉地区 2.5 万公顷的前森林地带，而此次，丹尼尔·丹塔斯家族也将派出一位代表出席辛瓜拉的展销会。丹塔斯是巴西最具争议的大亨之一。他发迹于 20 世纪 90 年代费尔南多·恩里克·卡多佐政府实施的一系列公共资产私有化期间，曾因受贿、洗钱和逃税入狱。尽管如此，得益于利润丰厚的肉类行业，他的净资产现在接近 15 亿美元。丹塔斯数百万美元的机会基金（Opportunity Fund）已经在巴西获得了 50 万公顷的牧场用地，这些土地大部分位于亚马孙地区。像埃斯特隆多庄园的大豆之王罗纳德·莱文森一样，他也很快就会将自己在金融欺诈方面的技能灵活地运用在牧场艺术中。在 2019 年辛瓜拉展销会筹备之际，有消息称丹塔斯正在接受调查，原因是他将在其庄园内非法毁林区放牧的动物出售给了"JBS"名下的当地肉类加工厂。"JBS"是一家时常自发贿赂巴西政客的企业，其恶名可以和臭名昭著的建筑公司奥迪布里切特（Odebrecht）比肩。

"法赞代罗"农场主们参观了大头瘤牛的游行,能完美适应炎热气候的印度血统使这种牛成为巴西数量最多的牲畜。展销会上其他吸引人的活动有野马竞技表演、牲畜拍卖、巴西牛排烤肉,以及由最新一波"大学"巴西乡村音乐艺术家奉上的音乐会。这些歌曲是巴西人对主流国家和西方世界做出的回应,辛瓜拉的每个人都对其感伤的歌词和旋律耳熟能详。展销会上还举办了一场牛仔女郎选美大赛,身着格子衬衫、前襟在脐部打了个结的瑞西·赖斯(Rissy Rais)出现在了大广告牌上,她是这场比赛的明星选手。

旨在使每平方英尺土地上的公牛数量最大化的、最先进的育肥场出现在了展销会上,一同参展的还有一系列用于清除森林的拖拉机。主办方邀请巴西肉类包装行业最优秀的基因工程师对最新的杂交技术进行了说明,现场的人们还进行了多场牲畜精液交换活动。这座城中的兴奋之情溢于言表。"这是一年一度的盛事。现场会播放很多音乐,会有很多人喝得酩酊大醉,可能还会发生枪击事件。"城镇中心的一名年轻大学生解释道。

辛瓜拉人如此恣意地欢庆牛类展销会是有十分充足的理由的。牛肉让这个沉睡在丛林中的村庄变成了一个拥有45 000名居民的城市中心。这里有一间巴西烤肉店(位于巴西石油公司加油站内)、一家小型购物中心,以及一家四星级酒店。值得一提的是,尽管在展销会期间牧场主和他们的客人都住在各自的庄园内,但这家酒店的房间还是被预订一空。

牛肉交易在全球范围内是一项新兴的业务。根据联合国粮食及农业组织的预测,2018年至2050年间,世界肉类消费量将增长76%,其中牛肉消费量将增长69%。从字面上来看,巴西完全可以将南半球尤其是亚洲的新兴中产阶级对多汁的T型骨牛排或巨无霸牛肉汉堡日益增长的胃口充分利用起来。但80%的巴西肉类目前仍然只在巴西境内消费,辛瓜拉的牧场主们敏锐地意识到,将他们的市场进行国际化是十分必要的。

但将辛瓜拉的牛肉全球化并非易事。国际非政府组织一直不厌其烦地对亚马孙地区由畜牧业驱动的森林砍伐进行谴责，并呼吁抵制巴西的肉类产品。更糟糕的是，越来越多的科学共识认为，如果世界想要避免由肉类行业巨大的碳足迹和挥霍无度的水资源消耗造成的环境灾难，就必须减少肉类消费。其他的研究结果则将心脏病和癌症与过量食用红肉联系在了一起。一家位于硅谷的专门生产合成牛肉的新纳米技术公司也发起了挑战。就连汉堡王——这家在其巴西管理团队的带领下政治上最不正确的快餐连锁店，也宣布推出了一款"不可思议皇堡"（Impossible Whopper）。这是一种素食汉堡，由于添加了大量的大豆化合物，它不仅尝起来像肉，而且还能像真正的皇堡一样"流血"。所有的这些不仅让辛瓜拉展销会感到头疼，还使巴西利亚的血压飙升，在那座城市中的博索纳罗的古怪部长埃内斯托·阿劳乔（Ernesto Araújo）——我们在铌的神秘世界中曾不幸提到过的极右翼大师和占星家奥拉沃·德·卡瓦略的弟子——曾指责说"文化马克思主义"给"巴西红肉定罪"是一项阴谋。

在辛瓜拉的人们随着深受博索纳罗推崇的二人组合（Cleber e Cauan）的巴西乡村音乐新曲放声歌唱的同时，牧场主们举行了一个闭门会议。会议的首要议程是制定一项通信策略，以应对 2019 年 6 月在亚马孙地区被监测到的 3 万起野火给其全球出口计划造成的损害。跟 2018 年同月相比，火灾的数量增加了 60%。据备受尊敬的国家空间研究所（National Institute for Space Research，缩写为 INPE）的报道，国际媒体强调了火灾可能与博索纳罗总统任期前半年内森林砍伐率增加了 200% 这一事实有关。该研究结果一经公布，所长就立即遭到了解雇。这些通过卫星图像获得的数据在欧洲引发了愤怒，博索纳罗先是指责外国非政府组织为了对其发出谴责而故意纵火，随后又把矛头指向了亚马孙的土著领导者们。

"我们正处于飓风的中心。博索纳罗犯了一个修辞上错误。"辛瓜拉牧场主协会的主席乔尔·洛巴托（Joel Lobato）在该组织位于市中心的华丽办公室中接受采访时抱怨道。法国总统马克龙的言论尤其伤害到了洛巴托。"这不公平。我要是去香榭丽舍大街喝杯咖啡，他们会朝我扔石头的。但世界上没有人必须无偿保护自己的土地。"他抗议道。与其他历史上或新兴的巴西精英一样，洛巴托一想到会在巴黎受到嘲笑，就感到精神受到了创伤。洛巴托的办公室装饰着枝形吊灯、镀银马头雕塑、一张镶嵌着精选珍贵木材的桌子，以及一幅安格尔（Ingres）的画作《拿破仑在他的王座上》（*Napoleon I on His Imperial Throne*）的复制品。

"要是能像欧洲的牧场主那样，你给我钱让我停产的话，我会卖了我所有的牛，我会种上本地树种，天天给它们浇水，我还会杀死所有的白蚁。"他赌气说道，不知道是不是在讽刺，"我一年只收87 000 欧元就行。"

据一家专门分析牛肉行业与森林砍伐之间关系的美国非政府组织"国家野生动物联合会"（National Wildlife Federation）称，亚马孙地区有2/3 的森林遭到了砍伐，其中大部分是非法的，这为饲养瘤牛铺平了道路。帕拉州的总面积超过了法国、西班牙和葡萄牙国土面积的总和，而现在，这个幅员辽阔的州的南部地区却几乎没有了森林。自19世纪以来，比起亚马孙的土地，辛瓜拉更像是牛仔的家园，这里的风景更让人不禁想起巴西南部的牧场。只有在这个小镇南部的山丘上才能看见一些残存的森林，而那里现在正是大火肆虐的地方。"但这里不是亚马孙啊。从更西边的地方开始才是呢！"当我提到我此行的目的是报道亚马孙森林砍伐情况时，年轻的酒店接待员回答道。

尽管巴西的森林法规要求土地的所有者要对其土地上80%的原生植被进行保护，但事实上，再往西边，一股毁林浪潮正在席卷原始雨林。塔瑞瑟平台（Trase）[①]在一项基于详细卫星图像的研究结果中强调，肉类在亚马孙最近一波森林砍伐中起到了关键作用。2015年至2017年，巴西有58万公顷的雨林遭到破坏，其中大部分位于亚马孙地区。这意味着每天有1 600个足球场大小的森林被毁。牛群几乎总是跟着电锯和拖拉机走的。2019年亚马孙地区记录在案的森林火灾中，每三起中就有一起是发生在私有土地上的。塔瑞瑟平台的研究人员认为，火灾最有可能的起因是人们为了准备放牧而在最近被砍伐的灌木丛区域烧荒。

博索纳罗试图反击，他辩称2019年的火灾是由旱季和与周期性厄尔尼诺天气现象导致的特有高温所造成的必然结果。此前，小农户们经常在8月播种季节到来之前进行烧荒，而今年因此带来的损害要比往常严重得多。但亚马孙环境研究所（IPAM）发布了更多关于在大型私人牧场近期被毁林地上起火的卫星图像。"法赞代罗"农场主们为了养牛会砍倒树木，然后放火把剩下的树桩烧掉。热带雨林是不会因为高温而起火的。亚马孙环境研究所的一位科学家安耐·阿伦卡（Ane Alencar）告诉我说："而且，这些火灾显然与博索纳罗的政策和声明脱不了干系。"

她说的这些话并不是夸张。"罚款行业"激怒了"加林皮罗"们，而博索纳罗对这种过度限制亚马孙地区商业活动的政策的指责则给予了当地政客、牧场主、木材商人、偷猎者和其他采掘商业利益集团以可乘之机。这是一件真事，帕拉州西部的一位当地市长在本地报纸上刊登了一则广告，他邀请爱国的巴西人通过烧毁尽可能多的树木的方式来表达对博索纳罗的忠诚。"让我们向总统证明我们想要工作吧！"广告中这样敦促道。

[①] 一个旨在使政府、公司及其他人能够更好地了解和解决与供应链相关的环境影响的环保组织与国际供应链数据平台。——译者注

其结果就是在我于 2019 年 8 月抵达辛瓜拉的前一周，那里上演了一场所谓的"纵火日"。当时，数千起大火在该地区蔓延，恰如其分地向总统表达出了一种炼狱般的敬意。与此同时，博索纳罗手下那位圆滑的自由主义环境部长里卡多·萨勒斯（Ricardo Salles）在接受英国广播公司《硬核对话》（*HARD talk*）节目①采访时表示，新政府已经制订出了一个大胆的首创计划来打击非法森林砍伐行为：将其合法化。"人们只是忽略了那些太过严苛的法律条款。我们需要资本主义的解决方案。"他总结道。几天后，萨勒斯提供了这一创新的自由市场环境战略的更多细节，该战略可能是这位部长在圣保罗的麦肯齐长老会大学攻读工商管理学位期间研究出来的。他在接受英国《金融时报》（*Financial Times*）采访时提议，必须将亚马孙地区进行"货币化"才能拯救它，他同时建议要将市场价值放在森林上。他的这一想法甚至让这家全球商业日报都感到不适。几个月后，当对于博索纳罗来说只是一场"小流感"的冠状病毒席卷巴西，在疫情使亚马孙地区首府玛瑙斯城内竖起了数千块无主墓碑之际，萨勒斯在内阁会议上表示，这场流行病将是推动亚马孙河流域放松管制计划的绝佳机会，因为媒体"现在只聊冠状病毒"。

在试图诋毁马克龙的同时，萨勒斯甚至连带着对那些将亚马孙描述为"地球之肺"的人发起了攻击，因为马克龙曾在他的一条推文中使用了这一词汇。这位部长说，亚马孙河流域并不会像肺部那样产生氧气。这条信息通过"博索纳罗主义者"们的社交网络传播开来。当然，马克龙和大多数国际媒体的并不是按字面意思说这片森林为地球提供了足够的氧气，他们只是做了个比喻而已，因为亚马孙雨林具有非凡的吸收二氧化碳的能力。在世纪之交前的几十年里，在化石燃料经济向大气排放的 2.4 万亿吨温室气体中，每年都有

---

① 英国广播公司的一档访谈节目，主要关注种族文化冲突问题。——译者注

第十四章　牛肉（巴西，帕拉）

大约 20 亿吨被亚马孙雨林吸收。但在某种意义上来说，萨勒斯说的没错。亚马孙流域的肺已濒临崩溃。森林砍伐和成熟植被的消失极大地降低了这片森林作为碳汇①的重要性。

巴西诺贝尔奖获得者卡洛斯·诺布雷（Carlos Nobre）计算出，目前亚马孙地区每年的二氧化碳吸收率已经下降到 10 亿吨左右，并且随着大火的蔓延，亚马孙 20% 地区的碳排放量比吸收量还要多。诺布雷警告说，如果当年记录的森林砍伐率在未来十年保持不变，那么以森林大火为引爆点，亚马孙地区数千年来潮湿的生物群落将在 2035 年转变为更加干燥的塞拉多生态系统，并给巴西、西半球和整个地球带来灾难性后果。当然，到那时，塞拉多地区早就被大豆大亨们改造成"新自然"了。

在博索纳罗的领导下，破坏速度看起来是不可能会放缓的。政府中集结了一群像萨勒斯这样的言论自由的新自由主义者，以及像奥古斯托·赫列诺（Augusto Heleno）这样的怀旧老将军，他是军政府"无主土地"政策的老手了。这样的一个政府领导团体像《德州电锯杀人狂》（*The Texas Chain Saw Massacre*）的剧组般在亚马孙大地上横空出世了。

一个可悲的事实是，辛瓜拉和帕拉州东南部其他地区的森林遭到破坏已是既成事实。"三十年前，在夸利亚托庄园上，有 150 辆拖拉机将树木连根拔起，同时在辛瓜拉有 22 家锯木厂。"牧地委员会（Pastoral Land Commission）驻辛瓜拉办事处主任安娜·德·苏扎（Ana de Souza）解释道，这是一个捍卫乡村人权和劳动权的进步天主教组织。她警告说："现在西部也在发生同样的事情。如果不加以控制的话，那么十年后西帕拉州也将落得与辛瓜拉一样的下场。"

---

① 碳汇是指通过植树造林、植被恢复等措施，吸收大气中的二氧化碳，从而减少温室气体在大气中浓度的过程、活动或机制。——译者注

但人们并没有从辛瓜拉吸取任何教训。恰恰相反,随着博索纳罗登台,萨勒斯设计出了一个自由主义的保护战略,于是那些打算清理掉丛林的牧场主们相信自己绝对可以逃脱惩罚。石蜡和链锯的新前沿已经蔓延至伊泰图巴南部,那里的穆杜鲁库土著领地受到了接二连三的威胁:先是伐木工,然后是牧场主,最后是大豆种植者,这些采掘主义者给他们施加了巨大的压力。毕竟,大豆禁令的弱点在于"替代效应"。现在,大豆正在被砍伐的畜牧业用地上不断扩张,而协议对这点并未提及。

阻止亚马孙雨林的消亡并非全无可能。回想一下,在 2003 年至 2011 年卢拉执政期间,在由环保机构巴西环境与可再生自然资源研究所协调出的更有效的控制系统与实时跟踪森林砍伐情况的新卫星技术的共同作用下,巴西亚马孙地区的森林砍伐率减少了 80%。大豆禁令的经验也表明,如果主要消费品牌对肉类包装行业的供应商施加足够的压力,那么森林砍伐的情况可能会大幅度减少。然而,事实证明,想与牧场主达成解决方案意见上的一致简直比跟大豆说话都要难。"绿色和平组织"试图与总部位于圣保罗的"JBS"公司及其他大型肉类加工厂达成协议,让它们中止采购产于毁林地区的肉类。但是,尽管这两家巴西巨头都在公开场合对此表示支持,但它们管理的屠宰场还是购买了在非法毁林土地上放牧的动物。丹尼尔·丹塔斯只是众多违法牧场主中的一个。此外,对巴西环境与可再生自然资源研究所等负责打击森林砍伐的联邦实体预算的削减,也让那些毁林者更加坚信自己会逃脱惩罚。

就像在塞拉多一样,这些人在亚马孙地区先是砍树,随后便开始"砍人"。他们雇佣杀手枪杀了土著领导人、环保主义者,以及在牧场上占用非生产性土地的无地工人,而后者只是践行了自己的宪法权利而已。"在亚马孙,集中土地所有权的手段一直都是暴力。他们首先会确定领导人,然后选出枪手的枪杀目标。"德·苏扎说,"在

第十四章　牛肉（巴西，帕拉）

同一时间内有太多人试图将定居者从其属地上驱逐出去，这种情况是前所未有的。"

当我沿着坑坑洼洼的道路从辛瓜拉向西驶往仍在冒烟的被毁林区的边缘地带时，这句话背后可怕的真相变得愈发清晰。在北乌里尔兰迪亚镇的入口处矗立着一块手绘的标志牌，上面警告道"1200 庄园牧场：24 小时有人把守。禁止进入"。该牧场归 82 岁的圣埃斯皮里图州人尤蒂米奥·利波斯（Eutimio Lippaus）所有。他侵占了 5 000 公顷的丛林，其中 1500 公顷原本归联邦政府所有，因此在法律上不是他的。在获得了这块地产后，利波斯便一秒也不耽误，立即开始为瘤牛的入侵扫清道路。他在尚未指定所有者的土地上砍伐了成千上万棵树木。与夸利亚托兄弟一样，他很快就会因非法砍伐森林和使用奴隶劳工搬运树木而被罚款。

2006 年，一个新的障碍出现了。在国家殖民和土地改革研究所（INCRA）的支持下，100 个无地家庭在这片庄园中曾为国有的区域内定居。国家殖民和土地改革研究所是一个于 20 世纪 80 年代启动的负责管理巴西怯懦的土地改革的联邦机构，它们通过购买合法占用的土地的方式来对土地所有者进行赔偿。那些无土地的农村工人们使用国家殖民和土地改革研究所绘制的地图来确认他们占用的土地位于从前的国有区域。

对利波斯来说，在这场公牛与贫困农工的对阵中，更值钱的是动物。一开始，利波斯与国家殖民和土地改革研究所进行了合作。他收取了并非为他所有的土地的使用金，并认可了这些定居点，但在博索纳罗获胜后，这位年迈的大地主改了主意。这是一个千载难逢的驱逐那些定居者的好机会，那些人种植了可可树、桉树、柚木以及供自己食用的香蕉，他们重造了 400 公顷的林地，并拒绝让大型牧群在其中放牧。

2019 年春天的一个清晨，两名持枪歹徒骑着摩托车进入了社区。

在连开枪数枪之后，他们向两所房屋放了火，所幸没有人受伤。但从那一刻起，曾帮助组织对利波斯牧场进行最初占领的保利诺·达席尔瓦（Paulino DaSilva）就一直生活在死亡的威胁下了。"每天都有人在街上对我喊：'嘿，保利诺！尤蒂米奥想要你的命。他出价5万雷亚尔呢！'"达席尔瓦在利波斯牧场附近的小木屋后院向我解释道，"我也不确定这是随便说说还是真事，但这些天我不常出门，下班后便直接回家。"他补充道。与此同时，母鸡在啄食，公鸡在啼叫。在他的背后，一只训练有素的鹦鹉模仿着主人的样子完美地吟唱了一首忧郁的巴西民谣。在棚屋的墙上，钉着一张来自农村工人工会的海报。

"谁应该对这些社区袭击事件负责呢？"我问达席尔瓦。作为昔日劳工党的地方议员，他得了个"工党保利诺"（Paulino do PT）的绰号。"毫无疑问，是枪手和牛仔，受了牧场主的指使。"他回答道，"尤蒂米奥不承认，但除他之外没有别人。""那为什么是现在呢？""因为他得到了联邦政府的支持。"

在我们会面的过程中，达席尔瓦没有流露出多少恐惧，但他的妻子却显得坐立不安。我建议可以通过将他的故事公之于众的方式来使他获得更好的保护，他同意了。但五个月后，在2020年2月22日，《环球新闻》（Globo News）爆出了一条"前议员头部中弹身亡"的消息："现年51岁的保利诺·达席尔瓦，又名'工党保利诺'，于周六在北乌里尔兰迪亚镇被谋杀。警方针对犯罪情况将展开进一步的调查。"

在这场扭曲的巴西悲剧中，开始在庄园内淘金的"加林皮罗"矿工是主要的嫌犯，但淘金者身后闪现出的是利波斯的影子。"保利诺反对开采金矿。"泽·阿里亚（Ze Aria）说，他是保利诺在农村工人工会北乌里尔兰迪亚镇地方分会中的战友，"但与黄金勘探者的冲突只会使已经开始的进程加速进行而已。谋杀者的真正动机是他人

第十四章　牛肉（巴西，帕拉）

侵了1200庄园牧场。"

达席尔瓦是在博索纳罗宣誓就任总统后的数月内被谋杀的十几名乌里尔兰迪亚居民之一。"有了博索纳罗，情况比以前糟糕了80%。"阿里亚说，"保利诺的死亡只是给谋杀悬案的统计数据又增加了一个数字罢了。"

再往西，在申谷圣费利斯市（São Félix do Xingu），希克林人（Xikrin）① 已经拿起武器与"掠地者"进行抗争，这些"掠地者"在博索纳罗的言辞鼓舞下，竟然试图通过伪造保护区产权的手段来使伐木工和牧场主进入受宪法保护的土地。一条受博索纳罗支持的被称为"土地掠夺法案"的法律规定对被非法侵占的15公顷的国有土地林区予以了认可。由于这些人的到来将不可避免地带来森林滥伐，因此该法律"将激励更多火灾和破坏事件的发生。它使犯罪变得合法化"。在2019年的大火肆虐之际，当我对卢拉的第一位环境部部长玛丽娜·达席尔瓦（Marina Da Silva）进行采访时，她这样说道。

坐落在申谷河畔的圣费利斯，现在是巴西亚马孙地区森林砍伐问题第四严重的城镇。研究表明，位于那里的庄园——其中一些是"JBS"公司和巴西全球食品公司的供应商——是那个臭名昭著的"纵火日"的热情参与者。申谷圣费利斯市也拥有全国数量最庞大的牛群，那里有超过200万头瘤牛，其中许多都是在丹尼尔·丹塔斯名下的牧场上放牧的。

辛瓜拉传来消息称，这位机会基金的亿万富翁董事长选择不出席此次展销会。这一决定可能是由"JBS"公司丑闻引起的负面宣传导致的。也有可能是因为丹塔斯和他在里约热内卢阴暗金融世界中的竞争对手、汉堡王的豪尔赫·保罗·雷曼（Jorge Paulo Lemann）一样，已经戒了肉食，并宣布自己是素食主义者了。

---

① 希克林（Xikrin）为亚马孙北部的土著民族。——译者注

第十五章　石油（委内瑞拉；巴西；墨西哥）
石油社会主义与反击

委内瑞拉

在地下深处，隐藏着一个冒着泡的黑色"黄金国"。这里的石油储量多达 30 亿桶，堪称世界之最。但是，在地面之上，在向大西洋奔流而去的壮丽的亚马孙河沿岸，"奥里诺科石油带"中的情况不容乐观，这里长期充斥着黑市骗局和穷途末路的委内瑞拉人。

黄昏时分，在沿海城市巴塞罗那郊区的"何塞石油化工总厂"（José Petrochemical Complex）中，一团橙色的火焰在被大海勾勒出轮廓的钢制烟囱上方孤单地闪烁着。这些是埃克森美孚公司和其他大型石油跨国公司在 20 世纪 90 年代建造的"升级工厂"，用于提炼奥里诺科带的重质、非常规原油。在刚被从地下抽出时，那些原油就像蜜糖一样浓稠。但由于多年以来疏于管理加上投资不足，这些工厂现在大都无法运作了。用中国、韩国、俄罗斯和欧洲的资本建造更多新升级工厂的计划已被搁置。通往石油社会主义（petrosocialism）新阶段的大门被"砰"地关上了。奥里诺科石油带的产量已经减少到接近于零。更糟糕的是，位于西部 800 英里处的马拉开波湖上的传统油田的轻质油产量也一并大幅度下降了。

第十五章　石油（委内瑞拉；巴西；墨西哥）

2014 年，在国际原油价格从每桶 120 美元暴跌至 30 美元之际，21 世纪社会主义的碳氢化合物乌托邦在短短一年内便化为乌有。而随之一同蒸发的还有对于购买食品和药品等基本必需品至关重要的由石油产生的外汇。原油产量从每天 330 万桶暴跌至 50 万桶，下降了 75%，这引发了一场大萧条。在六年时间里，委内瑞拉国内生产总值的 60% 被摧毁殆尽。这种程度的经济破坏是前所未有的，即使在战争时期也未曾发生过。

该地区最富有的国家现在正一筹莫展，根据联合国的数据，有 700 万的委内瑞拉人需要人道主义援助。在乌戈·查韦斯政府于 21 世纪头十年取得了非凡成就并将委内瑞拉的贫困和不平等现象降至南美洲大陆的最低水平之后，如今的贫困率又飙升到了 80%，只有依靠政府的粮食计划才能防止出现大规模饥荒。由于无法支付现有石油基础设施的维护和维修费用，恶性循环进一步加剧。这是委内瑞拉对石油产生历史性依赖所付出的代价，这是一种即使是乌戈·查韦斯的玻利瓦尔革命运动也未能摆脱的强迫性习惯。

尼古拉斯·马杜罗必须为此次经济崩溃承担一部分责任。马杜罗在 2013 年查韦斯突然去世后接任总统，他将公共支出维持在了一个与极低的油价不相匹配的水平上。加拉加斯的许多人，甚至是忠诚的查韦斯主义者，都对政府经济团队的能力提出了质疑。但在国有企业委内瑞拉国家石油公司（PDVSA）不可靠的管理之下，其实在很早之前就已经埋下了祸根。在繁荣时期，该公司的董事长拉斐尔·拉米雷斯（Rafael Ramírez）曾在高度可疑的情况下积累了一大笔个人财富。

特朗普政府在 2017 年宣布制裁时拒绝了让委内瑞拉国家石油公司进入国际市场，这使委内瑞拉国内的危机进一步加剧。即使是在 2017 年年末油价上涨之际，委内瑞拉的石油产量仍持续下跌。马杜罗将数百名忠诚的军官和对石油业务知之甚少的官僚塞进了委内瑞拉国家石油公司的管理层，这一举动使崩溃加速。为了避免无法支付委内瑞拉国家石油公司的巨额债务，政府还减少了对基本商品的进口。许多人问，为什么玻利瓦尔革命运动会选择华尔街来当债券持有人，而不是饥饿的儿童和住院的病人？答案很简单，马杜罗知道，如果委内瑞拉违约，那么委内瑞拉国家石油公司在美国的资产将被扣押。

最重要的是雪铁戈石油公司（CITGO）在美国的连锁加油站和炼油厂，委内瑞拉政府刚刚将其出售给了俄罗斯石油公司（Rosneft）。随着美国制裁的实施，俄罗斯石油公司面临着失去这些资产的危险，因此它们通过谈判的方式将这些资产换成了奥里诺科带的油田。这是委内瑞拉自己的"原材料诅咒"独家版本：在华盛顿制裁的驱使下，委内瑞拉人采取了绝望的措施，他们被迫将其石油资产出售给莫斯科，甚至考虑将委内瑞拉国家石油公司的一部分也出售给这个美国的地缘政治对手。毕竟，只有俄罗斯和中国准备对委内瑞拉的石油区域进行投资，并为委内瑞拉提供了换取石油资产所需的信贷。中国向委内瑞拉提供了不少于 500 亿美元的贷款，以换取长期的原油供应来源，以及中国企业参与委内瑞拉基础设施建设的机会。

在中国施加的压力下，奥里诺科带的重质原油被规定优先于马拉开波的常规油田进行开采。这将被证明是一项代价高昂的让步。马拉开波的石油很容易开采，并且可以在委内瑞拉进行精炼，但奥里诺科的大部分重质原油都是在出口（主要向美国）后进行精炼的。矛盾的是，在这片黑金之地，石油进口在五年内从每天 700 亿桶飙升至 2 500 亿桶。这耗尽了委内瑞拉宝贵的外汇，并迫使进口食品和药品的供应进一步减少。

被与莫斯科和北京联系起来的委内瑞拉的命运将使解放者西蒙·玻利瓦尔（Simón Bolívar）在长眠中不得安息。但有迹象表

第十五章 石油（委内瑞拉；巴西；墨西哥）

明，在中国和俄罗斯的帮助下，委内瑞拉石油产量的崩溃状况可能会发生逆转。在一家中国石油公司——中国石油天然气集团有限公司——与委内瑞拉国家石油公司合资的企业的帮助下，委内瑞拉2018年的石油产量翻了一番。也许这就是特朗普政府决定采取行动，支持立即进行政权更迭的真正原因所在。

美国、俄罗斯和中国之间地缘政治的紧张局势已经加剧到了一触即发的地步。当马杜罗在2018年试图向俄罗斯石油公司出售更多的石油资产时，委内瑞拉议会中的反对派与华盛顿密切配合，阻止了此次出售。这迫使马杜罗政府叫停了委内瑞拉议会，从而在加拉加斯街头引发了一波针对政府的暴力抗议浪潮。对马杜罗违反三权分立的指责成为美国决定支持新一轮政变企图的借口。尽管有人道主义公关，但华盛顿的担忧或许不是委内瑞拉将会进一步陷入混乱和匮乏的深渊，而是这个国家会在中国和俄罗斯的支持下摆脱困境。

胡安·瓜伊多是一位年轻的反对派领袖和前街头斗士，他在学生时代接受了美国国际开发署（USAID）的培训，并被选为这场对抗权力之战的领导者。2019年1月，瓜伊多极为怪诞地宣称自己为总统，并得到了美国国务卿迈克·蓬佩奥（Mike Pompeo）、国家安全顾问约翰·博尔顿（John Bolton）和迈阿密参议员马可·鲁比奥（Marco Rubio）的批准，甚至特朗普也点头同意了。

雪铁戈石油公司的资产是被交付给瓜伊多新平行政府的首批资产之一，其价值约100亿美元，并很快就被分配给了委内瑞拉公司的美国债券持有人。

如果委内瑞拉人认为自己已经跌落到了谷底，那他们就大错特错了。在博尔顿和鲁比奥的建议下，特朗普在2019年宣布全面禁止委内瑞拉向美国出售石油，从而进一步加强了他对瓜伊多未遂政变的支持。在此之前，美国一直是委内瑞拉近40%原油的出口市场。此举震惊了美国炼油商和仍活跃在委内瑞拉的公司，雪佛龙

（Chevron）就是其中之一。禁运立即导致了石油生产的进一步崩溃，而现在，情况又因停电而变得更加雪上加霜。2019年3月，委内瑞拉全国停电一周，后来只有加拉加斯设法恢复了可靠的电力供应。

更糟糕的是，停电迫使奥里诺科石油带仅存的几家升级厂关闭，而禁运使提炼奥里诺科重质原油所需的稀释剂变得极难进口。石油产量进一步下滑，必需品进口也大幅度下跌。住在纽约的委内瑞拉经济学家弗朗西斯科·罗德里格斯（Francisco Rodríguez）警告说，特朗普的禁运将在委内瑞拉造成大规模饥荒。哥伦比亚经济学家杰夫·萨克斯（Jeff Sachs）和华盛顿经济政策研究中心（Center for Economic Policy Research）主任马克·魏斯布罗特（Mark Weisbrot）也指出，第一轮制裁可能已经造成了约40 000人死亡。

在到访地处委内瑞拉和哥伦比亚边境的库库塔期间，我也清楚地看到了这场灾难的规模。在马拉开波、马拉凯、瓦伦西亚、巴基西梅托其他受停电和短缺影响比加拉加斯更为严重的城市，源源不断地有移民越过边境桥梁想要逃离贫困。"以前，只有食物和药品短缺。现在，连电力和水也短缺了。"一位来自塔奇拉州圣克里斯托瓦尔的母亲解释说，她和女儿在哥伦比亚（一个有3 200万居民的国家）移民局与超过400万委内瑞拉人一同排着长队，以逃离物资短缺的生活。不到一年，又有100万人离开了。

在外面，数百名委内瑞拉年轻人为了赚取一些玻利瓦尔[①]，正在一片混乱中相互争抢着帮移民提手提箱或者推坐轮椅的老人和病人过桥的机会。混乱中，两名委内瑞拉妇女在一个露天理发店旁等候着。就像维克多·雨果的《悲惨世界》（Les Misérables）中的芳汀（Fantine）一样，她们决定以5 000玻利瓦尔（略高于1美元）的价格出售自己20英寸长的头发。

[①] 委内瑞拉的货币单位。——编者注

第十五章　石油（委内瑞拉；巴西；墨西哥）

***

在奥里诺科石油带的一个停靠点上，位于圭亚那城的一处加油站的经理，向我提出了一桩以美元出售玻利瓦尔的交易。这座加油站由废弃的钢铁厂和铝厂构成，其可怕的轮廓突兀地矗立在眼前。我们约定在我住的酒店见面，从那里可以俯瞰蜿蜒流过整个城市的浩瀚的奥里诺科河。

经理乔尔（Joel）提着三个装满玻利瓦尔纸币的大塑料购物袋。他坐在酒店的酒吧内，像一个失落时代的银行柜员一般，用灵巧的手指点着钞票。我递了两张 20 美元的钞票给他。当天的汇率已达到 1 美元兑换 4 000 玻利瓦尔，几乎是前一周的两倍，通货膨胀率接近 500 000%（在未来几个月中将突破 1 000 000% 大关）。乔尔收到了一些新的 500 玻利瓦尔面值的钞票，这些钞票在委内瑞拉的大部分地区尚未流通，乔尔把它们扎成了薄薄的一捆。但其余的 16 000 玻利瓦尔则是由一大摞旧的百元钞票凑成的，他从袋子里像拿纸砖一样把它们拿了出来。乔尔渴望在有能力的情况下尽快移民到美国，因此他决定进入非法货币市场，因为卖汽油是没有报酬的："委内瑞拉的汽油几乎是免费的。政府付钱让我卖，但这连维持生活都不够。"当天，一升汽油的价格是 3 美分。

就其他方面而言，通货膨胀升级成了恶性通货膨胀，这是委内瑞拉多重汇率和价格控制造成的不良后果。在一片混乱中，总部位于迈阿密的互联网门户网站"今日美元"（Dolar Today），通过为像乔尔这样在黑市买卖美元的人设定每日基准的方式，在某种程度上控制了非官方汇率。问题是，"今日美元"并非一个中立的经纪商，它由佛罗里达州的一群委内瑞拉侨民管理，并与右翼反对派的最极端分子有联系，其目的是不择手段地摧毁查韦斯 21 世纪的社会主义。每天早上，"今日美元"都会发布大幅膨胀的汇率，该汇率是前一天的 2~3 倍。这进一步加剧了令人感到眩晕的恶性通货膨胀，并撕裂了委内瑞拉人的腰包。"今日美元"对其想要击溃马杜罗政府的愿望丝毫不加掩饰。这家网站的运营人员对玻利瓦尔兑美元汇率的"估计",每天都会出现在迈阿密门户网站的主页上。他们发表歇斯底里的文章,对"卡斯特罗－查韦斯主义"(Castro-Chavism)加以谴责,同时向百万富翁反对派领袖利奥波多·洛佩斯(Leopoldo López)致敬。

我在库库塔与位于老市中心桑坦德公园(Parque Santander)周围的哥伦比亚外汇市场的交易员胡里奥·维列兹(Julio Vélez)进行了交谈,理查德·布兰森(Richard Branson)、少数雷鬼音乐明星和美国武装部队南方司令部,随后将在那里组织一场应援委内瑞拉政权更迭的演唱会。作为混乱的哥伦比亚边境小镇的美元交易行业的老手,维列兹并不完全是玻利瓦尔革命运动的支持者。他鄙视马杜罗,并为委内瑞拉回归市场驱动的资本主义进行辩护。尽管如此,他还是抨击道:"邪恶的'今日美元'网站给委内瑞拉同胞带来了莫大的伤害。人们认为它们所说的才是玻利瓦尔真正的价值所在,但这是一个谎言,它们企图破坏委内瑞拉经济的稳定性。"

正如委内瑞拉经济学家帕斯夸利纳·库西奥(Pasqualina Curcio)在其著作《看得见的市场之手:委内瑞拉的经济战争》(*The Visible Hand of the Market: Economic Warfare in Venezuela*)中指出的那样,"今日美元"的汇率存在政治偏见的一个迹象是,每当查韦斯主义者在选举活动中获胜,它们对玻利瓦尔的预测便会急剧加速贬值。例如,当查韦斯在 2012 年 10 月赢得最后一次总统选举时,"今日美元"上的玻利瓦尔崩溃得一天比一天严重。随后在 2013 年,当马杜罗首次参选并以微弱的优势获胜时,玻利瓦尔干脆一头扎进了谷底。然而,当反对派在 2015 年赢得了国民议会选举时,由迈阿密的"今日美元"团队指挥的贬值速度却奇迹般放缓了。恶性通货膨胀也是如此。

第十五章 石油（委内瑞拉；巴西；墨西哥）

与反对派街头抗议或瓜伊多企图组织政变相比，这家迈阿密金融门户网站造成的破坏要大得多。玻利瓦尔纸币在几天内就失去了价值。在库库塔的布兰森艺术节（Branson's festival）上，最畅销的纪念品是用数百张玻利瓦尔钞票制作的蜂鸟折纸雕塑。

政府对大米、意大利面、面包、洗涤剂和药品等进口必需品价格的控制为一群被称为"超市黄牛"的黑市投机者创造了可乘之机。这些人就像《第三人》（The Third Man）中的哈里·莱姆（Harry Lime）转世投胎到了委内瑞拉了一般，购买稀缺商品并以高价转售。在附近的商店里、超市和药店里，一群面色阴沉的陌生人排在了没有尽头的长队的最前面。

诗人吉奥马尔·卡米诺（Guiomar Camino）说："我们之所以称这些'超市黄牛'为'bachaqueros'，是因为有一种同名的昆虫。"由于对我从维列兹那里得到的 500 张玻利瓦尔纸币中的一张十分欣赏，因此他亲切地邀请我到他位于塔奇拉州的家中做客。那个地方与库库塔相对，位于哥伦比亚边境的另一侧。

在奥里诺科河岸和更北边的城镇，每天早上的面包店、杂货店和超市里都会有一排排逆来顺受的购物者排着长队。在巴塞罗那[①]附近的一家药店中，我看到两名女子为了谁排在前面而在地上扭打成一团，直到她们中年轻的那个因头部受伤流血而投降才算罢休。在加勒比海岸库马纳的安东尼奥·帕特里西奥·德·阿尔卡拉医院（Antonio Patricio de Alcalá hospital）中，从橡胶手套、注射器、纸巾到电灯，每个科室的物资都出现了短缺，基本的药物就更不用说了。美国的制裁开始见效，并使危机演变成了灾难。

"如果你想看些惊世骇俗的，那就去急诊室后面的太平间里吧。

[①] 巴塞罗那（Barcelona），是委内瑞拉安索阿特吉州的首府，属于市级区域。——编者注

那里没有空调，尸体有时会膨胀爆裂。"一位 30 岁的实验室技术人员对我说道，他正在贩卖软饮料、委内瑞拉粟米饼（Arepas）和注射器。

然而，与委内瑞拉一贯的情况一样，媒体在强制性叙事中，与在查韦斯主义（Chavista）的残酷独裁政权中受苦受难的人民团结一致，共同对马杜罗的政权发起了反抗。但这并没有说明全部情况，甚至连其中的一部分都未能说明。一个约有 30 人的家庭（9 个孩子及女婿、儿媳、孙子和侄子）在医院后面露营，而他们的祖母则刚从肺炎中康复。有几位睡在挂在树间的吊床上，其他人在一辆破旧的皮卡车后面做了委内瑞拉粟米饼。其中一个女儿无可奈何地说："我们还得设法为我母亲找到抗生素和注射器。"然后，为了防止我误解，她补充说："我们是百分之百的查韦斯主义者，整个家庭都是！我的一切都是政府给的——我的食物、我的工作、我的房子。"他们来自巴巴柯阿，这是一个离库马纳有半小时车程的棚户区。在那里的入口处，路边立着一块的牌子，上面用石头拼写着："somos chávez。"（我们是查韦斯主义者。）

马杜罗意识到，"今日美元"助长了恶性通货膨胀，而"超市黄牛"们则加剧了物资短缺，因此他改变了策略。他解除了对管制价格的控制，并于 2019 年年末将官方汇率和市场汇率合并。当地的现金将很快从经济中消失，足智多谋的委内瑞拉公民转而开始用银行卡来购买哪怕是最小的物品，加拉加斯就好像被搬到了斯堪的纳维亚半岛（Scandinavia）一样。但是，稀缺问题只是变成了一场负担能力危机而已。恶性通货膨胀仍在继续，政府不再补贴生活必需品，而是选择每月或每两个月向各个区域和村庄配发食物包。现在一千克肉的价格等同于每两周发放一次的最低工资。

在通往巴西的高速公路上，佩蒙人正与军队和犯罪团伙争夺金矿和钶钽铁矿的控制权，加油站也排起了长队。我很想知道，为什

第十五章　石油（委内瑞拉；巴西；墨西哥）

么在委内瑞拉，唯独汽油是如此便宜且充足？"这里的许多人靠走私汽油为生。如果你的工资是以玻利瓦尔为单位的，那么以巴西雷亚尔为单位卖出一罐汽油会比你工作一周赚得更多。其他人则在矿业城镇转售汽油。"奈伦（Nelson）解释道，他是一家组织巴西女性前往圭亚那城进行整容之旅的公司的合伙人。

随着危机的加深，汽油短缺问题也终于在全国范围内蔓延开来。在新冠病毒大流行期间，世界油价进一步暴跌，马杜罗最终也放松了对天然气的价格控制，这使跨越哥伦比亚边境走私燃料的利润大幅度降低。但自由化也导致了加油站的油价飙升，为了领取补贴的汽油配额，司机们现在不得不在加油站外连夜排队等候。

***

所有这些都引出了同一个问题：为什么查韦斯主义没有在为时已晚之前减少对石油的依赖呢？作为委内瑞拉 95% 的外汇来源，石油不仅使委内瑞拉极易受到国际市场价格下跌的影响，而且也使委内瑞拉极易受到自 1999 年查韦斯首次当选以来在华盛顿支持下制定的政权更迭计划的影响。

在 2002 年发生的政变中，查韦斯被短暂绑架。随后，一场在反对派的支持下由委内瑞拉国家石油公司发动的罢工使国家陷入了瘫痪。尽管查韦斯敏锐地意识到了危险，但他始终无法实现经济多元化。与其他试图实施工业化以对抗对石油依赖的总统一样，他宣布了一系列建立新农业、制造业和制药业的国家计划，但对石油出口的依赖非但没有减少，反而加深了。自 20 世纪初第一次大规模开采石油以来腐蚀了委内瑞拉精英的"食利文化"（rentier culture）①，被身为新查韦斯主义者的"玻利（瓦尔）资产阶级"继承了。

---

① "食利文化"是指拥有百万元或者更多的现金的人们不从事实业经营，而是依靠放贷的利息为生。——译者注

查韦斯主义也许是其自身成功的受害者。2007年，查韦斯巧妙地利用了石油输出国组织（OPEC）的石油外交来削减世界供应，并提高了原油价格。之后，查韦斯迫使跨国公司向委内瑞拉支付了更高的特许权使用费，并保证了委内瑞拉国家石油公司在奥里诺科石油带的开采中拥有60%的股份。这项计划在十年间都令人为之惊叹。曾在"何塞化工总厂"建立了首个升级工厂的埃克森美孚公司，在时任首席执行官、后来成为特朗普的首任短命国务卿的雷克斯·蒂勒森（Rex Tillerson）的命令下，拒绝了付款并放弃了在这个国家发展。但雪佛龙、道达尔（Total）以及英国石油（BP）这些大型石油巨头则留了下来，欧洲、中国和俄罗斯的公司也加入了进来。

查韦斯认为，美国的石油游说团体，尤其是位于路易斯安那州、得克萨斯州海岸的炼油厂，将非常需要委内瑞拉的原油，因此它们永远不会允许华盛顿实施禁运。查韦斯主义者总结道，只要委内瑞拉不暂停偿还债务，那么对美国的石油出口就是安全的。但到2019年，随着全球化浪潮的消退，全球地缘政治发生了结构性的变化。禁运或许可以实现新特朗普主义的目标之一：警告中国和俄罗斯，拉丁美洲已再次成为美国的专属势力范围。

在2018年的利马美洲国家首脑会议期间，新保守派华盛顿战略与国际研究中心的一份报告警告称，中国与俄罗斯在拉丁美洲支持腐败和不民主的政权。它声称："中国正在支持马杜罗的不民主和压制性的毒品政权（narco-regime）。"这种强硬路线现在来看似乎是华盛顿的官方战略。

当然，特朗普的新"门罗主义"（Monroe Doctrine）从性质上来说不仅仅关乎地缘政治，政权更迭还将创造商业机会。博尔顿对此直言不讳："如果我们能让美国石油公司在委内瑞拉投资和生产石油军事武器，那么美国的经济将会有重大的改观。"特朗普在选择与"硬汉"马杜罗进行谈判和下令武装入侵之间摇摆不定，但他脑海

第十五章 石油（委内瑞拉；巴西；墨西哥）

中仍记挂着石油。正如前联邦调查局特工安德鲁·麦卡贝（Andrew McCabe）在其著作《威胁》（*The Threat*）中指出的那样，总统在上任后不久的一次秘密会议上表示，委内瑞拉是"我们应该与之开战的国家……它们拥有那么多的石油，而且它们就在我们的后门边上"。

瓜伊多打算立即履行承诺。2019年1月，在这位年轻的反对党领袖发表了自我宣言的几天后，我参加了他在位于加拉加斯的委内瑞拉中央大学的首次公开露面活动，数千名中产阶级学生像迎接雷鬼音乐明星一样接待了他。他在演讲中强调，需要吸引数十亿美元的私人投资，以扭转石油产量暴跌的局面。在瓜伊多的国家重建计划中，石油是关键。瓜伊多的石油政策顾问何塞·托罗（José Toro）表示："我们需要为期七年、每年三百亿美元的投资。"他在演讲中补充道："这笔资金是可用的，但并非为国家所有。它将为私人所有。"

托罗不愿意强化瓜伊多是华盛顿的傀儡这一印象，他矢口否认该计划是将委内瑞拉国家石油公司私有化。但从新自由主义"国家计划"的字里行间来看，尽管私有化已经十分渐进且隐晦，但几乎没有人会怀疑这就是它们的目标。话虽如此，但美国石油游说团体的一些部门对政权更迭计划和博尔顿在外交政策方面不甚微妙的看法并不信任，它们担心委内瑞拉业务的损失会再次搅扰得休斯敦不得安宁。

到2019年为止，有许多查韦斯主义技术人员都强调了进行多样化和工业化的迫切需求，而这也是查韦斯从一开始就希望看到的。随着危机加深和石油产量进一步下滑，政府宣布了一项减少食品和药品进口需求的全国生产计划。2019年年末，马杜罗在推特上写道："委内瑞拉正在推进经济解放进程，这将使我们成为一个拥有强大的生产力和自我维持能力的大国。"

但为时已晚。在如此严重的经济危机中，"生产转型"只不过是一个幻想。摆脱这场经济灾难的唯一出路就是恢复石油生产。这是经济学家、查韦斯政府前部长路易斯·萨拉斯（Luis Salas）给予我们的惨痛教训，他曾在繁荣时期敦促实施经济多样化，但以失败告终。

2019年春，我在加拉加斯遇到了萨拉斯，时值三个月来的第二次失败政变刚刚结束。这一次，瓜伊多和利奥波多·洛佩斯与穿着作战装备的持枪士兵们一起出现在了照片中。博尔顿和鲁比奥不断发布的推特内容与国际媒体频频刊登的头条新闻几乎没有使军队的忠诚度有任何下降。由瓜伊多领导的政权更迭失败了，但马杜罗的顽强并无法掩盖问题的根源。委内瑞拉依赖原油，而禁运每个月都在收紧。

也没有太多迹象表明由乔·拜登领导的民主党政府会松开制裁的螺丝，委内瑞拉要通过经济多样化以实现自给自足更是痴人说梦。"政府的生产性经济计划是行不通的。为了让委内瑞拉私营企业和非石油出口率先复苏，我们必须将生产能力提高350%以上。"当我们走在玻利瓦尔广场的自由女神雕像下时，萨拉斯向我解释道。但即使当地的公司能够成立，也没有足够的能源为它们供电。"我们来到了'石油后租赁主义'（oil post-rentism）时代。"萨拉斯说，"从中期来看，我们没有任何有形资产可以取代石油收入。"

巴西

我第一次见到塞尔吉奥·加布里埃尔（Sergio Gabrielli）是在达沃斯上。在2010年世界经济论坛年会期间，我们在他酒店的一间私人房间内进行了交谈。对于全球商界精英来说，那次年会是一场不容错过的活动。来自数百家华尔街跨国公司和投资银行的首席执行官们行走在冰冷的街道上，他们穿梭于一个又一个头脑风暴的会议中，并在阿尔卑斯山滑雪场的滑雪坡上疯狂地交换着联系方式。那

第十五章 石油（委内瑞拉；巴西；墨西哥）

一年，在2008年的经济大危机和新自由主义全球化模式几近崩溃之后，达沃斯的人们仍留有一些精神创伤后遗症的症状。但与其他大型新兴经济体一样，巴西也成为人们钦佩和尊敬的对象。当时，这个拉丁美洲最大的经济体似乎仍然经受住了那场风暴的考验。

加布里埃尔蓄着胡须，眼神热情，他不像大多数达沃斯参会者那样有着救世主般的目光。与那些人相比，他并不是一位典型的跨国公司首席执行官。他来自巴西国家石油公司，这是一家巴西国家石油巨头，其惊人的赢利能力比沙茨阿尔卑山（Schatzalp）滑雪场的炸肉排更能使达沃斯新兴市场的投资基金经理们垂涎欲滴。在被称为"盐下油"（pré-sal oil）储备的数十亿桶蕴藏于大西洋下方13 000英尺盐层下的优质原油被世人发现之后，按市值计算，巴西国家石油公司便成为世界第三大石油公司，尽管其股份只有一半是公开交易的。该公司的营业额超过了2 000亿美元。

巴西国家石油公司仅在五年内就投入了同样多的资金来勘测和钻探石油储备，这项雄心勃勃的计划使它们背负了数十亿美元的债务。但巴西深受全球金融市场的崇拜，加布里埃尔抓住了这一时机。他刚刚发行了400亿美元的债券，资金主要来自巴西大型公共银行和中国国家开发银行。那些在巴西首席执行官达沃斯会议结束时热烈鼓掌的私人投资者也完全参与其中，并出资65亿美元。债券发行后，巴西国家石油公司的债务将超过1 000亿美元。

在巴西国家石油公司的工程师们发现"盐下油"之前的多年间，外国跨国公司在海底650英尺宽的盐矿下连一滴石油都未曾找到过。巴西国家石油公司的10层浮动平台配备了全球卫星定位系统，可将3英里长的钻机保持在垂直位置上。公司的工程师没有使用传统的锚，而是创新发明了一种连接在聚酯绳索上的鱼雷系统，以便更加灵活地将平台固定在海底。巴西国家石油公司所使用的水下机器人的设计灵感来自蝌蚪的前进系统。终于，有1/3的勘探平台在"盐下油"区域发现了石油,于 2007 年在《华尔街日报》上发表的一篇题为《沉睡的石油巨头如何成为世界玩家》(*How a Sleepy Oil Giant Became a World Player*)的文章称,这种程度的成功令人"叹为观止"。

巴西国家石油公司由巴西标志性的发展主义总统热图利奥·瓦加斯(Getúlio Vargas)于 1953 年创建,创建之初是完全国有的。如今,这家公司开始实现这位总统的梦想了。瓦加斯曾经设想建立一个垂直整合的国有企业,一家"从油井到加油站"的石油公司。

加布里埃尔也有同样的想法。该公司的业务范围从大西洋近海500 英里的"盐下油"平台延伸到遍布全国的 100 万个加油站,从圣保罗大都市到"亚马孙横贯公路"上的偏远城镇,而它们的所有产品均带有巴西国家石油公司的绿色"BR"标志。两个新的大型炼油厂正在建设当中,一个位于里约热内卢,另一个则位于由乌戈·查韦斯帮助选址的东北海岸。数不尽的巴西国家石油公司的石油和天然气管道在这个幅员辽阔的国家蜿蜒穿过。

甚至在可再生能源领域,尤其是在生物燃料(大多数巴西汽车使用汽油和乙醇的混合物加油)和化肥领域,投资也已经展开了,而这一切都是为了与巴西商品经济的另一个支柱——农业——进行协同发展。巴西国家石油公司雇用了近 15 万名员工。

此外,针对巴西国家石油公司供应商制定的国家含量条例,意味着巴西建造了新的炼油厂和钻井平台,这是一种由拉丁美洲左翼新经济异端所设计的国有产业政策。加布里埃尔表示,这将有助于巴西工程和基础设施企业在汇率被高估的情况下进行竞争。"为了避免'荷兰病'问题,我们将优先考虑巴西技术公司。"加布里埃尔解释道,他提到了我们曾在讲述巴西钢铁故事的章节中讨论过的那场商品经济瘟疫。

在加布里埃尔看来,未来是乐观且安全的。他预测到 2020 年,

第十五章 石油（委内瑞拉；巴西；墨西哥）

巴西经济的年平均增长率将达到4%，并且描述了一个良性循环。在这个循环中，巴西国家石油公司专注于向巴西市场供应能源而非出口原油，这将满足由卢拉政府实施的反贫困计划、补贴信贷和最低工资增长所带来的扩大的内需。

他在达沃斯峰会上解释道："200万户贫困家庭将被接入电网。这会创造对上百万台电视机和冰箱的需求，从而为我们带来更大的能源需求。"新自由主义全球化模式的浪潮似乎正在退却，而拉美左翼势力的"粉红浪潮"在卢拉执政十年后却在继续上升。

加布里埃尔和他的顾问们在采访结束后护送我离开，我注意到达沃斯论坛上匆匆来往的人们都向我投来了艳羡抑或嫉妒的目光。这很奇怪。毕竟，加布里埃尔是巴西劳工党的老战士了，他同时也是卢拉在劳工党长征中最亲密的盟友之一。当然，在达沃斯峰会上，他对巴西左翼势力闭口不谈。卢拉似乎已经在这段时间里证明了一点，那就是可以将一只手交给贫民窟，而将另一只手交给参加达沃斯峰会的人们。

2017年1月，我在萨尔瓦多第二次见到了加布里埃尔，这座位于巴西东北部大西洋海岸的城市也是加布里埃尔出生的地方。当时，加布里埃尔是"洗车行动"的最新迫害目标。他在没有任何实际证据的情况下，被指控是一个以巴西国家石油公司为神经中枢的腐败网络的同谋。参与"洗车行动"调查的"英勇无畏"的检察官们，揭露了一个跨越巴西企业和政界的贿赂和回扣网络。该网络的活动在许多情况下都是通过建筑公司奥迪布里切特来执行的，它们为了贿赂政客而向巴西国家石油公司收取了额外的费用。巴西国家石油公司的高层管理人员受到审判并被判入狱。对加布里埃尔的指控未被理睬，但卢拉则成了"洗车行动"的头号目标。不久后，他将因涉嫌腐败和洗钱罪而被判入狱。

巴西经济完全没有像加布里埃尔预测的那样以每年4%的速度

增长，而是陷入了历史上最严重的衰退，且没有任何的复苏迹象。巴西国家石油公司的股票暴跌，部分是因为2013年至2014年的油价下跌，但更大程度上是由反腐败调查所造成的损害导致的。由临时总统米歇尔·特梅尔任命的新管理层宣布将廉价出售巴西国家石油公司的资产，据称其目的是减少债务。加布里埃尔的"从油井到加油站"的垂直整合战略很快就被放弃了，娜奥米·克莱恩（Naomi Klein）肯定会称此刻为"休克主义"的理想时刻。而随着古老的新自由主义指导方针在这一时刻的复活，巴西国家石油公司的炼油厂、管道和加油站连同其名下的可再生能源资产一起被拍卖掉了。这家国家石油公司能维持下去的将只剩大西洋的钻探作业。勘探投资减少了75%。

巴西国家石油公司价值140亿美元的资产已经被以低价售出，而这仅仅是一个开始。到2023年，进一步的私有化预计将再筹集270亿美元。几个利润丰厚的油田已经被出售。挪威国家石油公司（Statoil，现在名为Equinor）是一家挪威的国有公司（讽刺的是，这是一家垂直一体化模式的公司），它以低廉的价格控制了里约热内卢海岸的龙卡多尔油田（Roncador field）。壳牌公司得到了另一项利润丰厚的特许经营权。在迪尔玛被弹劾后的两年里，埃克森美孚公司将其在"盐下油"方面的业务从2个增加到了26个。由于卢拉第一届政府制定的单一运营商制度已被废除，因此现在甚至不需要与巴西国家石油公司领导的项目合作就能参与"盐下油"业务了。现在，巴西越来越多的"盐下油"开采者并没有自己进行石油精炼以推动国家的发展，而是将其直接作为原油进行出口，但这往往会对外国公司而非巴西本国企业有利。巴西国家石油公司不再是一家有能力引领巴西经济沿着工业化和技术道路前进的垂直一体化的国际公司了，而是沦为了一个位于大洋中央的孤独平台。

那一天在萨尔瓦多，我看到了坍塌的巴洛克式教堂，以及通宵

第十五章 石油（委内瑞拉；巴西；墨西哥）

在街上游行的由非裔巴西人组成的坎多姆布莱（candomblé）打击乐队，那里的气氛与达沃斯的简直是天差地别。我们点了一份海鲜杂烩，这是一种来自巴西北部的用鱼和椰子烹饪而成的美味炖菜。用巴西社会学家钟爱的话来说，这是"葡萄牙和非洲的融合"。萨尔瓦多的旧中心仍然是一片废墟，而像东方街这样拥有80万主要为非裔巴西人居民的棚户区依旧是北部的贫民窟城市。20世纪60年代到70年代，有3 000万贫困移民逃往了南方的大城市，但是，劳工党政府执政的几年使历史上贫困的北部经济有了起色。与里约热内卢或圣保罗不同，在萨尔瓦多很少有人妖魔化卢拉或迪尔玛，但大家都知道，劳工党统治的时代已经连同加布里埃尔对巴西国家石油公司能够推动经济增长，同时纠正社会不公的美好愿景一起成了过去。

加布里埃尔毫不夸张地总结道："他们正在对巴西国家石油公司实施'开膛手杰克政策'（Jack the Ripper policy）。它最终将成为一家没有勘探能力的小公司，这意味着从长远来看，它将消亡。"我问他是否认为历史悠久的拉丁美洲"粉红浪潮"正在从整个地区消退。"是的。我想一切都结束了。我不认为这是巧合。我不是偏执狂，但在我看来，美国和中情局都与这一切脱不了干系。"他一边吃着海鲜杂烩，一边回答道。

他大胆地表示，先前由奥巴马后来由特朗普领导的华盛顿曾策划了油价的暴跌，其目的是"摧毁委内瑞拉和俄罗斯"。美国的液压破裂法和非常规石油生产的扩张刺激了全球石油的供应，从而引发了价格的毁灭性下跌。与此同时，"洗车行动"在探查目标时是带有政治目的的，并且这些主意都是在美国司法部的支持下构思出来的。迪尔玛被弹劾一事也不例外。加布里埃尔说："巴拉圭和巴西的政变都发生在同一位美国大使身上，这个巧合太奇怪了。"这话从一位曾两次应邀参加达沃斯世界经济论坛的前跨国公司首席执行官的口中说出，让人不禁感到意外。

对我来说，加布里埃尔在萨尔瓦多吃午饭期间的言论听起来就像是一个阴谋论，这是一位在两个划时代的岁月里亲眼看到自己所信仰的一切走向毁灭的左翼人士最后的绝望手段。加布里埃尔是波士顿大学和伦敦经济学院的经济学博士，讲着一口流利英文的他不太可能转变为那种在巴西社交网络中时而批判奥拉沃·德·卡瓦略的右翼政策，时而对左翼势力恶语相向的偏执狂。或许，加布里埃尔也像我一样重读了《拉丁美洲被切开的血管》中关于汉纳矿业公司、美国钢铁公司和山姆兄弟行动在1964年政变中所扮演角色的详细描述，并在痛苦的打击之下从中得出了许多能够为半个世纪之后的事件做出解释的推断。毕竟，在我们于达沃斯期间进行的第一场采访中，加布里埃尔曾低估了2008年危机在如此依赖原材料出口的发展中国家内传播的危险，当然，这些国家中也包括巴西。

此外，迪尔玛政府为了试图安抚市场，选择任命"芝加哥男孩"华金·利维（Joaquim Levy）为财政部部长。这简直是在剖腹自尽，而且注定是一场徒劳。他为灾难性的经济紧缩计划开了绿灯，而这项计划竟然在经济最需要投资的时刻大量削减了公共投资。而且，正如读者们在"钢铁历史"一章中所读过的那样，巴西的精英们总是十分擅长在不借助任何外力的情况下自行组织政变。劳工党的再分配措施已经开始使圣保罗和里约热内卢的中产阶级感到困扰，他们不得不与来自北欧的贫民共享海滩和机场休息室，他们开始为自己的历史特权感到担忧。甚至不需要美国设计的阴谋，他们就会自发走上街头，抗议卢拉和迪尔玛的腐败以及将巴西变成委内瑞拉的共产主义计划。以圣保罗州工业联合会（FIESP）为代表的巴西大企业为支持弹劾的示威游行提供了大型充气鸭子，其支持力度可以说是相当大了。

然而，随着时间的推移，拉丁美洲左翼势力的溃败变得越发明显，加布里埃尔关于美国设计的地区不稳定战略的论点的可信度似

第十五章 石油（委内瑞拉；巴西；墨西哥）

乎越来越高了。正如达沃斯峰会上那些在滑雪场的坡道上比加布里埃尔更加八面玲珑的基金经理和能源部门首席执行官们所要求的那样，劳工党结束统治确实成为巴西石油部门向国际资本开放的先决条件。

此刻，我们有充分的理由认真对待加布里埃尔的阴谋论。从石油公司自身的长期健康或巴西经济的健康角度来看，使用"开膛手杰克"式的方式对巴西石油公司的资产进行剥离，似乎没有必要，也不可取。只有当真正的目标是造福外国跨国公司，尤其是英国石油公司、埃克森美孚公司、雪佛龙公司、壳牌公司、康菲石油公司（Conoco）和道达尔石油公司等大型石油巨头时，这似乎才说得通。毕竟在2018年，除挪威国家石油公司外，巴西国家石油公司的毛利率位居世界首位。

随着巴西国家石油公司被勒令停产，2016年奥运会游客在里约热内卢加利昂国际机场降落时，首先映入眼帘的是一个巨大的广告牌，而非伊帕内马海滩冲浪者的照片，这自然不是巧合。出售13家炼油厂中的8家以及将巴西国家石油公司加油站私有化的举措，非但没有帮助巴西国家石油公司摆脱危机，反而削弱了其抵抗原油价格进一步下跌的能力。费利佩·库蒂尼奥（Felipe Coutinho）是巴西国家石油公司工程师协会（Petrobras Engineers Association）在里约热内卢的主席，他向我展示了一张揭示了"开膛手杰克"商业计划将带来的灾难的图表。2015年，炼油和营销收入实际上有所增长，并抵消了生产活动中油价的下跌。"从油井到加油站"结构是巴西在资源下降和价格波动时期维持能源安全的关键因素。库蒂尼奥预测说："无论国际油价或汇率如何，纵向一体化都有助于巴西国家石油公司对其收入进行保护。但这种情况将发生变化。"

此外，炼油厂和巴西国家石油公司其他部门的私有化，意味着未来将会损失数十亿的国家收入。库蒂尼奥估计，每年的损失将高达 28 亿美元，出售这些宝贵资产所获得的收入将很快被抵消掉。他解释说："巴西国家石油公司是一家赢利能力很强的公司。即使不出售这些资产，公司也是可以偿还债务的。"紧接着，为了捍卫加布里埃尔的论点，他进行了一番出色的声明："你必须明白，因果关系已经被颠倒了。并非是巴西国家石油公司通过私有化减少了债务，而是有人制造了一场债务危机，来证明巴西国家石油公司私有化的合理性。"博索纳罗刚一就任总统就将他过去曾捍卫的石油民族主义抛到了脑后，他任命了罗伯特·卡斯特罗·布兰科（Roberto Castello Branco）为巴西国家石油公司的新首席执行官。在接受巴西媒体的首次采访时，这位新的首席执行官承认，"将巴西国家石油公司私有化"是他的梦想。

还有其他的理由认为，美国之所以对巴西和委内瑞拉的政权更迭感兴趣，可能是为了释放石油资产。2009 年夏天，维基解密泄露了一份美国驻巴西利亚领事馆向华盛顿国务院提交的一份标题为《石油行业能否战胜"盐下油"法律？》（Can the oil industry defeat the "pré-sal" law？）的声明。这证明了雪佛龙公司、埃克森美孚公司和其他跨国公司的高管对卢拉时代的法律是感到不满的，因为该法律赋予了巴西国家石油公司对新发现的大西洋储备石油进行优先开采的权利。雪佛龙公司驻巴西的高管帕特里夏·普拉达尔（Patricia Pradal）抱怨道，这项法律赋予了巴西国家石油公司以独家运营商的地位，它将所有的西方公司都排除在了该业务之外，并给中国石化带来了优势。她解释道："中国人可以提供比其他任何人都高的报价。"为什么？因为中国公司与雪佛龙公司不同，它们并不寻求短期的利润。普拉达尔抱怨道："对中国人来说，只要没有亏损就很好了。他们只是想要石油而已。"这份引人注目的供词足以说明只追求利润的休斯敦与具有战略意识的中国国有石油公司之间的差异。

正如委内瑞拉发生的情况一样，华盛顿方面似乎十分担心，在

第十五章 石油（委内瑞拉；巴西；墨西哥）

过去十年间备受华尔街银行和宾夕法尼亚大道的智囊团推崇的卢拉政权，与其新兴的地缘政治对手走得太近。罗塞夫被解职后，特梅尔政府立即撤销了优先考虑巴西国家石油公司的法律。"在获取能源方面存在着国际地缘政治争端。中国依赖石油的进口，而美国打算阻止其获取石油。我认为这里的反腐败斗争已经被这一目的利用了。"库蒂尼奥说道，他指出，反腐败调查最初是由美国司法部推动的。

当坚定不移的"洗车行动"法官塞尔吉奥·莫罗也加入博索纳罗新政府时，人们愈发强烈地感觉到由华盛顿支持的政治议程是此次调查的幕后推手。涉及巴西国家石油公司的腐败计划的规模十分庞大，这一点是无法否认的。贿赂和非法融资已经在巴西流行了几十年或几个世纪之久，但是，为这种资助制度付出代价的只有劳工党，这看起来极度可疑。

"洗车行动"的律师在美式辩诉交易（如果被告能够告发其他人，则对其给予减刑并在某些情况下给予金钱奖励）面前的软弱，使人们更加怀疑这场调查是有选择性且政治化的。这是一个开创性的新法律策略案例，这项策略将被用于给厄瓜多尔的拉斐尔·科雷亚和玻利维亚的埃沃·莫拉莱斯这样的该地区的其他进步领导人定罪。像巴西环球电视网这种强大的私人媒体集团似乎也有着明确的反劳工党议程。莫罗和他的检察官之间的对话被截获，使这些怀疑得到证实。"洗车行动"引导着博索纳罗和特梅尔的私有化计划，作为一颗镶嵌在皇冠上的宝石，巴西国家石油公司成为他们的首要目标，这似乎不仅仅是历史的偶然。

在到访"洗车行动"调查的神经中枢库里提巴（Curitiba）以及卢拉目前被监禁的地方时，我遇到了巴西国家石油公司的其他专家。他们也将巴西发生的事件解释为一场旨在向达沃斯人输送石油的政变。"1954年瓦加斯的自杀、1964年的政变，以及2014年的政变都与巴西国家石油公司有关。"资深记者何塞·奥古斯托·里贝罗（José "Zé" Augusto Ribeiro）这样认为。尽管他的行动受限，需要乘坐轮椅，但那天他还是到了距离联邦警察监狱几英尺的地方为卢拉守夜。这位前总统在一个161平方英尺的牢房里被关押了半年。"下午好，总统先生！"他们每天晚上8点准时喊道。即使身陷囹圄，卢拉也不失为一位完美的政治家。他告诉媒体，自己听到了这些呼喊。

据里贝罗称，1954年8月的那一天，热图利奥·瓦加斯在巴西首都里约热内卢的总统府内饮弹自尽的主要原因就是巴西国家石油公司。强大的"媒体之王"阿西斯·夏多布里昂（Assis Chateaubriand），要求他将新成立的国有石油公司私有化并向他施加了难以承受的压力。夏多布里昂在他的报纸和广播网络上都对总统进行了无情的诽谤。六十年后，"洗车行动"的检察官、巴西环球电视网的媒体网络，以及一个愤怒的反劳工党国会一起密谋着让历史重演。当然，华盛顿在这两次事件中都扮演了一位被动的同谋角色。里贝罗在库里提巴的一场"鳕鱼晚宴"上说："热图利奥和卢拉的故事的共同点是巴西国家石油公司。"

这难道又一个妄想阴谋论？有可能吧。但我现在意识到，在地缘政治局势日益紧张的情况下，在如此脆弱的民主国家中，如果不在分析中注入一剂阴谋论，那么将会很难理解拉丁美洲的情况。这个阴谋不是由一群强大的寡头在位于巴西利亚由尼迈耶设计的极具现代主义风格的国会大厦地下会议室中闭门策划出的，也不是在外交区的美国大使馆中密谋出的。恰恰相反，这是对巴西危机和劳工党政府在危机中起到的作用进行普遍解读的结果，而制定这些指导方针的正是那些在2008年达沃斯论坛上对加布里埃尔示以微笑的人们。

当繁荣时期落下帷幕，达沃斯对与卢拉主义者历史性妥协的容

第十五章 石油（委内瑞拉；巴西；墨西哥）

忍也将随之结束。新的共识从库里提巴的"洗车行动"检察官办公室蔓延到巴西和国际主要媒体的编辑委员会（请别忘记《经济学人》杂志封面上那句充满威胁的"该走了"）。纽约和圣保罗的"标准普尔"（Standard & Poor's）等华盛顿智库和债务评级机构也被涵盖其中。它从华盛顿的国务院蔓延到了雪佛龙在加利福尼亚州的法律部门。普华永道会计师事务所（Pricewaterhouse Coopers）甚至在2014年将该公司资产的账面价值削减了近200亿美元，并将此决定归咎于腐败丑闻。这对编写费利佩·库蒂尼奥所说的"巴西国家石油公司破产神话"的新叙事十分有利。一家据说即将申请破产保护的石油公司实际上的赢利数额位居世界第二位。

事实上，与巴西国家石油公司的地质学家于二十年前发现的，现在被认为是地球上最有价值的新石油储备的石油价值相比，腐败的代价根本不值一提。加布里埃尔在萨尔瓦多的海鲜杂烩晚宴上对这一事实进行了说明："据'洗车行动'的检察官称，巴西国家石油公司3%的合同涉及贿赂，其金额约为60亿雷亚尔。看起来好像还挺多的，但这些年巴西石油公司的营业额为3 500亿雷亚尔，所以与之相比，用于贿赂的金额是相当少的。但'洗车行动'带来了残酷的影响。在巴西国家石油公司集团的15家工程公司中，有9家正在接受调查。这意味着它们无法进入信贷市场，也无法参与任何与巴西国家石油公司业务或政府合同相关的竞争。由此产生的结果是不可避免的——外国竞争力即将到来，并将夺走一切。"

墨西哥

格雷厄姆·格林（Graham Greene）的《权利与荣耀》（*The Power and the Glory*）一书，是在受到冷酷理性的迫害时对盲目信仰的热情辩护，而在其故事的背景地——墨西哥石油之州塔巴斯科的沼泽和潟湖中，某些事情正在逐渐显现。尽管墨西哥城和华盛顿的专家认为安德烈斯·曼努埃尔·洛佩斯·奥夫拉多尔（Andrés Manuel López Obrador）总统在附近的多斯博卡斯港建造一座新炼油厂的决定毫无意义，但街上的塔巴斯科人（tabasqueño）并不同意。

建立新炼油厂是奥夫拉多尔计划的一部分，奥夫拉多尔计划放弃前政府的自由化能源改革方案，并停止将国有石油公司墨西哥国家石油公司（Pemex）私有化。对于墨西哥首都智库中的人来说，这一切简直太疯狂了。人人都想在美国提炼墨西哥原油，只有傻瓜才会想要将汽油生产国有化。墨西哥竞争力研究所（Mexican Institute for Competitive ness）年轻的经济学家豪尔赫·安德烈斯·卡斯塔涅达（Jorge Andres Castañeda）告诉我："建造炼油厂根本没有任何意义。炼油不是一个好生意。"在那周的新闻报纸上，一份谴责性报告占据了所有的头版头条，而他就是那份报告的合著者。

这些分析师们对理查德·罗杰斯（Richard Rogers）设计的多彩塔楼也抱有同样的看法。该塔楼是首都最高的建筑之一，西班牙银行的墨西哥子公司总部就设在这里。墨西哥湾的特许经营权使壳牌、道达尔、雪佛龙或雷普索尔（Repsol）等大型石油跨国公司得到了不少好处，而奥夫拉多尔对这些特许经营权进行审查的决定则是另一个灾难性的举动。"我们坚持重新启动基于外包的商业模式。"某石油分析团队警告说，它们使用由休斯敦创造的英文术语来指代特许经营权，尽管在塔巴斯科很少有人能理解它们在说什么。

无论是对墨西哥还是全球精英来说，克服对墨西哥国家石油公司私有化的抵制都是一项十分艰巨的任务。前总统拉萨罗·卡德纳斯（Lázaro Cárdenas）和巴西的瓦加斯一样，在1936年不顾标准石油公司（Standard Oil）的抗议，将石油行业国有化，并创造了一个神话。但在墨西哥，这个神话举步维艰。奥夫拉多尔的直系前任总统恩里克·培尼亚·涅托（Enrique Peña Nieto）设法推动了革命，他同他的密友、墨西哥国家石油公司主席埃米利奥·洛佐亚（Emilio

第十五章 石油（委内瑞拉；巴西；墨西哥）

Lozoya）一样，都是达沃斯全球青年领袖（Davos Young Global Leader）。理性战胜了民粹主义（populism）。但洛佩斯·奥夫拉多尔赢得了2018年的总统选举，并且还发生了一场涉及卡德纳斯和墨西哥革命的运动。在那之后，洛佩斯·奥夫拉多尔计划将一切全部撤销。对墨西哥主张合理性的领头人来说，这是一个可怕的阻碍。

穆迪公司的分析师们邀请记者参加一场在波兰科举行的新闻发布会，那是一个金融区，其四周被明星建筑师们设计的摩天大楼、数量众多的雪佛兰越野汽车以及星巴克特许经营店所环绕。在发布会上，他们警告说，对墨西哥国家石油公司和多斯博卡斯港（Dos Bocas）的炼油厂去私有化改造将会导致墨西哥国家石油公司的"税收状况欠佳"，而这些税收是墨西哥联邦政府的主要收入来源。人们对墨西哥主权降级、利率上升、比索①贬值的种种担忧不可避免地一一袭来。每个人都对拉丁美洲的不稳定心知肚明。但现在，随着拉加德管理下的国际货币基金组织促成了世界范围内的、新的具有社会意识的华盛顿共识，这位左翼总统被告知他甚至连最贫穷的墨西哥人都代表不了。"培尼亚·涅托的改革取得了圆满成功。奥夫拉多尔必须保持下去，并将重点放在强有力的社会项目上，以打击墨西哥的不平等现象。"华盛顿企业融资大西洋理事会（Atlantic Council）的石油专家大卫·戈德温（David Goldwyn）在我们通话时解释道。

墨西哥竞争力研究所甚至计算出了塔巴斯科新炼油厂倒闭的确切概率：98%。但在经受了最终导致工资停滞不前且使不平等现象更加严重的新自由主义改革的数十载洗礼之后，这个由专家们得出的百分比对于墨西哥的老百姓来说意义不大。奥夫拉多尔上任一年后，仍有三分之二的墨西哥人支持他。这位总统在他的家乡塔巴斯

---

① 墨西哥的货币单位。——编者注

科是一位受欢迎的英雄。"奥夫拉多尔在这里得到了百分之百的支持!"雷内·门德斯·阿乔纳(René Méndez Arjona)高声呼喊道,他在位于维拉赫莫萨中央市场的一家酒馆里卖美味的墨西哥玉米薄饼。"如果他能兑现承诺的话,会有更多人支持他。"

一边是墨西哥竞争力研究所在星巴克的土地上精确计算后得出的炼油厂98%的失败率,一边是门德斯·阿乔纳在制作塞满噼啪作响的炸猪皮和绿辣椒酱的美味玉米饼薄饼时得出的"百分之百支持"的结论。在接下来停留于塔巴斯科的数日里,这两者之间的鲜明对比让我不禁发笑。在对有效市场的盲目假说全盘接受了三十六年后,墨西哥似乎又被另一种逻辑所占据了。就像格雷厄姆·格林笔下的威士忌牧师——那位对警察局长冷酷的实证主义逻辑进行反抗的醉汉一样,墨西哥人似乎集体意识到,在专家们的推理背后潜藏着一个杀人犯。

洛佩斯·奥夫拉多尔对能源主权进行了非理性辩护,他认为像墨西哥这样的生产国不应该依赖美国的汽油,而在维拉赫莫萨,这似乎成为一种共识。这也许是因为人们对1917年美国入侵临近的韦拉克鲁斯的集体记忆挥之不去,也可能是因为大家无法忘记当年向塔巴斯科海岸派遣美国、英国,偶尔还有西班牙军舰的炮舰外交。在维拉赫莫萨,人们对能源独立有着清晰的逻辑,就像巴西国家石油公司的塞尔吉奥·加布里埃尔那般清晰。而且,正如在巴西一样,培尼亚·涅托在能源改革中对墨西哥国家石油公司进行的"开膛手杰克式"开膛破肚的整改行为,在墨西哥街头被视为一种对能源安全的威胁。

塔巴斯科出于本能地认为,在穆迪公司或大西洋理事会眼中合理的东西可能对他们来说并不合理。"如果这个主意真的像他们说的那么糟糕的话,那么为什么美国会有这么多的炼油厂呢?"门德斯·阿乔纳用专业玉米薄饼制作人那无懈可击的逻辑补充道。

第十五章　石油（委内瑞拉；巴西；墨西哥）

路易斯·吉列尔莫·"路易吉"·佩雷斯（LuisGuillermo"Luigi"Pérez）是奥夫拉多尔的老朋友，也是奥夫拉多尔的莫雷纳党（Morena Party）在塔巴斯科支部的主要推动者，他对这一计划做出了解释。"我们到目前为止用石油做的事情都毫无意义。墨西哥湾海上平台的石油在塔巴斯科进行净化和脱盐，然后被装上轮船，运到得克萨斯州进行精炼。接着它们变为汽油，被以比在得克萨斯州更高的价格运回墨西哥。墨西哥60%的天然气和原油都来自塔巴斯科，但你看看这里有多穷吧！"佩雷斯解释说，他身上那种退役拳击手的特质让许多波兰科人感到不安。"奥夫拉多尔说，'不！我要建造一座新的炼油厂，我要修复我们共和国的其他六座炼油厂。我们要提炼自己的石油。我们不再出售原油，我们要出售汽油'。"

奥夫拉多尔在竞选中宣称，尽管在特朗普发出了贸易战的威胁之后，他以新的形式批准了《北美自由贸易协定》，但在他所说的"第四次转型"措施中不仅将优先考虑能源的自给自足，而且会优先考虑粮食供应的自主性。这番话让专家们也摸不到头脑。奥夫拉多尔还叫停了一个已经开始在墨西哥城建造的新国际机场项目，尽管该项目目前已经在建设上花费了数百万美元，此外还需要支付数百万美元的赔偿金。对经济学家们来说，这一切都太不合理了，但真正去过机场的墨西哥人只有30%。

即使是奥夫拉多尔的财政部部长卡洛斯·乌尔祖阿（Carlos Urzúa），这位曾为进步的联合国拉丁美洲和加勒比经济委员会（CEPAL）工作的凯恩斯主义者，也看不透建造炼油厂或拆除机场背后的逻辑。当他最终辞职时，奥夫拉多尔给他打上了"新自由主义"的标签。

"对洛佩斯·奥夫拉多尔来说，任何质疑他的人都是新自由主义者。"乌尔祖阿在发布于《普罗塞索》（Proceso）杂志上的一次采访中回击道。事实的确如此。洛佩斯·奥夫拉多尔代表了一种新的经济民族主义（economic nationalism），这对于已经统治了四十年之久的新自由主义全球化模式要素来说是一种挑战。墨西哥总统试图恢复20世纪60年代和70年代国家发展政策的活力，当时墨西哥的国内生产总值增长率达到了6%或7%。

2019年夏天，新的墨西哥国家石油公司合理化计划被提了出来，其中有这样一句话："这是墨西哥在民主史上第一次成立政府，这为公共行政创造了一个民族主义的愿景。"墨西哥，这个曾使"新自由主义时代"以最惨烈的方式失败的地方，这个在经历了三十年的国内生产总值增长停滞后仍有5 700万贫困人口的国家，也许会是探索新方案的绝佳实验室。虽然目前尚不清楚奥夫拉多尔的备选方案是什么，但可以肯定的是，他十分了解公众对于私有化者以及极度腐败的公私合作关系是何等抵触。墨西哥50%月收入不足300美元的劳动力看到了奥夫拉多尔疯狂举动背后的缘由。

国际媒体社论作家和宏观报道都称洛佩斯·奥夫拉多尔为民粹主义者。裘德·韦伯在《金融时报》上警告称："一些投资者和分析师担心，这位牢牢掌握着国家权力，妄想追回半个世纪前黄金增长期幻影的满头银发的平民之子，正在煽动大众情绪，并可能会将墨西哥带向危险的民粹主义道路。"但事实上，奥夫拉多尔对于国家发展计划的部分承诺实际上包括了丝毫没有民粹主义倾向的公共牺牲。新总统同样热衷财政保守主义，他声称这是治理腐败的唯一可靠的方法。墨西哥国家石油公司的新救助计划就是一个例子，这是墨西哥政府第一次真正决定拒绝依靠国家石油垄断企业的收入。这是奥夫拉多尔伟大的政治创新。紧缩成为左翼人士的激进诉求。墨西哥的国家支出与腐败密切相关，因此这一构思帮助他成功拉到了选票。不过，包括卡洛斯·乌尔祖阿在内的许多进步经济学家都想知道，在坚持不懈地主张削减预算的情况下，总统又该如何在冠状病毒引发的大萧条后推动经济的复苏呢？

第十五章　石油（委内瑞拉；巴西；墨西哥）

在费利佩·卡尔德龙和恩里克·培尼亚·涅托在任的六年期间，墨西哥国家石油公司为国家提供了30%~44%的收入。这与该公司勘探活动的一场灾难性撤资不谋而合：2010年至2019年间，石油产量下降了50%，降至每天180万桶。与此同时，墨西哥国家石油公司的债务翻了一番，达到20亿比索（约1亿美元）。奥夫拉多尔宣布，紧缩可以为墨西哥国家石油公司的生产性投资创造空间。

墨西哥国家石油公司的计划承诺将把石油公司向国家的转移资金减少近60亿欧元。随着墨西哥国家石油公司税收负担的减轻，它们终于可以腾出资金用于22个新油田的投资和勘探。与过去相比，这是一项重大的突破。在被洛佩斯·奥夫拉多尔称为"新自由主义时代"的三十年里，墨西哥国家石油公司向浪费和腐败的墨西哥政府转让了不少于29万亿比索（约1.5万亿美元）的资金。涅托和墨西哥国家石油公司董事长埃米利奥·洛佐亚，为了证明他们废除国家垄断的计划是合理的，辩称墨西哥国家石油公司已经破产。但与此同时，洛佩斯·奥夫拉多尔政府却在着手拯救这家公司。他们中止使用墨西哥国家石油公司的收入资助昂贵的大型项目的做法，因为这些项目的资金将经承包商之手流向政治精英的口袋。这个论点看起来甚至有希望可以说服国际货币基金组织。但就像新总统提出的所有建议一样，救援计划也很快被专家们诽谤为"民粹主义"。

然而，走上街头，人们的反应却是截然不同的。2020年，洛佐亚因被指控在我们曾于墨西哥一章中提及的奥迪布里切特公司的贿赂丑闻中犯有腐败和洗钱罪而被从西班牙引渡回国。在这种时候，奥夫拉多尔的计划看起来更加可取。洛佐亚将供出前总统培尼亚·涅托和他的总理路易斯·比德加赖（Luis Videgaray）[贾里德·库什纳（Jared Kushner）的密友]为"墨西哥国家石油—奥迪布里切特"贿赂丑闻的同谋。不难推断，洛佐亚在墨西哥国家石油公司任职期间，美国司法部或国际媒体对他的腐败行为鲜少关注，这与巴西国家石油公司形成了鲜明的对比。《经济学人》并没有给涅托也写上一篇有着"该走了"大标题的封面故事。

这并不是说奥夫拉多尔的炼油厂计划中确实不包含任何的旧式民粹主义成分。距离他的出生地特佩提坦（Tepetitán）不远的塔巴斯科州就有他的土地。他每个月都会从塔巴斯科州的一座名为"贾尔帕德门德斯"（Jalpa de Méndez）的小镇上订购一份美味的加泰罗尼亚风味布蒂法拉纯瘦肉香肠（butifarra sausages）。他还拥有一座位于塔巴斯科州和恰帕斯州的边界的牧场，他将其命名为"该死的地方"。他在选举中的主要承诺之一是通过"玛雅列车"（Mayan train）和"跨地峡走廊"（Trans-Isthmus Corridor）等公共工程促进贫穷、欠发达的墨西哥东南部地区的发展。前者是一条从坎昆海滩到恰帕斯州贫穷内陆的铁路，后者则是一条将会连接太平洋和海湾，并能与巴拿马运河相媲美的公路。同样的，该炼油厂的建设预计将创造30 000个直接和间接就业机会，对于被2004年以来的石油产量骤降打击得一蹶不振的维拉赫莫萨来说，这至关重要。

尽管墨西哥式的刻薄幽默有助于防止个人崇拜的滋生，但当我到访特佩提坦时，人们还是相信奥夫拉多尔可以解决墨西哥根深蒂固的问题。"让我们看看他是否能带来更多的鱼吧。"一位当地人开玩笑说，他在洛佩斯·奥夫拉多尔的祖父母创办的杂货店旧址前等待鱼上钩时喝了太多的酒，脸上露出了醉醺醺的微笑。这家杂货店如今已经成为水流湍急但过度捕捞的图里亚河岸边的一座废墟。对面，一幅绘有新总统肖像的童真壁画上写着：Soy peje pero nunca lagarto（我不是蜥蜴，而是一条 peje 鱼），它指的是洛佩斯·奥夫拉多尔从这种塔巴斯科鸿湖鱼处得到的爱称——El Peje[①]。

---

① 是一种遍布于塔巴斯科州的罕见鱼类，这种被称为"活化石"的特有鱼类已经在地球上存在了一亿年之久。现在在墨西哥，Peje 已经成为洛佩斯·奥夫拉多尔的代称。——译者注

第十五章 石油（委内瑞拉；巴西；墨西哥）

虽然从专家的角度来看，洛佩斯·奥夫拉多尔的计划并不合理，但在维拉赫莫萨以南的沼泽地里挣扎求生的当地村庄中，他是十分受欢迎的。"我记得我看见奥夫拉多尔时他的头被警察打破了。"36岁的何塞·曼努埃尔·雷耶斯（José Manuel Reyes）在瓜塔卡尔卡回忆道。瓜塔卡尔卡是一个来自琼塔尔（Chontal）民族团体（玛雅人的一个子群体）的小农社区，他们也是埃尔南·科尔特斯在五百年前踏足该地区时遇到的第一批土著人的后代。

雷耶斯指的是1989年针对墨西哥国家石油公司的抗议活动，年轻的洛佩斯·奥夫拉多尔参加了这场抗议活动。"那些年间，墨西哥国家石油公司的人开着大卡车来到这里开始采油，但住在这里的人完全被忽视、被遗忘掉了。我们过去常常骑着驴子四处走。"他一边说着，一边用软管冲刷着他鱼铺前的街道，以消除灰尘。

在与警方展开那场激战的前几年，洛佩斯·奥夫拉多尔曾被任命为塔巴斯科土著研究所（Tabasco Indigenous Institute）的所长，并与妻子和儿子定居在瓜塔卡尔卡那蚊虫滋生、疟疾肆虐的沼泽地中。他曾协调了一个在潟湖中建造泥岛，从水中复原土地用于耕种的项目。这一灵感来自阿兹特克人在墨西哥城周围的赫霍奇米尔科（Xochimilco）湖泊中使用的"奇南帕"耕种法（chinampas）①，其次是特诺奇提特兰（Tenochtitlán）②。彼时身处于这些琼塔尔村庄中的奥夫拉多尔刚刚给西班牙国王费利佩六世（King Felipe Ⅵ）写了一封信，要求其为征服和掠夺墨西哥的行为道歉。这封信并没有像在波兰科那样因引起尴尬而引发了讽刺的嘲笑声。

然而，当我驱车穿过未曾在革命制度党（PRI）黄金时代被墨

---

① "奇南帕"（chinampa）是中美洲后古典文明时期（公元2—15世纪）阿兹特克人的农业生产方式。——译者注
② 特诺奇提特兰（纳瓦特尔语：Tenochtitlan）是墨西哥特斯科科湖中一座岛上的古都遗址，位于今日墨西哥城的城下。——译者注

西哥国家石油公司推动的发展主义惠及过的琼塔尔村庄时，一种对奥夫拉多尔争取化石燃料能源自给自足的更为有力的批评，似乎从这些被石油污染的沼泽中浮现了出来。左翼环保主义者在恰帕斯州的萨帕塔人周围聚集起来，他们站在地球的未来而非大西洋理事会的立场上对奥夫拉多尔提出了质疑。为什么不在墨西哥建立一个基于可再生能源的能源安全战略呢？墨西哥的温室气体排放量仅占2%，但由于气温上升和干旱威胁到北部沙漠和气旋，以及东南部被创纪录的降雨量淹没，墨西哥受到了气候危机的严重影响。虽然洛佩斯·奥夫拉多尔识别出了涅托在西班牙能源跨国公司的帮助下发展以市场为导向的可替代能源战略中存在有贪腐行为。但是，新总统在石油行业实行以国家为主导的能源政策的承诺就意味着太阳能和风能将被挤出市场。在气候变化的时代，与那位彼时留在总统府，致力于重塑卡德纳斯的石油民族主义的暴躁墨西哥老兵相比，站在琼塔尔人身边与墨西哥国家石油公司并肩作战的年轻人洛佩斯·奥夫拉多尔，似乎才是更好的榜样。2020 年秋天，在被飓风埃塔（Hurricane Eta）和前所未有的降雨侵袭之后，塔巴斯科发生了大规模洪水，数十万人无家可归。在气候变化的时代，回归旧模式的危险变得显而易见。甚至连位于特佩提坦的洛佩斯·奥夫拉多尔家的杂货店废墟也被洪水淹没了。

当太阳从塔巴斯科湿地的边际落下时，我突然想到，被各方斥为不平衡、非理性、顽固和不妥协的奥夫拉多尔，不知为什么竟然与那些被他鄙视的征服者很相似。这就是历史的讽刺。引用加莱亚诺在另一部杰作《火的记忆》（*Memory of Fire*）三部曲中对科尔特斯划时代地抵达塔巴斯科海岸这一场景的描述："11 艘船正在燃烧；被吊在旗舰的桁端上的叛军士兵也在燃烧……现在没有回头路了，明天会有更多的生命诞生。"其中这句"现在没有回头路了"或许可以说明奥夫拉多尔义无反顾地终结新自由主义并且永不回归的承诺，

第十五章　石油（委内瑞拉；巴西；墨西哥）

虽然所有人，尤其是他本人，都不知道接下来会发生什么。

但是，当我向洛佩斯·奥夫拉多尔的老朋友佩雷斯提起这个想法时，他摇了摇头。这段对加莱亚诺的引述在塔巴斯科的故事中完全不适用。1519 年 3 月，在塔巴斯科第一次看到了格里哈尔瓦河（Grijalva River）河口的陆地几个月后，实际上是科尔特斯自己下令焚毁了他位于向北数百英里外的韦拉克鲁斯的船只。

"我们自豪地相信，征服墨西哥的故事始于塔巴斯科，因为第一次海战就发生在格里哈尔瓦河上。"佩雷斯解释道，他那张粗犷的脸上洋溢着明显的自豪感。他开始像加莱亚诺一般，用现在时的语态重现整场事件："科尔特斯在格里哈尔瓦河的棕榈树岬角登陆了。西班牙人成群结队地走下来，战斗开始了。700 名西班牙人对 40 000 名土著人。战斗持续了一周，然后西班牙人退回到了卡拉维尔帆船上，而琼塔尔人则在红树林中为游击战做着准备。尽管他们只有钢铁制成的剑和老式的喇叭枪，"佩雷斯继续说道，故事的气氛愈发紧张了，"但重新返回的西班牙人仅仅骑着马便赢得了这场战斗。琼塔尔人认为马和人是一体的。他们认为西班牙人是神！"更多的证据表明，发生在墨西哥的战斗是无法仅依靠理性取胜的。

第十六章　水电（巴西，帕拉）

穆杜鲁库的地图

他们在布布雷（Buburé）小小的河港上消磨了9个多小时的时间，这是一个远离尘云，或在某些季节也同样远离"亚马孙横贯公路"那及膝深的烂泥的休憩之所。

"格雷罗"（guerreiro）[①]勇士们留着内马尔发型，身上涂着散乱的海军蓝色彩绘，脸上绘有黑色和橙色的水平条纹。他们穿着伊帕内玛风格的哈瓦那人字拖、白色棉质运动袜，以及印有"**坚硬街道，城市之人**"（HARD STREET, URBAN PEOPLE）等标语的T恤。其中一人挥舞着没有搭箭的弓，其他人则打开各自的手机确认了一番，尽管这里没什么信号。他们从上游15英里处的穆杜鲁库村庄萨瓦尔穆伊布出发，沿塔帕霍斯河顺流而下抵达这里。为了在即将到来的战斗中迈出至关重要的第一步，他们在那个村子中划分好了自己的领土。他们预计将在当晚从布布雷出发，进行第二轮进发。这一次，他们会被运送到茂密的亚马孙雨林中的下一个分界点。"我们已经花了3个星期的时间，严格按照巴西全国印第安基金会（National Indian Foundation）的图纸，用砍刀和卫星定位系统，在灌木丛中清

[①]　当地土著语中对"勇士"的称呼。——译者注

第十六章　水电（巴西，帕拉）

理出了一条13英尺宽的边界线。"最老的一位战士布鲁诺·卡帕·穆杜鲁库（Bruno Kapa Munduruku）说道，他的脸上布满了纵横交错的紫红色笔道，这是穆杜鲁库人的战前彩绘图案。

几年前，巴西全国印第安基金会测绘出了穆杜鲁库的版图，面积约178 000公顷，沿着塔帕霍斯河岸绵延数百英里。该机构的此次划界行动是根据宪法的要求进行的，目的是保护超过200个土著社区的领土权利。但巴西全国印第安基金会的官方报告遭到了迪尔玛·罗塞夫政府的压制，因为它们当初对土著抗争许下的承诺如今已经失去了实现的动力。说得客气些，这都是由来自于大豆、牛肉、矿业、能源以及游说团体的无情压力造成的。一项始于军政府时期的计划——修建大坝并驯服塔帕霍斯河，将其用于水力发电，并将大豆运输到下游150英里的圣塔伦——现在得到了劳工党政府的支持。然而，勇士们用于抵抗的精力和计谋似乎是取之不尽、用之不竭的。在他们的说服下，巴西全国印第安基金会中的一些持不同政见者，泄露了基金会为穆杜鲁库划界所绘制的地图草稿副本。而这些资料将在布鲁诺·卡帕和他的战士们目前正在进行的工作中起到指导作用。测绘和边界清理工作一旦完成，他们就可以根据《巴西宪法》第231条对大坝和塔帕霍斯河的改造发起法律辩护。该条法律禁止"将土著群体从其土地上驱离，除非发生灾难或者流行病"。

勇士们及其配备有卫星定位系统的手机共同维持着亚马孙地区的"政治制图"传统，这一传统的渊源可以追溯到19世纪殖民战争时期。但此次的显著区别在于，在以往的大多数案例中，地图都被用于证明掠夺土地和资源的正当性。对于以美国、法国、英国、比利时和荷兰为首的帝国掠夺者，以及紧随其后的拉美新巴西共和国、玻利维亚及秘鲁来说，这是为了能够在这场亚马孙争夺战中无休止地索取领土而奏出的必要序曲。

穆杜鲁库人英勇地划定了他们祖先的土地，这与新巴西共和国的地图绘制有着本质上的区别：后者组织地图测绘是为了反抗殖民主义者对亚马孙发起的掠夺。相比之下，穆杜鲁库人的地图只是对真相的简单描述而已。他们在这片土地上繁衍生息了数千年之久，并巧妙地运用着亚马孙地区极具多样性的植被来满足自己的需求。任何对这种说法持怀疑态度的人，都可以去查阅最新的考古研究结果。该研究指出，穆杜鲁库的人体彩绘与在塔帕霍斯河流域发掘出的 8 世纪陶器上的图案极其相似。

在一场生存之战中，这张卫星定位系统辅助测绘的穆杜鲁库地图是一个武器。对于那些仍然在亚马孙地区逃跑奴隶的历史定居点"逃奴堡"（quilombos）①社区中耕种的非裔巴西人来说也是如此。他们的领土得到了 1988 年宪法的承认，但没有得到大地主（latifundistas）及其枪手们的承认。一些逃奴后裔成为"新社会制图"（Nova Cartografia Social）运动的先驱。这是一个激进的制图者运动，旨在帮助那些卷入领土争端的人编制自己的地图，从而捍卫自己的领土边界。

"为了让社区中的人能够在不依赖技术人员的情况下讲述自己的故事，我们正在教大家使用卫星定位系统和制作地图。"保罗·罗格里奥（Paulo Rogerio）解释道，他是一位在穆杜鲁库以西的亚马孙州托坎廷斯为逃奴后裔们提供咨询的农学家。土地所有者深知这些激进的制图员对他们的森林砍伐、农业综合企业和采矿计划所构成的威胁。位于亚马孙森林砍伐地区边缘的马拉尼昂州的两名年轻的非洲裔巴西人逃奴后裔绘制出了一些地图，并标定了几个世纪前被奴隶占领的土地，随后他们遭到了地主手下暴徒们的残忍袭击。"他们的手被砍断了。"罗格里奥说。

---

① 逃奴堡（quilombo）一词来源于安哥拉的"kilombo"。在巴西奴隶时代，这个词被用来指逃亡奴隶藏身和居住的军事营地，如今指逃奴后裔的聚居地。——译者注

第十六章 水电（巴西，帕拉）

在位于布布雷的一间孤零零的供"格雷罗"勇士们睡觉的旅店中，悬挂在木墙之上的另一张地图，很好地解释了巴西政府为何会拒绝承认穆杜鲁库的土地主权。**"圣路易斯塔帕霍斯水电开发"**（são luiz do tapajos hydroelectric development），大标题上赫然写道。地图的右侧边缘被一列巴西和跨国公司的名字占据了，它们都是亚马孙河上下一个大坝建造项目的第一阶段合作伙伴。其中，国家能源垄断企业巴西中央电力公司（Eletrobras）和总部位于圣保罗的建筑业巨头卡马戈·柯利亚公司（Camargo Corrêa）的标志尤为瞩目。这两家公司目前都身陷"洗车行动"腐败丑闻的调查之中。当然，榜上有名的还有欧洲的跨国公司：法国电力公司（France's Électricité de France）、法国燃气苏伊士集团（GDF Suez，现更名为 ENGIE），以及西班牙国家电力公司（Endesa）。在地图上，标志的色彩最为丰富的是位于圣保罗的公关公司。它们的工作是为这座108英尺高、450平方英里的水库做好舆论准备。这座水库的建设将导致穆杜鲁库的部分历史领土被水淹没，其中包括一片森林中的圣地、穆杜鲁库神话中的伊甸园——本地土著语中"神圣的土地"。同样将被淹没的13 000名穆杜鲁库人的家园就更不用说了，他们组建的充满活力的社区绵延500英里，成条状分布在塔帕霍斯河的沿岸。

这是一张毁灭地图。但在布布雷的木墙上，公关公司的制图营销活动遭到了破坏。有人——或许是一名"格雷罗"勇士——用亮蓝色荧光笔划出了一条线，线条从布布雷出发，穿过河流到达邦热苏斯（Bom Jesus），而后穿过森林到达雅曼西姆河（Jamanxim River），最后围成了一个大三角形。**"穆杜鲁库领土"**，一个简易的标语写出了这片被圈出的区域的名字。旁边，有一个箭头指向了水力发电项目和大坝的假想草图，破坏者用葡萄牙语大写字母写道：NUNCA SERÂO（**永无可能**）。

***

"圣路易斯塔帕霍斯大坝"是迪尔玛的劳工党政府计划在塔帕霍斯河和特利斯皮里斯河上建设的 43 个水电项目之一,这些项目是所谓的增长加速计划的组成部分。在紧随其后的 2020 年新冠病毒大流行引发的经济衰退中,这项计划将被雅伊尔·博索纳罗重新启用。巴西消耗的 75% 的能源都源自水力发电厂,罗塞夫希望能将亚马孙河巨大的潜力利用起来。但事与愿违,这些缓慢流动的河流蜿蜒曲折地穿过巴西西南部这样平坦的地形,其产生的动力根本不足以发电,需要一场大规模的洪水才能产生少量的能源。

但大坝并不是加速增长战略的唯一驱动力。如同查科朗河(Chacorão River)上的一个将淹没 1 870 公顷土著领土的项目一样,许多项目似乎都是以开放商业路线或公关公司发言人所称的"水运水道"(hidrovia waterways)为目的。这些水道将使嘉吉公司那些绿白相间的巨型驳船能够轻松地从马托格罗索平原装载大豆,通过亚马孙河航行至圣塔伦以及嘉吉的大豆码头,然后从那里出发再去往欧洲和中国。"这个想法很简单,让亚马孙地区向农业综合企业和大规模采矿业敞开大门。"为穆杜鲁库提供了划界建议的地理学家毛里西奥·托雷斯(Mauricio Torres)说道。谈话间,我们正坐在伊泰图巴的一家酒吧里,一边拍打蚊子,一边擦去脖子上的汗珠。

在将 4 000 万人从长达几个世纪的排挤和贫困中解救出来后,劳工党政府认为修建大坝对于彻底消除巴西的贫困至关重要,这与迪尔玛在 2014 年大选胜利前许下的承诺是一致的。只有更多的能源才能提高巴西潜在的国内生产总值增长。此外,正如罗塞夫所言,与准许伐木工人和牧场主进入相比,一项以水力发电和河流货运为重点的经济发展战略将意味着更少量的森林砍伐。迪尔玛满怀激情地谈到了继续将巴西变成发达经济体的必要性。但在塔帕霍斯河岸上,劳工党对自己的项目已经失去信任的感觉显而易见。政府绕过了由

第十六章 水电（巴西，帕拉）

自己的议会团体制定的环境保护法规。为了给圣路易斯水电站项目扫清道路，甚至连历史悠久的亚马孙国家公园中的部分区域也被重新进行了规则。

尽管有迹象表明，大型水坝留下了很深的碳足迹并导致了森林被迅速砍伐，但在"京都议定书清洁发展机制"（Kyoto Protocol Clean Development Mechanism）下，许多参与了水电计划的公司都从投资可再生能源的碳信用中受了益。两年后，当雅伊尔·博索纳罗在巴西利亚那座极具现代主义风格的总统府中安顿下来时，人们很容易就会怀念起迪尔玛的时代。但在穆杜鲁库的土地上，反抗破坏的斗争在劳工党仍然执政的时候就已经拉开了帷幕。

一位年轻的穆杜鲁库"格雷罗"勇士驾驶着一艘 15 英尺长的汽艇，载着我们从布布雷出发向上游航行了大约一小时，最后到达了萨瓦尔穆伊布的主要定居点。那里大约有 120 户穆杜鲁库家庭，他们住在小木屋和土坯房中，几乎完全靠着在周围的森林中狩猎、采集和栽培大量的植物，以及捕捞塔帕霍斯河中的鱼类维持生计。每年的那个时候，这条河都会化身为一个波光粼粼的大湖。雪白的白鹭一动不动地在河岸上休息，灰色的鸬鹚掠过水面。像鲨鱼般大小的巨骨舌鱼每隔几分钟就探出头来，打破水面的宁静。粉色的海豚从水中跃出，划出一道道弧线。亚马孙人称它们为白化海豚，或称波托斯（botos），认为它们是魔法和神话中的生物。将我带到伊泰图巴的渡轮船长，十分确信且严肃认真地告诉我说，在夜间造访河岸村庄的海豚会让女性怀孕。

在穆杜鲁库人的村子中，一群十几岁的孩子正在一个被 100 英尺来高的大苦油楝和巴西木包围的球场上踢足球。许多孩子只有单脚穿着耐克鞋和袜子，另一只脚则赤裸着。"我们分享我们所拥有的一切。"一位怀抱婴儿观看比赛的 15 岁母亲解释道。在穆杜鲁库社会中几乎不存在私有财产。"在我们的世界中，人类没有高低层次之分,也没有穷富之分。我们都是一样的。"读过大学的吉罗·肖·穆杜鲁库(Jairo Saw Munduruku)说道,他曾在46岁时代表穆杜鲁库参加了他们反对水电项目的全球斗争。

穆杜鲁库人曾在17世纪第一次亚马孙殖民期间进行了长达数百年的抗争,当时的勇士们用清晰明确的符号划定了他们的领土范围。他们将在战斗中被杀死的欧洲人的首级斩下并钉在树干上。四百年后,在放置于新划定的穆杜鲁库边界上的一些警告标牌上,他们十分恰当地画上了一些头颅的草图以做说明。

"过去,我们穆杜鲁库人与葡萄牙人不知疲倦地战斗了几个世纪之久,那时我们以'蚂蚁'著称。但现在,我们不再是'蚂蚁'了,我们是拥有权力的人。"吉罗·肖说道。部落的首领表示,尽管圣路易斯塔帕霍斯水电站不会直接迫使该镇的居民离开,但它将给捕鱼和狩猎带来毁灭性的影响。"我们依赖河流的周期性变化,河流会在夏季和冬季之间发生巨大的变化。而大坝将会结束这一切,鱼类将无法逆流而上进行繁殖。"当我在公共住宅中对其进行采访时,部落的酋长华雷斯·肖·穆杜鲁库(Juárez Saw Munduruku)说道。

穆杜鲁库人的斗争不仅仅是当地关注的问题。地球上10%的物种都生存在亚马孙雨林的这片区域中,穆杜鲁库人怀疑,如果一条拥有生命和周期性的河流变成了一长条近乎停滞的水库,那么这些生命是否还能够继续繁衍生息。此外,如果没有穆杜鲁库人,那么塔帕霍斯丛林将在与入侵的"加林皮罗"矿工和伐木者的持续斗争中失去它的守护者和哨兵。因为在第一届卢拉政府对亚马孙地区的保护取得短暂成功之后,森林砍伐又卷土重来了。

多项研究已经表明,巴西中部和南部大城市中的水资源短缺与亚马孙地区的森林砍伐之间存在有因果关系。在亚马孙地区,上百万棵树木通过蒸腾作用产生了数十亿升的水汽。载着这些水汽从亚马孙向南移动的气流被当地人称为"飞行之河"(flying river)。一些科学家现在推测,如果没有这些"飞行之河",那么包括圣保罗、里约热内卢和贝洛奥里藏特在内的多个巴西中部和南部大城市都将成为沙漠。"气候正在发生变化。住在圣保罗的人们正在因为干旱而断水。"意识到这场斗争必须在大城市中打响的吉罗·肖·穆杜鲁库说道,"没有人比我们更想要保护丛林了。"

为穆杜鲁库人提供咨询的地理学家莫里西奥·托雷斯向我展示了另一幅由空间研究所(Institute for Space Research)提供的通过卫星图像绘制的地图。它揭示了穆杜鲁库及其姊妹民族的极端重要性。图中,巴西的亚马孙河流域(占亚马孙河流域总面积的60%)被划分为了一片片石灰色和瓶绿色的斑块,它们描绘的是活着的森林。此外,还有一些深浅不一的猩红区域,代表的是大片已被砍伐的森林。

随着养牛业和大豆种植业的发展,巴西的南部和西部地区已经被红色占据。长长的红色脉络或从巴西利亚延伸至贝伦,或从玛瑙斯延伸至委内瑞拉。新亚马孙横贯公路被这些森林砍伐区的红线横向贯穿,看起来就像一副鱼的骨架。一个巨大的暗红色污点散布在卡拉加斯山的淡水河谷铁矿周围,并向北延伸至贝罗蒙特水电站项目的所在地。在那里,一个被红色包围的灰色污点正在不断扩大,这意味着阿尔塔米拉(Altamira)城市人口的激增。但再往西边和南边看去,地图上一片绿意盎然,几乎没有一丁点的红色。这里是覆盖了亚马孙地区20%以上地表面积的600多个土著保护区。

* * *

在到访萨瓦尔穆伊布、观看穆杜鲁库人的足球比赛以及倾听吉罗和华雷斯的谈话时,我还生活在一个原始而落后的世界中,并对亚马孙的历史一无所知。每当看到那些与世隔绝的土著部落引人注目的照片时——照片中的人们凝望着天空,或许是用毒箭瞄准了从直升机上探出身子的《巴西环球报》(*O Globo*)摄影记者——我便会自然而然地认为这是对 16 世纪欧洲人到来之前就存在的古代世界的短暂一瞥，是一扇通往遥远过去的窗户。我认为，这些小规模的游牧狩猎采集者群体，显然是在殖民统治和 1500 年葡萄牙征服者佩德罗·阿尔瓦雷斯·卡布拉尔（Pedro Álvares Cabral）抵达此地并建立巴西之前的数千年中栖息于亚马孙地区的森林居民的残余者。从那些与世隔绝的部落被拍摄到的瞬间图像中可以推断出，前西班牙裔亚马孙人一定曾是一群游牧狩猎人，他们生活在一片人烟稀少的原始森林中，即卢梭所谓的"高贵的野蛮人"之邦中，这似乎是一个很简单的常识。或许正是出于这个原因，当看到布布雷的穆杜鲁库勇士们穿着那些印有"**坚硬街道，城市之人**"的 T 恤衫时，我感到有些震惊，甚至还有些许难过。毕竟，每个人都知道，若追溯到他们最遥远的起源，这些亚马孙之子本是大自然的一部分，是"城市之人"的对立面。

与《圣保罗报》（*Folha de São Paulo*）的专栏作家、《1499：卡布拉尔到来之前的巴西》（*1499: Brazil Before Cabral*）一书的作者雷纳尔多·若泽·洛佩斯（Reinaldo José Lopes）的对话，很快就改变了我对亚马孙的过去的看法。更重要的是，也改变了我对其未来的看法。洛佩斯解释说，除卢梭的愿景外，这些与世隔绝的亚马孙部落还可以拿来与电影《疯狂的麦克斯》（*Mad Max*）中的主角相比。他们是这场由复杂而稠密的人口导致崩溃的幸存者，而且，从他们自己的独特意义上讲，也是城市社会的幸存者。洛佩斯在书中对前哥伦布时期的亚马孙地区进行的描述，将会被奥拉沃·德·卡瓦略谴责为是"文化马克思主义的历史修正主义"。但这是一篇严格基于申谷河、马拉若群岛以及塔帕霍斯河流域等地的最新考古发现撰写而成的新闻报道。

在亚马孙考古学和人类学的新浪潮中，人们发现的第一个令人震惊的教训便与人口数量有关。现在，专家们已经达成了广泛共识，

第十六章 水电（巴西，帕拉）

即在第一批欧洲人头脑狂热地拼命向上游寻找"黄金国"之前，至少有 800 万人生活在亚马孙雨林中。为了自给自足，生活在这些社会中的人们学会了通过挑选树木和较小的植物进行繁育，以及改造其他植被的方式来管理森林。大众社会中出现了复杂的社会结构，并进而孕育出了高度复杂的陶瓷艺术。欧洲人来到后，就如同在新世界的其他地方一样，亚马孙河流域的社会迅速崩溃，并被系统性暴力、大规模奴役以及水痘等闻所未闻的传染疾病所消灭了。森林中的人口数量锐减，末日的幸存者们迫不得已恢复了以游牧迁徙、狩猎和采集野生水果和蔬菜为基础的更初级的谋生手段。当然，他们仍然利用了数百年来通过对大自然的集体管理所获得的大量环境知识。这是他们唯一的生存途径。

在崩溃之前，申谷地区的居民生活在拥有数十万居民的社区中，这里围绕着"一种特殊的城市化形式：宽阔的街道、纪念广场，以及居住区、公园和森林景观之间微妙而渐进的融合"而构建。洛佩斯的说明使我瞠目结舌。"从概念上来说，你可能会觉得它有点类似巴西利亚，但又没有钢筋混凝土。"他继续说道，他指的由卢西奥·科斯塔（Lúcio Costa）和奥斯卡·尼迈耶（Oscar Niemeyer）于 20 世纪中叶设计的巴西现代化首都。这或许是一种讽刺，或许不是。

洛佩斯所说的"公园"是指被佛罗里达大学的迈克尔·赫肯伯格（Michael Heckenberger）等美国人类学家称为"文化园地"的地方：被用作食物、药物、建筑材料来源地或艺术、雕塑和崇拜灵感源泉的妥善管理林区。洛佩斯说，21 世纪初，亚马孙丛林的大片地区远非原始的自然之地，实际上是"生物多样性原材料与人类文化之间复杂关系的产物"。这似乎解释了为何在一片看似原始森林的地带上会有某些特定种类的植被集中生长的问题。2018 年，亚马孙河流域的树木有 12 000 多种，而人们在 70% 的森林中竟然发现了 20 种半驯化树木，从可可树到核桃树再到橡胶树，所有这些树木都对人类住区非常有用。这并非偶然,而是前哥伦布社会对自然进行管理的结果。为雷纳尔多的著作提供依据的研究人员卡罗莱纳·列维斯(Carolina Levis),在其发表在《科学》杂志上的一篇文章中,简明扼要地总结了这一启示:亚马孙河流域的植物群在很大程度上是"过去的居民遗留下来的遗产"。

因此,为了使其人口稠密的社会得以延续,并同时确保环境的可持续性,古老的穆杜鲁库和前卡布拉尔亚马孙(pre-Cabral Amazon)的其他土著社会,设计出了一个管理自然资源和生物多样性的创新系统。他们发明了自然施肥和作物轮作技术,通过对野生植物进行管理和轮作的方式创造出了广阔而肥沃的"黑土"。在贝罗蒙特巨型水坝落成后,现如今的阿尔塔米拉已然成为一个充斥着谋杀、卖淫和城市贫民窟的新兴城市。而这种人造但天然的肥料则化身为来自另一个阿尔塔米拉世界的悲伤提醒,至今仍留存在申谷周围的土壤中。

森林的居民们不仅通过对森林及植物的精心管理保证了亚马孙地区大量半城市化且人口稠密的社区的供应,他们还发展了农业专业知识。木薯是一种十分常见的作物,在自然环境下,其块茎因含有氰化物而对人类有毒。历经几个世纪的挑选,亚马孙的居民们培育出了无毒的木薯品种,但他们仍在继续种植有毒品种。这是为什么?因为其含有的氰化物增强了块茎对寄生虫和其他疫病的抵抗力。当可食用作物遭到了昆虫或细菌的侵害时,人们就可以收获有毒的木薯,经过加工去除其有毒物质后将其制成木薯粉。

半个千年之后,在我到访图鲁卡里乌卡之际,这座距玛瑙斯60英里远的坎贝巴人(Kambeba)[①]社区正面临着一个名为"亚马孙之

---

① 坎贝巴人(Kambeba),也被称为Omagua,巴西亚马孙地区的土著人群体。——译者注

塔"（Amazonia Towers）的豪华旅游开发项目的威胁，比尔·盖茨、阿诺德·施瓦辛格、荷兰女王贝娅特丽克丝以及查尔顿·赫斯顿（Charlton Heston）都曾在这里度过假。在那里，我们吃到了一种由含氰化物的木薯制成的糊状物。"我们把它浸泡在水中去除毒素，然后做成木薯粉。"拉里萨·坎贝巴（Larissa Kambeba）说话间，一只大眼睛的蜘蛛猴从她的肩膀爬到了头顶。

"在坎贝巴宇宙中，一切都是圆形的，包括音乐，包括时间。"部落成员玛尔西娅·坎贝巴（Márcia Kambeba）说道。毕业后，她成为一名颇有声望的诗人和歌手，她很快就会成为新一代土著女性中的一员。就玛尔西娅而言，她当选为了左翼团体"社会主义和自由党"（Socialism and Liberty Party）的政治代表，该党于2020年年末掌管了贝伦市议会。

在博索纳罗发誓要终结"让史前人类待在动物园中"的政策并"不再划定哪怕一厘米"的亚马孙分界线之际，洛佩斯在他的畅销书中大力宣扬对亚马孙地区初期历史的革命性修订变得尤为重要。这不仅挑战了"西班牙和葡萄牙的卡拉维尔帆船在带来了天花和钝器的同时，也带来了发展"这一看法，还为眼下正在进行的拯救地球的史诗战役提供了重要的经验和教训。

洛佩斯说，与每天造成的破坏面积相当于3 000个足球场大小的大豆单一种植或幽灵般的瘤牛入侵不同，前哥伦布时期亚马孙河流域的农业和森林管理是"以数百种不同的物种以及出色的土地管理为基础的"。欧洲人到来之前，在集体土地管理和财产公有制度下的"平等主义的果园城市"和"文化园地"，应该成为今天的典范。他继续说道，申谷河畔的阿尔塔米拉和马拉若群岛的第一批居民，找到了改变他们生活环境的方法，而不是对其进行破坏。我们应该能从中学到很多。

***

西罗·格拉（Ciro Guerra）在影片《蛇之拥抱》（*The Embrace of the Serpent*）中对 20 世纪初亚马孙土著和西方探险家之间的文化冲突进行了发人深省的分析，而塔帕霍斯河流域穆杜鲁库领土的测绘和划界工作中对于卫星定位系统技术的运用，再加上那些印有"**坚硬街道，城市之人**"的 T 恤衫，使我想起了这部电影中的关键一幕。在影片中，人种学家提奥·冯·马提斯（Theo von Martius）在萨满卡拉玛卡特（Karamakate）的带领下穿越亚马孙雨林。在一个场景中，冯·马提斯试图找回一个被部落首领从他行李中偷走的指南针，但没有成功。"要是土著人学会了使用指南针，那他们将会丢掉关于星星和风的知识。"这位德国人说道，他试图为自己在与部落酋长的搏斗中爆发出的愤怒而辩解。卡拉玛卡特回应道："但你不能禁止他们学习。知识属于所有人。"

与这部由哥伦比亚制片人拍摄的迷人影片中的其他一切一样，这一幕抛出了一个极有意义的问题，因为穆杜鲁库人的抗争不仅是为了反抗塔帕霍斯大坝或推动了新公路或水道修建的矿业和农业综合企业游说团体，还是为了反抗人们对他们这群与现代社会格格不入、充满异域情调的"高贵的野蛮人"所怀有的浪漫幻想。这种想法对博索纳罗的种族主义起到了推波助澜的作用，为了丰富国际非政府组织的议程，他竟然使用了"被困在石器时代的亚人类"这样的种族主义定义方式。他在 2019 年于亚马孙发表演讲时所说的"印第安人现在正在变成人类"，更是坐实了他的这一观点。但"自然之州"（natural state）的概念也渗透到了"国际生存组织"（Survival International）等一些西方非政府组织的论点中。

在电影上映后不久的一次采访中，我询问格拉有何想法。"生活在净土上的土著居民的理想化形象只是我们的看法，却不是他们的。他们不想再像一百年前那样生活了。"他回答道。但被问及哪些开发

第十六章　水电（巴西，帕拉）

模式和哪些技术值得采用时，他的回答同样直截了当："这应该由居住在该地区的人来决定。他们已经在那里生活了几个世纪，没有人口过剩，没有污染，没有消耗资源。他们所掌握的知识理应受到尊重。"穆杜鲁库人在不破坏自身文化的情况下采纳科技知识的做法，可能会给我们其他人带来启发。毕竟，在《蛇之拥抱》中，正是萨满卡拉玛卡特引导着两位欧洲探险家沿着河流踏上了内心的发现之旅。

在反对塔帕霍斯水电项目的斗争中，穆杜鲁库人已经充分理解了他们作为榜样所具有的史诗般的重要性。吉罗·肖·穆杜鲁库和其他领导人，已经动身前往德国、奥地利和美国。他们此行的目的是与参与水电项目的跨国公司工程师会面。"这些公司谈到了发展和可持续技术，但他们制造的涡轮机将摧毁亚马孙。"在前往洛杉矶参加通用电气公司的会议之前，吉罗·肖在里约热内卢的印第安博物馆（the Museum of the Indian）中接受第二次采访期间说道。

当他在加利福尼亚与敌人对峙时，远在塔帕霍斯河岸，为了向穆杜鲁库人学习并完成博士论文而从圣保罗搬到伊泰图巴的年轻人类学家费尔南达·莫雷拉（Fernanda Moreira），在这片自我划定的领土中央放映了一场《蛇之拥抱》。放映结束后，她告诉我，来自穆杜鲁库村庄的几十名居民参与并观赏了这部影片。他们都同意一件事："科技本身没有好坏之分，完全取决于掌控它的人是谁。"